Otto Geyer, Otto Geyer

Friedrich Schleiermachers

Otto Geyer, Otto Geyer

Friedrich Schleiermachers

ISBN/EAN: 9783743408920

Hergestellt in Europa, USA, Kanada, Australien, Japan

Cover: Foto ©ninafisch / pixelio.de

Manufactured and distributed by brebook publishing software
(www.brebook.com)

Otto Geyer, Otto Geyer

Friedrich Schleiermachers

AUTHOR:

GEYER, OTTO

TITLE:

FRIEDRICH SCHLLEIERMACHERS...

PLACE:

LEIPZIG

DATE:

1895

JAHRESBERICHT

DES STÄDTISCHEN

REALGYMNASIUMS ZU LEIPZIG

OSTERN 1895.

DURCH IHN LADET

ZU DEN

ÖFFENTLICHEN PRÜFUNGEN

MITTWOCH DEN 3. UND DONNERSTAG DEN 4. APRIL

IM NAMEN DES LEHRER-KOLLEGIUMS

ERGEBENST EIN

PROF. DR. J. E. BÖTTCHER,

REKTOR.

INHALT:

Inhalt der Abhandlung.

Friedrich Schleiermachers „Psychologie"

nach den Quellen dargestellt und beurteilt

von

Otto Geyer.

I.

Vorbemerkungen.

Schleiermacher gehört zu den großen Männern, die mehr besprochen als verstanden werden. Man begegnet den extremsten Meinungen über ihn. Er soll der größte protestantische Theologe seit Luther und doch der Vater des modernen Unglaubens, ein Meister der Mystik und gleichwohl ein Rationalist, der Entdecker der „Eigentümlichkeit" und trotzdem ein Denker sein, der keine Ahnung von dem Werte der Persönlichkeit habe. Einige sehen in ihm einen Platoniker, andere einen Spinozisten; manche betrachten ihn als Kantianer, viele als Anhänger Schellings. Und um gleich alles in allem zu sagen, haben etliche ihn den Eklektikern zugezählt und damit aus der Liste der beachtenswerten Philosophen streichen wollen. Das letzte ist das verkehrteste von allem. Gewiß, Schleiermacher hat Anregung zu philosophischem Schaffen durch Plato[1]), Spinoza[2]) und Kant[3]) empfangen,

1) „Platon ist der Vater der Weisheit und für mich immer noch die erste und höchste Liebe in dieser Weltgegend" (*Aus Schleiermachers Leben. In Briefen.* Vorbereitet von Ludwig Jonas, herausgegeben von Wilhelm Dilthey. Bd. I. S. 348). Jahrzehnte lang hat sich Schl. mit Plato beschäftigt. „Platon ist unstreitig der Schriftsteller, den ich am besten kenne, und mit dem ich fast zusammengewachsen bin" (Briefe Bd. I. S. 344). Bekanntlich verdanken wir seine vortreffliche Übersetzung dieses Denkers. Man vergleiche W. Dilthey, *Leben Schleiermachers.* Bd. I. S. [illegible]; auch Bernhard Todt, *Schleiermachers Platonismus.* Wetzlar 1882. Programm 412.

2) Es ist auch in weiteren Kreisen bekannt, wie Schl. den „heiligen" Spinoza gefeiert hat. Doch galt die Verehrung weniger dem Systeme als der Persönlichkeit des großen Denkers. Wer sich näher mit dem Verhältnis der beiden Männer befassen will, den verweisen wir auf Schl.s *Geschichte der Philosophie*, herausgegeben von H. Ritter, außerdem auf *Sämtliche Werke*, Abt. I. Bd. I. S. 190. — S. W. Abt. III. Bd. III. S. 12—27. — *Dialektik*, herausgegeben von Jonas. S. 298. — Dilthey, *Leben Schleiermachers.* S. 147—180, 316—338 und Anhang (*Denkmale der inneren Entwicklung*) S. 64—68. — P. Schmidt, *Spinoza und Schleiermacher, die Geschichte ihrer Systeme und ihr gegenseitiges Verhältnis.* Berlin 1868.

3) Schl. hat Kant überaus gründlich studiert. Wiederholt erwähnt er solo in den Briefen. „Jetzt bleibe ich besonders an Kant, der mir je länger je bewunderungswürdiger wird" (Briefe Bd. I. S. 342). Dies widmet er in seinen *Grundlinien einer Kritik der bisherigen Sittenlehre* die eingehendste Besprechung. Auch in den

nach Leibniz[3]), Fichte[4]) und Schelling[5]) gründlich gekannt. Allein so wenig er auf einen von ihnen als seinen Meister schwören mochte und konnte, noch weiter war er davon entfernt, aus ihren Werken sich ein System zusammen zu borgen. Schleiermacher ist ein Originaldenker wie irgend einer. Wer je ein Werk von ihm mit Ernst und Ausdauer durchgearbeitet, der wird empfunden, daß dieser reiche Geist in sich die unerschöpfliche Quelle seiner Gedanken hatte. Was Schleiermacher dachte, sprach und schrieb: es trug und trägt das Gepräge selbständiger Eigenart. Eins aber bleibt bedauerlich: daß er spät, recht spät dazu gekommen ist, die Psychologie als solche zum Gegenstande seiner Untersuchung zu machen[6]). Denn ist die Psychologie die Grundwissenschaft aller Geistesforschung — und wer dürfte daran zweifeln? —, so wird von ihr aus erst mit Sicherheit in andere Gebiete geschritten. Schleiermacher hat einen anderen Weg eingeschlagen, doch nicht absichtlich, sondern gedrängt und getrieben von den Umständen wie innerem Bedürfnis. Es waren Erwägungen vornehmlich ethischer und religiöser Art, die ihn der Philosophie zuführten. Gleichwohl findet sich schon in seinen Jugendschriften eine Fülle psychologischen Materials, besonders in den Rhapsodieen, den Monologen und den Reden. Noch reicher daran sind die Dialektik und der christliche Glaube, auch die Erziehungslehre, die freilich, wie Dialektik und Psychologie, nur ein nachgelassenes Werk ist. Im Jahre 1818 ist Schleiermacher zum ersten Male[7]) mit seinen Gedanken über Psychologie vor einen Hörerkreis getreten, also in einer Zeit, da er auf der Höhe seines Schaffens stand. So nimmt es uns nicht wunder, daß, was er darüber handschriftlich niedergelegt hat, eine Tiefe der Auffassung, eine Schärfe der Beobachtung, eine Klarheit und Wärme der Darstellung zeigt, wie man sie selten findet.

Rhapsodieen sind die Spuren des großen Kritikers und Hervorragenden deutlich zu verfolgen. Dilthey kommt wiederholt auf dieses Verhältnis zu reden, am ausführlichsten a. a. O. S. 72—139. Man vergl. ferner Johannes Gottschick, *Über Schleiermachers Verhältnis zu Kant.* Programm. Wernigerode 1875; sowie die trefflichen Artikel über Schl. in Ueberweg-Heinze, *Grundriß der Geschichte der Philosophie der Neuzeit*, 7. Aufl., und in Zeller, *Geschichte der deutschen Philosophie.*

4) Aufschluß über Schleiermachers Beziehungen zu Leibniz geben S. W. Abt. III. Bd. III. S. 9—18, 64—66, 133—140, ferner sein *Antileibnitz*, mitgeteilt von Dilthey in *Denkmale der inneren Entwicklung Schleiermachers* a. a. O. S. 71—76 des Anhangs. Auch Frohne (vergl. S. 2) bespricht dieses Verhältnis. Dilthey handelt darüber außer im Anhange noch S. 63, 150 u. 151. Wir wissen, daß Schl. in jungen Jahren damit umging, ein polemisches Werk über Leibniz und zwar mit Friedrich Schlegel gemeinsam zu verfassen (Briefe Bd. III. S. 151 u. 167). Ob er das „principium individui" von Leibniz übernommen oder schon früher selbständig erfaßt hat, ist schwer zu entscheiden. Gewiß ist, daß ihm, wie er selbst erzählt (*Spinozismus*, S. 33, ungedruckt), schon bei seinen „ersten philosophischen Meditationen das principium individuationis als der tiefste kritische Punkt der theoretischen Philosophie vorschwebte", und weiter, daß auch bei der Fassung und Verwertung dieses Princips seine Selbständigkeit und Tiefe sich glänzend bewährten.

5) In seinen Schriften ist Schl. gegen Fichte sehr zurückhaltend. Eine Ausnahme davon machen nur die Grundlinien. Über sein persönliches und wissenschaftliches Verhältnis zu Fichte handelt Dilthey a. a. O. S. 299, 338—350. Schl. wußte sich weder den Idealismus noch die wirkliche Welt zu erklären (Briefe Bd. IV. S. 53), ein Satz, der seine Stellung Fichte gegenüber treffend zeichnet. Man vergl. auch Weissenborn, *Darstellung und Kritik der Schleiermacherschen Dialektik.* Leipzig 1847.

6) Daß Schl. in der ersten Periode seiner philosophischen Entwicklung von Schelling stark beeinflußt wurde, unterliegt keinem Zweifel. Doch ging er sich später los. Siehe unsere Vorbemerkungen S. 1. Man vergl. auch Dilthey a. a. O. S. 341—354 und die *Denkmale* S. 88, 100, 102; ferner Weissenborn a. a. O. S. 107 ff.

7) Die erste Erwähnung der Psychologie finden wir in einem Briefe an Gaß vom 29. Decbr. 1816. Hier sagt Schl.: „Wie sehne ich mich darnach, ein und andere solchen speciellen Collegium einmal lesen zu können; aber leider fehlen mir noch ganze Disciplinen, an die ich noch nicht kommen kann: Einleitung ins Neue Testament, Psychologie, Ästhetik. Davon bin ich noch sehr weit entfernt." Auch Dilthey bemerkt, daß Schl. spät zur Psychologie gekommen ist (*Allgemeine deutsche Biographie*, Bd. 31. S. 445).

8) Siehe S. 4.

Obschon ein opus postumum und nicht gearbeitet für den Druck, ist seine Psychologie ein Werk, so wohldurchdacht und abgerundet, daß es gewiß sich lohnt, sie weiteren Kreisen zu erschließen. Sie ist ein Werk, so auf sich selbst gestellt, daß sie dem Fleiße und der Ausdauer verständlich wird auch ohne Kenntnis des philosophischen Systems ihres Verfassers, das hie und da, wiewohl nur selten, in sie hineinragt. Und wo sie in Polemik sich ergeht, geschieht es nicht, um in langatmigen und gelehrten Paragraphen des Gegners Meinung aufzurollen. In kurzen Zügen vielmehr und recht verständlich setzt Schleiermacher auseinander, was zu sagen ist, um Gründe für und wider abzuwägen, und immer sachlich, nie persönlich. Der Kundige freilich wird erkennen, wo Leibniz und Kant, wo Herbart oder Beneke in Frage kommen. Denn sie sind es vornehmlich, mit denen Schleiermacher bei seiner psychologischen Forschung sich eng beschäftigt haben[9]) und auseinanderzusetzen pflegte. Erwähnt sind sonst noch Plato, Berkeley und Platner.

Quellen.

Viermal hat Schleiermacher über Psychologie gelesen. Die „Indices lectionum" der Berliner Universität sagen darüber Folgendes:

Sommerhalbjahr 1818: F. Schleiermacher, Dr. Psychologiam docebit quinquies p. h. hor. VI—VII. matutina.

Sommerhalbjahr 1821: F. Schleiermacher, Dr. Privatim psychologiam docebit hor. VI—VII. matut. quinquies p. hebd.

Sommerhalbjahr 1830: F. Schleiermacher, Dr. Privatim psychologiam tractabit quinquies p. hebd. h. VII—VIII. matutina.

Winterhalbjahr 1833/34: F. Schleiermacher, Dr. Privatim psychologiam docebit quinquies p. hebd. hora VII—VIII. matutina.

Die Vorlesung von 1818, ein „ganz funkelnagelneues" Colleg, fand statt vor 130 Zuhörern und war das „stärkstbesetzte", was Schleiermacher „noch gehabt" hatte, so lange er in Berlin war. Der Brief an Gaß, in dem er so spricht, ist vom 11. Mai 1818 datiert. Um diese Zeit weiß Schleiermacher nicht, „wie es recht werden wird" mit seiner Psychologie, doch sei es bis jetzt „leidlich gegangen"[10]). Zaghafter äußert er sich in einem Briefe an Blanc, in dem es heißt: „Dann soll ich noch meinen ganzen Leichtsinn und Zeitmangel für die Psychologie erfinden. Diese Tollheit, auf die ich gar nicht recht weiß, wie ich geraten bin, werde ich schwer büßen müssen"[11]). Schon daraus dürfen wir folgern, daß Schleiermacher sich nicht in dem Maße vor dem Beginne der Vorlesung mit dem Stoffe vertraut gemacht hatte, wie er sonst stets zu thun pflegte. In einem Briefe an Twesten vom 11. Juli 1818 sagt er dann auch ganz unverhohlen, daß er „ohne bestimmte Vorbereitung" zu dieser Vorlesung gegangen sei, zumal er sich „nur in einem fort vorbereiten" müsse „und aus der Hand in den Mund lebe"[12]). Gleichwohl dürfen wir nicht annehmen, daß er diesem „Collegio" weniger Fleiß und Sorgfalt gewidmet habe als anderen. Heißt es doch in demselben Schreiben an Twesten: „Diesen" — nämlich den von Twesten längst erwarteten Brief — „hat wie mancher andere die Psychologie verschlungen, die ich zum 1. Male lese". Beweis genug, daß er Zeit und Kraft vornehmlich dieser Disziplin widmete. Auch darf nicht übersehen werden, daß es überhaupt nicht Schleiermachers Art war, ein fertiges Manuskript als Unterlage für seine Vorträge zu benutzen. Er pflegte ein Gebiet,

---

9) Bei der Eigenart Schleiermachers ist es nicht leicht, darüber Sicheres zu sagen. Der Briefwechsel, so weit er vorliegt, bietet wenig Anhalt. Unsere Anmerkungen geben, was uns gesichert scheint.

10) Briefwechsel mit J. Chr. Gaß. Mit einer biographischen Vorrede herausgegeben von W. Gaß. S. 148.

11) Briefe Bd. IV. S. 233.

12) Georg Heinrici, *D. August Twesten nach Tagebüchern und Briefen.* Wilhelm Hertz, Berlin. 1889.

über den er lesen wollte, zunächst nur im großen zu überdenken und dann ohne „bestimmte“ Vorbereitung vor seine Hörer zu treten. Die Ausführung im einzelnen ergab sich ihm mit der fortschreitenden Lehrarbeit. Seine Aufzeichnungen folgten dieser, in der Regel Stunde für Stunde, zuweilen auch nur Abschnitt für Abschnitt; im letzteren Falle sind gewöhnlich einige Stunden zusammengefaßt. Daß er diese Art zu arbeiten auch auf die Psychologie anwandte, geht deutlich aus dem schon erwähnten Schreiben an Gaß hervor; es heißt da: „Bis jetzt schreibe ich auch immer nach dem Collegio recht ordentlich auf“. Die Worte beziehen sich zunächst auf die Dogmatik, doch fährt er dann fort: „Dasselbe thue ich auch mit der Psychologie“. Diese nachträglichen Niederschriften bieten somit, was Schleiermacher des Aufzeichnens für wert hielt. Es findet sich daher in ihnen manches, was in den strengen Gang nicht passen will und wovon er selbst meint, daß es ihm wie „durch Inspiration“ eingegeben sei[13]). Freilich konnte es dabei nicht ausbleiben, daß ihm dieser oder jener Gedanke gerade dann nicht mehr gegenwärtig war, wenn er ihn aufzeichnen wollte. So findet sich einmal in den Niederschriften über Psychologie die Bemerkung: „Hier ist mir manches sehr bestimmt Auseinandergesetzte entgangen“. Auch sonst begegnet man nicht selten Unebenheiten, wie Lücken, Sprüngen, stichwortähnlichen Sätzen, knappen Zusammenziehungen u. dgl. Die vollkommenste der drei Handschriften ist die, an deren Spitze die Worte stehen: „Zur Psychologie angefangen den 16. April 1818“. Wir nennen sie nach L. George[14]), der die Vorlesungen im Jahre 1862 herausgegeben und die Manuscripte als Beilagen mit abgedruckt hat, A und citieren sie auch unter dieser Bezeichnung. Sie enthält Aufzeichnungen über 75 Lectionen, von denen die 67. bis 71. und die 72. bis 75. in je ein Capitel zusammengefaßt sind, und bietet eine ausführliche und zum größten Teile fortlaufende Darstellung namentlich des „elementarischen“ Teils. Eingehend behandelt sind dabei die Sinnes- und die Denkthätigkeiten sowie die Formen des subjectiven Bewußtseins. Wesentlich kürzer ist der zweite, der „constructive“ Teil, obwohl ausreichend, um ein Bild von dem gewinnen zu lassen, was Schleiermacher seinen Hörern geboten hat. Die ganze Handschrift zeigt wenig äußere Gliederung. Orientierende Überschriften giebt sie fast nur bei den Aufzeichnungen über Denken und Sprache, ein Umstand, der die Übersicht beträchtlich erschwert. Inhaltlich ist jedoch, mit Ausnahme der letzten Stunden, kaum Wesentliches übergangen. Die Randbemerkungen, die hie und da angebracht sind, stammen vermutlich aus dem Jahre 1821, jedenfalls nicht, wie George meint, aus dem Jahre 1822; in diesem Jahre hat, wie die „Indices lectionum“ bezeugen, Schleiermacher nicht über Psychologie gelesen. Übrigens sind die Bemerkungen belanglos. — Knapper als A ist das Manuscript B, das die „Vorlesung im Sommer 1830“ zum Gegenstande hat. In ihm fehlt der II. Teil fast ganz. Nur eine wenige Zeilen umschließende Darlegung der „Geschlechtsdifferenz“ findet sich von diesem. Schon bei der „Temperamentsdifferenz“ (Lection 62 und 63) verweist sie mit den Worten „Nach Maßgabe des vorigen Heftes“ auf A. Auch der I. Teil enthält eine ähnliche Stelle

[13]) Leben in Briefen. Bd. IV. S. 118. In diesem Schreiben an Brinkmann äußert sich Schleiermacher über seine Art zu arbeiten so, daß wir es uns nicht versagen mögen, die Stelle ganz mitzuteilen; sie lautet: „Es klingt fast lächerlich, wenn ich gestehe, daß der größte Teil der Zeit für meine Vorlesungen darauf geht. In der ersten Zeit beschäftigt mich der Plan für ein so sprechendes Ganze von solcher Ausdehnung gewaltig, und je weiter ich dann komme, um desto mehr Studien habe ich zu machen für das Detail. Überdies beschäftigt mich oft der Vortrag für eine Stunde länger als eine Stunde, weil ich eben auch für das Katheder nichts, was zum Vortrag gehört, aufschreiben kann, und doch hier mich in einer ganz neuen Gattung befinde, für welche mir meine Kunstbildung so gut als nichts hilft. Dieses Verarbeiten abwechselnd kann ich dann auf dem Katheder meinen Gedanken weit freieren Lauf als auf der Kanzel, und es kommt mir manches dort durch Inspiration, was ich dann des Aufzeichnens für die Zukunft wert achte, und worauf mir so noch eine Nacharbeit entsteht.“

[14]) *Friedrich Schleiermachers sämtliche Werke*. Abt. III Bd. VI: Psychologie. Aus Schleiermachers handschriftlichem Nachlasse und nachgeschriebenen Vorlesungen herausgegeben von L. George. Berlin, gedruckt und verlegt bei G. Reimer. 1862.

und zwar in Lection 28, wo es am Schlusse heißt: „Erklärung des Vorgesagten im wesentlichen aus 20. des alten Heftes“. Was folgt daraus? Daß wir in unserer Darstellung der Psychologie Schleiermachers überall, wo B ausführlich ist oder von A abweicht, B vor A werden den Vorzug geben müssen. Die große Bedeutung der Handschrift B steht außer Zweifel, namentlich, da die Abweichungen von A nicht unbeträchtlich sind. Sie zeigen sich hauptsächlich darin, daß B eine genaue Abgrenzung der behandelten Wissenschaft giebt, auf naturphilosophische Excurse verzichtet, die ausführliche Besprechung der Gattsbilder unter den Thatsachen des objectiven Bewußtseins beiseite läßt, die Denkthätigkeiten unter vier von einander getrennten Gesichtspunkten behandelt, die Betrachtungen über „das subjective Bewußtsein auf seinen höheren Stufen“ kürzt, die „Spontaneität“ in drei verschiedenen Kapiteln („Selbstmanifestation“, „hinübergreifende Thätigkeit“ und „Selbsterhaltungstrieb“) erörtert und den gesamten Stoff unter klare und bestimmte Überschriften stellt. Auch ist sie vorsichtiger, besonnener in ihren Aufstellungen, besonders wenn es sich um Aussagen über Fragen handelt, die über die Erfahrung hinaus gehen, sodaß man den Eindruck erhält, Schleiermacher habe sich von der naturphilosophischen Strömung der Zeit, von der er noch 1818 „stark afficiert“ war, im Laufe der Jahre (12, bez. 9) frei gemacht. — Die Handschrift C, auf dem Rand des Heftes von 1830 geschrieben, bietet die „Vorlesung im Winter 1833 zu 1834“ und behandelt in 64 Lectionen ungefähr denselben Stoff wie B, indem sie deren Ausführungen berichtigt, ergänzt oder vertieft. Die 64. Stunde ist wahrscheinlich die letzte vor Schleiermachers tödlicher Erkrankung gewesen; denn es findet sich kein Wort des Abbrechens oder des Hinweises auf A oder B. Der Wert dieser Handschrift liegt vornehmlich in den Beziehungen, in die sie den Stoff bringt, was sich besonders deutlich bei dem Ineinandergreifen von Selbst- und Gattungsbewußtsein zeigt. — Die Vorlesungen, die wir unter V. anführen, wollen nach Georges eigenen Worten lediglich „ein treues Bild der mündlichen Behandlung des Stoffes geben und teils das Verständnis des entsprechenden Manuscripts (B) vermitteln, teils in demselben seine vollständige Controle finden“[15]). Sie erheben nicht den Anspruch, nach den Manuscripten gearbeitet und also die Ausgabe der Psychologie Schleiermachers schlechthin zu sein. Zugrunde liegen ihnen drei nachgeschriebene Hefte aus dem Jahre 1830 und je eines von 1818 und 1833 zu 34; letztere dienten wohl nur zur Vergleichung[16]). Die Vorlesungen sind demnach eine ihrer Ausführlichkeit wegen sehr schätzbare Quelle neben den Handschriften und um so wertvoller, als der Herausgeber sich das Gesetz auferlegt hat, „die Schleiermachersche Darstellung so genau wie möglich festzuhalten“[17]). Nach unserem Urteile ist George dabei mit peinlicher Gewissenhaftigkeit zu Werke gegangen, und wenn er schon sich erlaubt hat, hie und da „in schonendster Weise nachzuhelfen oder abzukürzen“, ist doch so viel sicher, daß er, namentlich was das Abkürzen anlangt, eher zu wenig als zu viel gethan hat. Es ist thatsächlich an manchen Stellen auch jetzt nicht leicht, den Faden der Darstellung festzuhalten, bez. wieder aufzunehmen, wenn er verloren gegangen war. Schleiermacher liebte es nun einmal, beim Beginne einer neuen Stunde einen Rückblick auf den durchlaufenen Weg zu thun, diesen und jenen Gedanken unter neue Beleuchtung zu stellen, nachzutragen, was ihm noch eingefallen war, und auszuführen, was er nur hatte andeuten können oder wollen. Das brachte ihn dann wohl vorübergehend in Gebiete, die scheinbar weit abseits liegen, und so kommt es, daß er die Darstellung zuweilen in einer Weise wieder aufnahm, die mit der Art, wie er sie abgebrochen hatte, nicht recht zusammenstimmen mochte. Die Spuren davon sind in Georges Ausgabe der Vorlesungen deutlich zu sehen. Unsere Darstellung wird diese Abschweifungen entweder beiseite zu lassen oder, wenn sie aus irgend einem Grunde unentbehrlich sind, in die Anmerkungen zu verweisen haben. Ein Übelstand ist bei George auch der Mangel jeder Erläuterung. Ausdrücke wie Identität, Organisation, individueller und universeller Prozeß, Gehemm, Bild u. a. bedürfen entweder an und für sich oder in

[15]) Psychologie, Vorwort S. XI.

[16]) Psychologie, Vorwort S. IX u. X.

[17]) Psychologie, Vorwort S. XI.

dem Sinne, wie sie Schleiermacher verwendet, einer Erklärung. Wir haben uns angelegen sein lassen, sie zu geben, sei es im Texte, sei es in den Anmerkungen. Wer übrigens Anstoß an deren Fülle nehmen sollte, den bitten wir zu bedenken, daß es uns darauf ankam, eine quellenmäßige Darstellung zu geben, die einerseits in das Studium der Quellen einführen und andererseits das Nachschlagen für solche erleichtern soll, die Wert darauf legen, über irgend eine psychologische Frage auch Schleiermachers Meinung zu vernehmen, ohne deshalb viel Zeit verlieren zu müssen.

Die gesamte Litteratur, die wir haben einsehen müssen, einer Besprechung zu unterziehen, unterlassen wir. Es würde das unverhältnismäßig viel Raum beanspruchen. Denn unter den deutschen Denkern giebt es außer Kant nur wenige, über die so viel geschrieben worden ist wie über Schleiermacher, und es liegt in der Natur der Sache, daß fast alle diese Schriften auch [illegible] über unser Gebiet enthalten. Ausschließlich mit Psychologie beschäftigen sich jedoch nur einige. Diese werden wir natürlich zu nennen und kurz zu kennzeichnen haben. Es sind folgende:

Sigwart, Schleiermachers psychologische Voraussetzungen, insbesondere die Begriffe des Gefühls und der Individualität (in den Jahrbüchern für deutsche Theologie, Bd. II S. 829—864). — Sigwart, dessen Abhandlung 1857 erschien und hervorgegangen ist aus einem Streite mit Dorner, der die in Sigwarts Aufsatz über Schleiermachers Erkenntnistheorie und ihre Bedeutung für die Grundbegriffe der Glaubenslehre (i. d. s. Jahrb. S. 267 ff.) niedergelegten Ansichten bekämpfte, hat Schleiermachers „Psychologie“ als solche nicht gekannt, sondern sein Urteil vornehmlich auf die Dialektik gegründet, ein offenbarer Mangel, der indessen, da die Psychologie erst 1862 erschien, Sigwart nicht zur Last gelegt werden kann. Die Abhandlung spricht Schleiermacher das Verständnis für das Wesen des Ich ab. Man vergleiche dazu unsere Schlußbemerkungen S. 73.

Ernst Lang, Über die Psychologie von Schleiermacher. (Diss.) Berlin 1873. — Lang giebt nach einer knappen, für seine Arbeit notwendigen Auseinandersetzung über die metaphysischen Grundlagen eine nach bestimmten Kategorien geordnete, überaus kurze Darstellung der Gedanken Schleiermachers über Psychologie. Er beschränkt sich auf den elementaren Teil, unterläßt jede Quellenangabe und fällt keinerlei Urteil. Wahrscheinlich hat ihm A als Unterlage gedient. Was er bietet, ist richtig. Wer sich die Mühe nimmt, unsere Arbeit mit der Langs zu vergleichen, wird finden, daß beide den Gegenstand, sonst aber nichts mit einander gemein haben.

August Frohne, Der Begriff der Eigentümlichkeit oder Individualität bei Schleiermacher. Halle, Max Niemeyer 1884. — Frohne hat eine tüchtige, auf gründlichen Studien beruhende Arbeit geliefert, die indes noch wertvoller sein würde, als sie ist, wenn sie nicht durch Vermischung von Darstellung und Kritik die objective Erkennung der Ansichten Schleiermachers unnötig erschwerte.

Hubert Effer, Beurteilung von Schleiermachers Ansicht über die Natur des Gedächtnisses und seine pädagogische Bedeutung. Eupen 1888. Schulprogramm 414. — Effer stützt sich lediglich auf die „Erziehungslehre“ Schleiermachers, und in der sind allerdings die Bemerkungen über das Gedächtnis karg genug[18]).

18) Schleiermacher hat die Erziehungslehre leider vor der Psychologie in Angriff genommen. Hieraus erklärt sich, daß die in seiner Pädagogik niedergelegten psychologischen Auseinandersetzungen des einheitlichen Charakters entbehren. Gleichwohl ist sie so wertvoll wie irgend eine, ja in mancher Hinsicht wird sie von keiner anderen erreicht. Nur möchten wir nicht so weit gehen wie O. Baur, der sie in Schmids Encyclopädie des Erziehungs- und Unterrichtswesens (Bd. 7. S. 648) „als die tiefsinnigste, gründlichste, umsichtigste und besonnenste Darstellung der Pädagogik“, die diese bis jetzt gefunden habe, bezeichnet. Andererseits überschreitet auch G. von Rohden in seiner Darstellung und Beurteilung der Pädagogik Schleiermachers die [illegible] Grenze, wenn er — allerdings vom Herbartschen Standpunkte aus, der ja leicht zu einseitigem und hartem Urteile verleitet — der Bearbeitung Schleiermachers jede tiefere Bedeutung abspricht.

Daß wir außer den im Texte und in den bisherigen Anmerkungen genannten Werken auch solche eingesehen haben, die uns zur Orientierung auf dem einen oder anderen Gebiete dienten, versteht sich von selbst. Wir nennen folgende: Wundt, Grundzüge der physiologischen Psychologie. 4. Auflage. — Logik. 2. Aufl. — Vorlesungen über Menschen- und Tierseele. 2. Aufl. — Essays. — System der Philosophie. — Lotze, Mikrokosmus. 4. Aufl. — Volkmann, Lehrbuch der Psychologie. 3. Aufl. — Überweg-Heinze, Geschichte der Philosophie: Neuzeit. 7. Aufl. — Zeller, Geschichte der deutschen Philosophie (Schleiermacher). — Julius Schaller, Vorlesungen über Schleiermacher. Halle 1844.

Schließlich danken wir für liebenswürdiges Entgegenkommen den Herren Geheimen Regierungsrat Prof. Dr. Dilthey und Professor D. Lommatzsch in Berlin, sowie Herrn Gymnasiallehrer A. Heubaum ebenda, dem wir für einige Mitteilungen ganz besonders verbunden sind.

II.

Darstellung der Psychologie Schleiermachers.

Einleitung[19]).

Auf dem Gebiete der Psychologie bietet sich zur Anknüpfung für die Untersuchung zunächst nichts weiter dar als „Ich“[20]). Wo „Ich“ gesetzt wird, dürfen wir Seele annehmen. Da nur im Menschen das Ichsagen vorkommt, so scheint er das einzige Wesen zu sein, dem mit Sicherheit Seele zugesprochen werden kann. Aber wie verhält sich die Seele zum Menschen? Man sagt, der Mensch bestehe aus Leib und Seele. Ließe sich erweisen, daß dieser Satz in allen Sprachen, die uns bekannt sind, gleichwertigen Inhalt hätte, so könnte auf ihm vielleicht weitergebaut werden. Allein diese Voraussetzung trifft nicht zu[21]); auch ist Anstoß an dem Verbum des Satzes, an „besteht“ zu nehmen. Die Formel „besteht aus Leib und Seele“ beruht offenbar auf der Vorstellung von der Zusammensetzung. Was aber zusammengesetzt ist, muß zerlegbar sein. Folglich hätte man ein Recht zu der Annahme, daß die Teile — nämlich Seele und Leib — auf irgend eine Weise für sich sein könnten. Man hat in der That gestritten, den Satz zu verstehen und anwenden zu sollen, und ist deshalb auf Fragen gekommen wie die: „Wo und wie ist die Seele, wenn sie nicht mehr mit dem Leibe zusammen ist?“ oder: „Wann und wie kommt die Seele zu dem Leibe hinzu?“ Soll die psychologische Untersuchung aber Anspruch auf Wissenschaftlichkeit machen dürfen, so ist von vornherein daran festzuhalten, daß sie sich nicht über den Punkt des Zusammenseins von Seele und Leib hinaus verliere und also nie etwas von der Seele aussage, „was sich gar nicht auf das Zusammensein derselben mit dem Leibe bezieht, wie es das Ich constituiert“[22]). So darf man also „weder bildlich noch formularisch Seele fassen ohne Leib“[23]) und umgekehrt. Daraus ergiebt sich weiter, daß, weil ja

19) A 1—12, B 1—14, C 1—18, F. S. 1—30.

20) Schl. sagt absichtlich nicht „das Ich“, weil dieser Ausdruck einen älteren Bestimmungen enthalte, über die man vielleicht nicht einig sein könnte (B 1). Später wird Ich erklärt „als eine Erscheinung des Geistes unter der Form des Einzelwesens und in der Verbindung mit einer bestimmten Organisation“ (F. S. 29). Unter Organisation aber versteht Schl. den „Gesamtbereich“ des geistigen Lebens, auch soweit, wie es im Leibe gegeben ist.

21) Schl. weist darauf hin, daß es schwierig sei, zu unterscheiden, „ob ein Satz in der Speculation oder im Leben seinen Ursprung habe“. Vergl. hierzu was S. 21 über die Sprache der Wissenschaft und die des gemeinen Lebens gesagt ist.

22) F. S. 4. 23) B 9.

„Ich“ nirgends als im Menschen gegeben ist, die Untersuchung auf die menschliche Seele beschränkt bleiben muß. Doch wird gestattet sein, das Tier vergleicherweise herbei zu ziehen, schon darum, weil der Sprachgebrauch diesem auch eine Seele, wenn schon eine „unvernünftige“, zuschreibt. Es sollte jedoch nie geschehen, um etwas über die Tierseele an sich festzustellen, sondern nur, um die Eigentümlichkeit der menschlichen in die gewünschte Beleuchtung zu rücken[33]). Eine Hauptschwierigkeit liegt ohne Zweifel in dem Gegensatze von Leib und Seele. Sehr bequem sind da die Ansichten, die ihn einfach aufheben. So behauptet der Materialismus, daß alle Thätigkeit, die wir der Seele zuweisen, nicht nur an Zustände des Stoffes gebunden, sondern auch in ihnen begründet, ja selbst stofflicher Art sei, während der Spiritualismus das, was Materie genannt wird, für eine Erscheinungsform des Geistigen, das allein wirklich bestehe und wirke, erklärt. Jene Ansicht ist notwendig [illegible], diese [illegible] oder [illegible], die eine aber so willkürlich wie die andere[34]). Um [illegible] zwischen beiden wählen oder eine zwischen beiden liegende dritte Annahme aufstellen zu können, müßten Ergebnisse aus Untersuchungen vorweg genommen werden, die erst anzustellen sind; das aber wäre gewiß nicht zweckmäßig und mag darum unterbleiben.

Wollen hingegen andere den Gegensatz in aller Schärfe bestehen und also „Ich“ unbeachtet lassen, so ist nicht einzusehen, weshalb sie bei der Zweiteilung stehen bleiben. So gut wie diese lassen sich auch fernere Spaltungen rechtfertigen. Wir würden auf diese Weise zur Dreiteilung (Leib, Seele und Geist) oder zur Vierteilung, ja schließlich dazu gelangen, die Seele als ein „Aggregat oder System von verschiedenen Vermögen“[35]) anzusehen. Das aber müßte zu großen Verwirrungen führen. Das Ich wäre dann nichts anderes als das immer nur werdende Resultat aus dem Conflict dieses Mannigfaltigen, die Psychologie aber mehr oder weniger ein interessanter Roman[36]). Da nun ein Kampf ohne bestimmte Kräfte nicht denkbar ist, so war von hier aus nur ein Schritt zu thun, um dahin zu kommen, ihre Stärke und Schwäche zu messen und dafür bestimmte Formeln zu suchen, d. h. die Psychologie mathematisch zu behandeln. Freilich wurde und wird dabei übersehen, daß die quantitativen Differenzen in jeder einzelnen Seele ein Beständiges nicht sind; daß der Wechsel sowohl in dieser selbst wie durch äußere Einflüsse verursacht sein kann, und daß es drittens gänzlich an dem [illegible] Maße sowie an der ursprünglichen Gleichung fehlt, aus der weiter entwickelt werden könnte[37]).

34) B 2, V. S. 9.

35) A 3, B 6 u. 9, V. S. 21. Schl. macht die treffende Bemerkung, daß, wo es an dem ethischen und speculativen Interesse fehlt, der Materialismus entstehe, der Spiritualismus aber überall diese Interessen begünstige. Der Materialismus sei eben „nichts anderes als die positive Seite zu dem Skepticismus in Beziehung auf die geistigen Thätigkeiten“ (V. S. 20). 36) V. S. 13.

37) Schl. bekämpft die Theorie von den sogenannten „Seelenvermögen“ aufs entschiedenste. Schon in A findet sich unter 11 ein Hinweis auf die Verwirrung, die diese Theorie in der Psychologie angerichtet habe. Es fehle, wenn man die Seele in „Vermögen“ spalte, immer an dem „Regulator des Conflictes“ derselben; entweder müsse man ihn außer der Seele suchen oder ihn wieder als ein besonderes Vermögen denken. Und in den V. heißt es auf S. 13: „Wenn man diese Formeln aufstellt, so giebt es nichts mehr, was Ich das Subject ist, sondern indem in jedem Momente ein bestimmtes als das vorherrschende gesetzt wird, erscheint dieses als das Subject, und für das Ich bleibt nichts mehr übrig, als daß es das Resultat von dem Conflict unter diesen verschiedenen Vermögen ist.“ Übrigens steht Schl. in diesem Kampfe gegen die Annahme von Vermögen nicht vereinzelt. Herbart, Hegel, in gewissem Sinne auch Beneke, sie kämpfen in derselben Schlachtreihe. Neuerdings hat Lotze eine Art „Ehrenrettung“ der Vermögen versucht, aber, wie wir meinen, nicht mit Erfolg.

38) Merkwürdig ist, wie Schl. seine Polemik gegen die mathematische Behandlung der Psychologie in Beziehung setzt zu seiner Bekämpfung der Vermögenstheorie. Daß diese Polemik direct gegen den Herbartschen Versuch, „Mathematik auf Psychologie anzuwenden“, gerichtet ist, wäre ohne weiteres einleuchtend, auch wenn sich in C 44 nicht die Bemerkung fände: „Digression über die Herbartsche mathematische Psychologie, welche gleich den inneren Factor als überall denselben aus dem calculus eliminieren zu

Woher nun aber Rettung aus dem Labyrinthe der fortgesetzten Teilung? Sie ist darin zu suchen, daß „man sich immer an dem Ich orientiert und keine Formel gelten läßt, die sich nicht daran anschließt“. Freilich setzt dies voraus „die ursprüngliche Einheit von Leib und Seele und die ebenso ursprüngliche Einheit von allem dem, was wir in der Seele selbst unterscheiden können“[39]).

So ergiebt sich Zweierlei: 1. Es soll lediglich die menschliche Seele den Gegenstand der Untersuchung bilden und 2. nichts von ihr ausgesagt werden, was nicht in der Identität von Seele und Leib im Ich gegeben ist[40]).

Nunmehr erhebt sich die andere Frage: Auf welche Weise glauben wir von der Seele etwas wissen zu können? Ohne Zweifel kann es nicht zweierlei wirkliche Erkenntnis über denselben Gegenstand geben. Wohl aber bieten sich verschiedene Wege, zu ihr zu gelangen. Noch immer anerkannt sind zwei Hauptarten: das Erkennen a priori, auch das speculative genannt, und das a posteriori oder das empirische. Letzteres vermittelt ein Wissen, das von außen kommt und ein äußerlich Gegebenes voraussetzt. Ersteres ist ein rein inneres und hat in dem Acte des Denkens selbst seinen Ursprung und zureichenden Grund. Bei der Forschung ist man weder auf den einen noch auf den andern Weg allein angewiesen; ja in der ausschließlichen Anwendung des einen oder des andern liegt eine große Gefahr. Denn jeder für sich führt zur Skepsis, der empirische zur materiellen, der speculative zur formellen. Annäherung an das Wissen[41]) wird nur erzielt durch „gegenseitiges Hineinarbeiten des a priori in das a posteriori und umgekehrt“. Soll es also gelingen, „die Quelle des Skepticismus auszutrocknen“, so sind beide Forschungsmethoden organisch zu verbinden. Wissen ist immer nur in dem beständigen Einswerden beider gegeben[42]). Dies führt den Blick wieder darauf zurück, zu bestimmen, wie die Seele sich zu dem Ich und dem in ihm constituierten Gegensatze verhält. Warum trennt man überhaupt Leib und Seele bei der Betrachtung? Weshalb macht man nicht lieber gleich den ganzen Menschen zum Gegenstande der Untersuchung und trägt Anthropologie ungespalten vor? Nun einmal wohl deshalb, weil dann vieles in die Untersuchung müßte mit aufgenommen werden, woran in der Psychologie kein tieferes Interesse haftet; denn das Gebiet der Physiologie, das alles Organische der Erde umfaßt, reicht so weit nach unten, daß genaue Betrachtung desselben weit abführen würde von dem, was eigentümlich menschlich ist; die Psychologie selbst aber könnte unmöglich dahin folgen, da es ihr an jedem Objecte der Betrachtung fehlte[43]).

Zum andern aber ist die Spaltung notwendig, weil es von höchstem Werte ist, das geistige Princip, das durch das Leben des einzelnen Menschen wie durch seine Gattung geht, ja vielleicht das

können.“ Nun ist aber Herbart selbst ein scharfer Gegner der Vermögenstheorie. So scheint es fast, als ob Schl. ihm habe zeigen wollen, wie die mathematische Behandlung nur denkbar sei unter Voraussetzung von Seelenkräften, d. h. Vermögen, wie aber, wer gegen diese sich erkläre, notwendig dazu gedrungen sei, auch jene für unmöglich zu halten. Wie ernst übrigens Schl. diesen Kampf nahm, geht daraus hervor, daß er im „constructiven“ Teile seiner Psychologie wiederholt und eingehend darauf zu sprechen kommt. Vergl. auch S. 22.

39) V. S. 11—12.

40) „Identität“ oder Einheit bedeutet bei Schl. in der Regel Zusammengehörigkeit, Untrennbarkeit, so auch hier. Zuweilen kommt jedoch das Wort auch bei ihm in dem Sinne von „Einerleiheit“ vor.

41) Wissen nennt Schl. dasjenige Denken, „welches a. vorgestellt wird mit der Notwendigkeit, daß es von allen Denkendfähigen auf dieselbe Weise produciert werde; und welches b. vorgestellt wird als einem Sein, dem darin gedachten, entsprechend“ (Dialektik § 87).

42) B 4 u. A, V. S. 16—21. Was Schl. hierüber sagt, ist sehr beherzigenswert und wohl unwiderleglich.

43) Doch verkennt Schl. durchaus nicht, daß es für die Psychologie von größter Bedeutung ist, wenn der leibliche Organismus des Menschen mit den übrigen organischen Erscheinungen zusammengefaßt und unter einheitlichen Gesichtspunkten erforscht wird. Er sieht in der Physiologie die Schwesterwissenschaft der Psychologie und nennt sie geradezu die ganze Anthropologie, aber aus dem Gesichtspunkte des Leibes betrachtet. Vergl. auch S. 12.

„Ich" nirgends als im Menschen gegeben ist, die Untersuchung auf die menschliche Seele beschränkt bleiben muß. Doch wird gestattet sein, das Tier vergleichsweise herbei zu ziehen, schon darum, weil der Sprachgebrauch diesem auch eine Seele, wenn schon eine „unvernünftige", zuschreibt. Es sollte jedoch nie geschehen, um etwa über die Tierseele an sich festzustellen, sondern nur, um die Eigentümlichkeit der menschlichen in die gewünschte Beleuchtung zu rücken[34]). Eine Hauptschwierigkeit liegt ohne Zweifel in dem Gegensatze von Leib und Seele. Sehr bequem sind da die Ansichten, die ihn einfach aufheben. So behauptet der Materialismus, daß alle Thätigkeit, die wir der Seele zuweisen, nicht nur an Zustände des Stoffes gebunden, sondern auch in ihnen begründet, ja selbst stofflicher Art sei, während der Spiritualismus das, was Materie genannt wird, für eine Erscheinungsform des Geistigen, das allein wirklich bestehe und wirke, erklärt. Jene Ansicht ist notwendig atomistisch, diese idealistisch oder [illegible], die eine aber so willkürlich wie die andere[35]). Um indessen zwischen beiden wählen oder eine zwischen beiden liegende dritte Annahme aufstellen zu können, müßten Ergebnisse von Untersuchungen vorweg genommen werden, die erst anzustellen sind; das aber wäre gewiß nicht zweckmäßig und mag darum unterbleiben.

Wollen hingegen andere den Gegensatz in aller Schärfe bestehen und also „Ich" unbeachtet lassen, so ist nicht einzusehen, weshalb sie bei der Zweiteilung stehen bleiben. So gut wie diese lassen sich auch fernere Spaltungen rechtfertigen. Wir würden auf diese Weise zur Dreiteilung (Leib, Seele und Geist) oder zur Vierteilung, ja schließlich dazu gelangen, die Seele als ein „Aggregat oder System von verschiedenen Vermögen"[36]) anzusehen. Das aber würde zu großen Verwirrungen führen. Das Ich wäre dann nichts anderes als das immer nur werdende Resultat aus dem Conflict dieses Mannigfaltigen, die Psychologie aber mehr oder weniger ein interessanter Roman[37]). Da nun ein Kampf ohne bestimmte Kräfte nicht denkbar ist, so war von hier aus nur ein Schritt zu thun, um dahin zu kommen, ihre Stärke und Schwäche zu messen und dafür bestimmte Formeln zu suchen, d. h. die Psychologie mathematisch zu behandeln. Freilich wurde und wird dabei übersehen, daß die quantitativen Differenzen in jeder einzelnen Seele ein Beständiges nicht sind; daß der Wechsel sowohl in dieser selbst wie durch äußere Einflüsse verursacht sein kann, und daß es drittens gänzlich an dem nötigen Maße sowie an der ursprünglichen Gleichung fehlt, aus der weiter entwickelt werden könnte[38]).

34) B 8, V. S. 9.

35) A 3, B 8 u. 9, V. S. 31. Schl. macht die treffende Bemerkung, daß, wo es an dem ethischen und speculativen Interesse fehlt, der Materialismus entstehe, der Spiritualismus aber überall dies Interesse begünstige. Der Materialismus sei eben „nichts anderes als die positive Seite zu dem Skepticismus in Beziehung auf die geistigen Thätigkeiten" (V. S. 31).

36) V. S. 11.

37) Schl. bekämpft die Theorie von den sogenannten „Seelenvermögen" sehr entschieden. Schon in A findet sich unter 11 ein Hinweis auf die Verwirrung, die diese Theorie in der Psychologie angerichtet habe. Es fehle, wenn man die Seele in „Vermögen" spalte, immer an dem „Regulator des Conflictes" derselben; entweder setze man ihn außer der Seele voraus oder ihn wieder als ein besonderes Vermögen denken. Und in dem V. heißt es auf S. 11: „Wenn man diese Formeln aufstellt, so giebt es nichts mehr, was ich das Subject ist, sondern indem in jedem Momente ein bestimmtes als das vorherrschende gesetzt wird, erscheint dieses als das Subject, und für das Ich bleibt nichts mehr übrig, als daß es das Resultat von dem Conflict unter diesen verschiedenen Vermögen ist." Übrigens steht Schl. in diesem Kampfe gegen die Annahme von Vermögen nicht vereinzelt. Herbart, Hegel, in gewissem Sinne auch Beneke, sie kämpfen in derselben Schlachtreihe. Neuerdings hat Lotze eine Art „Ehrenrettung" der Vermögen versucht, aber, wie wir meinen, nicht mit Erfolg.

38) Merkwürdig ist, wie Schl. seine Polemik gegen die mathematische Behandlung der Psychologie in Beziehung setzt zu seiner Bekämpfung der Vermögenstheorie. Daß diese Polemik direct gegen den Herbartschen Versuch, „Mathematik auf Psychologie anzuwenden", gerichtet ist, wäre ohne weiteres einleuchtend, auch wenn sich in C 6a nicht die Bemerkung fände: „Digression über die Herbartsche mathematische Psychologie, welche glaubt den inneren Factor als überall denselben aus dem calculus eliminieren zu

Woher nun aber Rettung aus dem Labyrinthe der fortgesetzten Teilung? Sie ist darin zu suchen, daß „man sich immer an dem Ich orientiert und keine Formel gelten läßt, die sich nicht daran anschließt". Freilich setzt dies voraus „die ursprüngliche Einheit von Leib und Seele und die ebenso ursprüngliche Einheit von allem dem, was wir in der Seele selbst unterscheiden können"[39]).

So ergiebt sich Zweierlei: 1. Es soll lediglich die menschliche Seele den Gegenstand der Untersuchung bilden und 2. nichts von ihr ausgesagt werden, was nicht in der Identität von Seele und Leib im Ich gegeben ist[40]).

Nunmehr erhebt sich die andere Frage: Auf welche Weise glauben wir von der Seele etwas wissen zu können? Ohne Zweifel kann es nicht zweierlei wirkliche Erkenntnis über denselben Gegenstand geben. Wohl aber bieten sich verschiedene Wege, zu ihr zu gelangen. Noch immer anerkannt sind zwei Hauptarten: das Erkennen a priori, auch das speculative genannt, und das a posteriori oder das empirische. Letzteres vermittelt ein Wissen, das von außen kommt und ein äußerlich Gegebenes voraussetzt. Ersteres ist ein rein inneres und hat in dem Acte des Denkens selbst seinen Ursprung und zureichenden Grund. Bei der Forschung ist man weder auf den einen noch auf den anderen Weg allein angewiesen; ja in der ausschließlichen Anwendung des einen oder des anderen liegt eine große Gefahr. Denn jeder für sich führt zur Skepsis, der empirische zur materiellen, der speculative zur formellen. Annäherung an das Wissen[41]) wird nur erzielt durch „gegenseitiges Hineinarbeiten des a priori in das a posteriori und umgekehrt". Soll es also gelingen, „die Quelle des Skepticismus auszutrocknen", so sind beide Forschungsmethoden organisch zu verbinden. Wissen ist immer nur in dem beständigen Einswerden beider gegeben[42]). Dies führt den Blick wieder darauf zurück, zu bestimmen, wie die Seele sich zu dem Ich und dem in ihm enthaltenen Gegensatze verhält. Warum trennt man überhaupt Leib und Seele bei der Betrachtung? Weshalb macht man nicht lieber gleich den ganzen Menschen zum Gegenstande der Untersuchung und trägt Anthropologie ungespalten vor? Nun einmal wohl deshalb, weil dann vieles in die Untersuchung müßte mit aufgenommen werden, woran in der Psychologie kein tieferes Interesse haftet; denn das Gebiet des Physiologischen, das alles Organische der Erde umfaßt, reicht so weit nach unten, daß genaue Betrachtung desselben weit abführen würde von dem, was eigentümlich menschlich ist; die Psychologie selbst aber könnte unmöglich dahin folgen, da es ihr an jedem Objecte der Betrachtung fehlte[43]).

Zum anderen aber ist die Spaltung notwendig, weil es vom höchsten Werte ist, das geistige Princip, das durch das Leben des einzelnen Menschen wie durch seine Gattung geht, ja vielleicht das

können." Nun ist aber Herbart selbst ein scharfer Gegner der Vermögenstheorie. So scheint es fast, als ob Schl. ihm habe zeigen wollen, wie die mathematische Behandlung nur denkbar sei unter Voraussetzung von Seelenkräften, d. h. Vermögen, wie aber, wer gegen diese sich erkläre, notwendig dazu gelangen müsse, auch jene für unmöglich zu halten. Wie ernst übrigens Schl. diesen Kampf nahm, geht daraus hervor, daß er im „constructiven" Teile seiner Psychologie mehrmals und eingehend darauf zu sprechen kommt. Vergl. auch S. [illegible].

39) V. S. 11—12.

40) „Identität" oder Einheit bedeutet bei Schl. in der Regel Zusammengehörigkeit, Untrennbarkeit, so auch hier. Zuweilen kommt jedoch das Wort auch bei ihm in dem Sinne von „Einerleiheit" vor.

41) Wissen nennt Schl. dasjenige Denken, „welches a. vorgestellt wird mit der Notwendigkeit, daß es von allen Denkvermögenden auf dieselbe Weise produciert werde, und welches b. vorgestellt wird als einem Sein, dem darin gedachten, entsprechend" (Dialektik § 87).

42) B 8 u. 5, V. S. 10—21. Was Schl. hierüber sagt, ist sehr beherzigenswert und wohl unwiderleglich.

43) Doch verkennt Schl. durchaus nicht, daß es für die Psychologie von größter Bedeutung ist, wenn der leibliche Organismus des Menschen mit den übrigen organischen Erscheinungen zusammengefaßt und unter einheitlichen Gesichtspunkten erforscht wird. Er sieht in der Physiologie die Schwesterwissenschaft der Psychologie und nennt sie geradezu die ganze Anthropologie, aber aus dem Gesichtspunkte des Leibes betrachtet. Vergl. auch S. 12.

Universums durchdringt, auf der einzigen Stufe, die uns wirklich gegeben ist, thunlichst rein auszuscheiden und die Gesetze seiner Entwicklung zu untersuchen und aufzuweisen. Denn darüber kann wohl kein Zweifel aufkommen, daß die inneren Thätigkeiten des Menschen, d. h. die seiner Seele, in ihm die herrschenden sind. Niemand, der über sich selbst ernstlich nachgedacht hat, ist frei von der Überzeugung, daß in ihnen sein Wesen ruht. Nur dadurch, daß wir sie erleben und ausbilden, nehmen wir teil an den Fortschritten der Weltentwicklung. Und so erkennen wir überall auch außer dem Menschen, wo wir glauben ähnliche Thätigkeiten wie die unserer Seele voraussetzen zu müssen, diesen den niederen Daseinsbedingungen gegenüber den Vorrang zu. Wird uns sowohl an der Identität von Seele und Leib festgehalten wie auch der erfahrungsmäßige Gegensatz beider nicht aus den Augen verloren, so dürfte sich die Einheit der Entwicklung allein darstellen lassen unter der Form einer zwiefachen Reihe von Thätigkeiten: einer niederen, bei der das Geistige das Minimum und das Leibliche das Maximum, und einer anderen, bei der das Leibliche das Minimum und das Geistige das Maximum bildet. Jene hat die Physiologie[34]), diese die Psychologie zum Gegenstande. Hieraus ergiebt sich, „daß die Psychologie nichts anderes ist als die ganze Anthropologie aus dem Gesichtspunkte des Geistes betrachtet“[35]).

So wird in dem Gegensatze von Geistigem und Leiblichem die Einheit des Lebens am besten festgehalten, und deutlich zeigen sich uns die Grenzen der psychologischen Untersuchung wenigstens nach unten. Denn setzt diese gleich den leiblichen Organismus voraus, so geht sie doch ganz gewiß nicht auf Resultate ein, die sich auf den Gegensatz zwischen Organischem und Mechanischem beziehen; m. a. W.: das ganze System der Leibesbewegungen, die sich ohne nachweisbaren Zusammenhang mit dem Bewußtsein vollziehen, hat für die Psychologie nur untergeordnete Bedeutung[36]). Aber auch nach oben, nach der psychischen Seite hin, läßt sich die Grenze mit einiger Schärfe ziehen. Es ist ja möglich und denkbar, daß geistiges Leben über das Menschen-Ich hinaus vorhanden ist. Nur wird niemand darüber sichere Aussagen machen können. Folglich bleiben alle Fragen, deren Beantwortung ein Übergreifen in jene Sphäre voraussetzt, von der Untersuchung ausgeschlossen. Ja selbst innerhalb der Grenzen des Menschengeistes giebt es Gebiete, die von der psychologischen Betrachtung beiseite gelassen werden, weil sie in das Bereich der Ethik, d. i. einer Wissenschaft gehören, deren eigentümliche Aufgabe es ist, die geistigen Functionen in ihrer Gesamtheit zu betrachten und den Zusammenhang dessen, was aus ihnen hervorgehen soll, als „etwas notwendig in der menschlichen Vernunft Postuliertes darzustellen“[37]). Gegenstand der Psychologie dagegen ist nur die einzelne[38]) menschliche Seele, einzeln deshalb genannt, weil sie für uns einen Anfang und ein Ende hat. Darum muß auch die Frage abgewiesen werden, ob der Anfang jedes menschlichen Daseins unter der Form des Eingeschlossenseins in dem der Mutter gegeben sei und wenn, wie dann die Entstehung des ersten menschlichen Organismus zu denken sei[39]). Denn derlei Fragen führen weiter auf die, wie überhaupt der

---

34) Siehe Anm. 23. 35) F. S. 33. Vergl. auch A 2.

36) A 4 u. 5, B 9 u. 10; F. S. 24, 25, 26.

37) F. S. 30, auch A 6 u. B 10. Demnach schließt Schl. nicht nur alles Transcendente, sondern auch alles Ethische von der psychologischen Untersuchung aus. Bei Schl. heißt transcendental dasjenige Denken, das über jede mögliche bestimmte Erfahrung hinausgreift und für alle wirkliche Erkenntnis die Grundlage schafft. Von ihm und seinen Ergebnissen handelt er in der „Dialektik“. Was uns für das volle Verständnis der Psychologie unbedingt notwendig erscheint, wird im Laufe der Darstellung an den geeigneten Stellen mitgeteilt werden. Von einer eingehenden Auseinandersetzung der metaphysischen Anschauungen aber sehen wir ab; sie wäre unnütz und irreführend. Vergl. auch die Vorbemerkung. Daß Schl. alles Ethische von der Psychologie ausschließt, ist ein Fehler, der sich rächt. Siehe auch S. 92.

38) Der Ausdruck darf nicht falsch verstanden werden. Schl. will ausschließen jede Erörterung über den Geist an sich, das Absolute, das Unendliche, nicht aber die Massenindividuen, wie Völker, Staaten u. a.

39) Für uns, meint Schleiermacher, sei der „erste“ Mensch etwas Unbegreifliches, und so könne

Gegensatz zwischen dem universellen und dem individuellen Prozeß unter der Form des Menschen habe entstehen können, also auf Erörterungen kosmologischer Art, für die andere Disciplinen den nötigen Raum bieten. Von größter Bedeutung dagegen ist in der Psychologie die Frage nach dem Verlaufe des menschlichen Lebens. Um auf sie eine Antwort zu finden, wird man auf die Anfänge des organischen Lebens zurückgehen müssen. Da stößt man nun bei den unvollkommensten Organisationen schließlich auf einen Punkt, wo universeller und individueller Prozeß[40]) nicht mehr zu unterscheiden sind, den „Indifferenzpunkt“ zwischen beiden. Bei den höheren dagegen zeigt sich die auffällige Erscheinung, daß die ersten Keime in einem anderen Organismus, der sie umschließt und schützt, zur Entwicklung gelangen. Erst wenn die neue Lebenskraft so weit gediehen ist, daß sie sich der Einwirkung des universellen Prozesses hingeben kann[41]), tritt sie ans Licht. Nun steigern sich allmählich die Lebensäußerungen bis zu einem Maximum, das als Höhe des Lebens bezeichnet zu werden pflegt; von da ab jedoch erfolgt eine stete Verminderung bis zum schließlichen Erlöschen. Der Tod erscheint dann „als ein Übergewicht des universellen Prozesses über den individuellen“[42]). Die Formel für die Entwicklung des zeitlichen Daseins lautet demnach: Anfangspunkt[43]) mit folgender Steigerung bis zum Maximum, hierauf allmähliches Sinken bis zum Endpunkte. Ihr ist die leibliche Organisation, ihr auch der Geist unterworfen, sofern er für uns im endlichen Dasein gegeben ist. Recht deutlich zeigt sich das am menschlichen Bewußtsein. In lebendiger Wechselwirkung des Subjekts, das sein Träger ist, mit der Außenwelt, die es umgiebt, entwickelt es sich aus unmerklichen Anfängen so allmählich wie stetig zu immer vollkommeneren „Momenten“[44]).

---

keinen größeren Mißgriff geben, als die Entwicklung des Bewußtseins an dem Bilde eines solchen anzustellen. Denn alles, was zeitlich betrachtet werden solle, werde nur zusammen mit seinem Entstehen recht verstanden; dieses aber falle beim ersten Menschen ganz aus der Analogie mit uns heraus; daher bleibe immer nur zweierlei übrig: entweder alles als übernatürlich, d. h. vom unendlich Großen gewirkt anzusehen, oder es aus dem unendlich Kleinen als sich selbst entwickelnd zu betrachten; beides aber könne nicht begriffen werden. Daher wäre der erste Mensch notwendig mythisch, nur aufzufassen in einer Reihe von Bildern, die, wenn man sie in Begriffe auflösen wolle, Widersprüche hervorbrächten. Man vergl. hierzu A 6, auch B 10 und F. S. 41, 44.

40) Unter dem „universellen Prozeß“ versteht Schl. die Entwicklung des Seins außerhalb des Ichs, unter dem „individuellen“ die Entfaltung des zeitlichen Einzellebens. Zwischen beiden besteht nach ihm die innigste Wechselbeziehung und zwar vermittelst der „Organisation“, d. i. des Leibes. Das Leben könne nur gedacht werden unter Voraussetzung der Wechselwirkung und gegenseitigen Bestimmung. Jede Veränderung eines Lebendigen habe einen äußeren und einen inneren Factor. Hätte nicht etwas eingewirkt, so wäre sie gar nicht geworden. Hätte das Einwirkende das Innere nicht so gefunden, wie es ist, wäre die Veränderung ebenfalls eine andere. Eine Thätigkeit ohne äußeren Factor finde keinen Widerstand, wäre also eine unendliche, die wir nicht beobachten und nicht teilen könnten, um einen Wechsel von Zuständen zu setzen. Inwiefern also das Leben gesetzt sei, werde alles andere ihm entgegengesetzt. So bilde sich von ihm aus das Verhältnis von Ich zu Nicht-Ich als einer unbestimmten Mannigfaltigkeit. Doch drücke diese Bestimmung nicht eine Erkenntnis des letzteren, sondern nur die Beziehung zu dem gesetzten Leben aus. Vergleiche A 2.

41) Mittelbar allerdings ist die Beeinflussung des individuellen Prozesses durch den universellen auch im Mutterleibe gegeben.

42) F. S. 60. In B 10 heißt es: „Tod ist Untergang des individuellen Prozesses im universellen“. Doch hat Schl. hierbei offenbar mehr die Auflösung der „Organisation“ im Auge gehabt als die der Seele. Vergl. hierzu S. 69.

43) Der Anfangspunkt ist bei Schl. fast immer als „Indifferenz“ zu denken, aus der heraus sich die „Gegensätze“ allmählich entwickeln. Auf der Höhe des Lebens ist die Sonderung am klarsten und schärfsten. Gegen das Ende tritt sie zurück. Das Leben nähert sich wieder dem Anfangspunkte.

44) Unter „Moment“ ist nach Schl. ein Zustand in der Entwicklung des psychischen Lebens zu verstehen, der für sich betrachtet eine in gewissem Sinne abgeschlossene Einheit darstellt. Sein eigentümliches

bis die Höhe seines Daseins erreicht ist, wo die Beziehung aller Momente auf einander am vollständigsten und kräftigsten erscheint; darnach beginnt der Niedergang, anfangs kaum merklich, bald aber schneller; die Verbindungen, die im Maximum des Lebens so gefestigt waren, daß sie für unlösbar gehalten werden konnten, lockern sich; Gefühlsfülle und Kraft des Denkens nehmen ab, und das geht so fort, bis im Tode das Bewußtsein gänzlich erlischt[45]).

Damit ist nun aber freilich noch nicht gesagt, wodurch die Entwicklung bewirkt wird. Um hierüber an dieser Stelle wenigstens einiges festzustellen, ist es nötig, daran zu erinnern, daß unsere Untersuchung sich nicht mit einem ersten problematischen Menschen zu beschäftigen hat, sondern mit Menschen, die durch Zeugung entstanden sind und mithin unter einander derselben Herkunft sind. Davon, daß ohne andere Menschen der Anfang eines menschlichen Bewußtseins möglich sein sollte, haben wir als natürliche Wesen keine Vorstellung. Es erscheint uns deshalb die Entfaltung des menschlichen Bewußtseins ohne Wechselbeziehung mit anderen undenkbar. Die Möglichkeit und Thatsächlichkeit der gegenseitigen Förderung aber setzt voraus, daß die menschlichen Wesen hinsichtlich dessen, was ihren Entwicklungsprozeß ausmacht, in den Hauptzügen übereinstimmen. Diese Identität ist gemeint, wenn gesagt wird: Die Menschen bilden eine Gattung, oder: Es giebt eine allgemein menschliche Natur[46]). Das aber lenkt die Betrachtung auf die Mittel der Wechselwirkung, auf die Sprache, allerdings in dieses Wortes weitestem Sinne. Soll nämlich der Punkt, von dem die Entwicklung des Bewußtseins seinem geistigen Gehalte nach anfängt, aufgezeigt werden, so kann es nur der sein, wo die Aneignung der Sprache beginnt, d. h. derjenigen Ausdrucks- und Verkehrsmittel, das, durch die geist-leibliche Organisation hervorgebracht, zum Träger und Vermittler des Bewußtseins wird. Denn soviel steht fest, „daß die Entwicklung des geistigen Gehalts des Bewußtseins und damit zugleich die bestimmte Form des Auseinandertretens in dem Bewußtsein selbst an ein solches System von organischen Thätigkeiten gebunden ist"[47]), wie es sich in der Sprache darstellt. Sind aber Bewußtsein und Sprache des Menschen so eng mit einander verknüpft und auf einander angewiesen, muß diese in ihrer Entwicklung wohl auch derselben Formel unterworfen sein wie jenes. Und so ist es in der That nicht anders. Zwischen beiden besteht eine auffällige Übereinstimmung. Hier wie dort ein kaum merklicher Anfang des Werdens; hier wie dort eine Steigerung der Tiefe wie der Breite nach; hier wie dort ein Höhepunkt, der nach der sprachlichen Seite vollständige Beherrschung der Mittel und die Fähigkeit selbständigen Schaffens begreift; hier wie dort eine im Laufe der Jahre immer deutlicher hervortretende Verminderung, die in der Schwäche des Alters oft einen ergreifenden Ausdruck gewinnt, sodaß das Wort zum Begriffe und der Begriff zum Worte sich nicht mehr finden will, und hier wie dort schließlich ein gänzliches Aufhören[48]).

Nun ist es an der Zeit, darauf hinzuweisen, daß bisher immer nur die eine allgemeine Beziehung ins Auge gefaßt wurde, die zwischen der Seele als Erscheinung des Geistes und der Welt

---

Gepräge erhält er durch die Vorherrschaft einer bestimmten Thätigkeit, der gegenüber die anderen zwar nicht verschwinden, aber zurücktreten. Doch ist der Moment nicht nur inhaltlich bestimmt, sondern auch zeitlich abgegrenzt; denn er hält so lange an, als die Thätigkeit, die seinen Charakter ausmacht, vorherrscht. Kommt sie durch Verwirklichung ihres Zieles zur Ruhe, oder wird sie durch eine andere verdrängt, so hört der Moment auf, und ein neuer entwickelt sich. Es lassen sich daher auch nach Schl. „große" und „kleine" Momente unterscheiden, was für die Erklärung wichtiger Thatsachen des Seelenlebens bedeutungsvoll ist. Siehe S. 49 ff. Übrigens gilt auch für den Moment das Gesetz des Werdens; auch er entwickelt sich von einem Indifferenzpunkte aus, wächst allmählich oder plötzlich an bis zu einem Maximum, nimmt wieder ab und geht, sei es langsam, sei es rasch, in einen anderen über.   45) Vergl. hierzu Anm. 52 u. S. 69.

46) Wäre dies nicht der Fall, so „würde nicht zu begreifen sein, wie sich an dem einen Bewußtsein das andere entzünden könnte" (F. S. 55), und ebensowenig, woher die Neigung der menschlichen Individuen kommen sollte, ihr Bewußtsein mit Vorliebe an das anderer Menschen anzuknüpfen.

47) F. S. 56.   48) B 11, F. S. 67.

besteht, in die sie vermöge ihrer Einheit mit dem Leibe gestellt ist, nämlich die Seite der geistigen Thätigkeit, die wir am zweckmäßigsten die Receptivität nennen. Kaum geringer aber ist die Menge derer, die auf die Selbstthätigkeit oder Spontaneität des geistigen Subjects zurückzuführen sind[49]). Einen Blick auf die letztere zu werfen bleibt uns noch übrig. Die aus sich herausgehende Thätigkeit des Geistes mag mit dem Ausdrucke „Kunst" benannt werden, allerdings wiederum in des Wortes weitester Bedeutung. Blickt man den Verlauf des Lebens nach dieser Seite hin an, so wird man den Anfang in einer Thätigkeit des Geistes sehen, die sich auf die „Organisation" selbst erstreckt. Denn „die Organisation an und für sich betrachtet ist schon eine Darstellung des Geistes, weil er als Seele ihr einwohnt"[50]). Wäre freilich nur von der Bildung im Mutterleibe die Rede, so könnte man wohl die Gestaltung als unabhängig vom Geiste ansehen. „Allein so lange die Seele selbst wächst, entwickelt sich auch der physiognomische und pathognomische Ausdruck abhängig von den der Seele zukommenden Thätigkeiten"[51]). Dabei ist ein Fortschritt vom Allgemeinen zum Besonderen unverkennbar. So zeigt sich zwischen neugeborenen Kindern ein weit geringerer Unterschied in der organischen Erscheinung als bei Erwachsenen. Die Summe dessen, was man das Eigentümliche des Einzelnen nennt, vermehrt sich eben mit der fortschreitenden Ausbildung. Dem Grade nach läßt sich allerdings weder über die Aktivität des Psychischen noch über die Passivität des Leiblichen etwas Genaues feststellen; im Prinzip aber ist die Aktivität des Psychischen nicht zu bestreiten. In ihr offenbart sich das, was sonst gewöhnlich Wille heißt. Besonders deutlich tritt es hervor, sobald Thätigkeiten vollzogen werden, in denen sich das Bestreben, Gemütszustände durch organische Bewegungen auszudrücken, erkennen läßt[52]). Bemerkenswert daran ist namentlich die Absicht der Mitteilung des Inneren an etwas, was sich außerhalb des Subjects befindet. Hier tritt die Darstellung offenbar aus der Organisation heraus; sie geht über auf die Umgebung und sucht diese dem eigenen Inneren entsprechend zu ändern. Daher findet sich leicht das Bild eines Menschen wieder in der Art, wie er seine Wohnung u. dergl. einrichtet. Höher noch steigt die darstellende Thätigkeit, wenn sie etwas von der Person Trennbares für alle diejenigen hinstellt, die imstande sind, das Geistige darin anzuschauen, d. h. wenn sie Kunst im engeren Sinne wird. Ohne nun an dieser Stelle weiter ins Einzelne zu gehen, ist zu erinnern, daß in der Äußerung auch dieser Thätigkeit derselbe rhythmische Verlauf des Lebens sich offenbart, der wiederholt aufzuzeigen war, nämlich: Minimum, Steigerung, Maximum, Minderung, Verlöschung. Das Maximum, um wenigstens von diesem kurz zu reden, giebt sich kund als der höchste Grad von Lebendigkeit in den spontanen Thätigkeiten, der sich äußert einmal durch die Lebendigkeit in der Aufeinanderfolge und dem Zusammenhange der Bewegungen des Bewußtseins, zum anderen durch den Nachdruck und die Fülle der Kraft in der Verwendung der Darstellungsmittel. Weit gefehlt wäre es allerdings, wollte man annehmen, daß die Entwicklung bei allen Menschen in völliger Gleichmäßigkeit verlaufe. Es herrscht vielmehr bei aller Einheitlichkeit die reichste Mannigfaltigkeit, insbesondere was die Dimensionen anlangt. Diese näher zu untersuchen, dürfte eine wichtige Teilaufgabe unserer Wissenschaft sein. Dergleichen „Differenzen" lassen

---

49) Receptivität heißt die psychische Thätigkeit, sofern sie dazu dient, Einwirkungen von außen aufzunehmen und zu verarbeiten, während Spontaneität die gleiche Thätigkeit genannt wird, wenn sie ohne Anregung von außen, also aus rein inneren Impulsen entspringt. Beide sind also nicht qualitativ verschieden und stehen in lebendigster Wechselbeziehung zu einander. Streng genommen tritt keine getrennt von der anderen auf. Es handelt sich immer nur um ein relatives Überwiegen der einen oder der anderen. Übrigens setzt Schl. für Receptivität auch „aufnehmende", für Spontaneität „ausströmende" Thätigkeit.

50) F. S. 48.   51) B 12.

52) Schl. macht hier die pädagogisch wertvolle Bemerkung, daß die eigenen Gemütszustände sich uns selbst stärker eindrücken, wenn sie in organischen Bewegungen sich äußern. In diesem liege offenbar ein Mittel der Befestigung dessen, was in dem einen Moment des Daseins vorhanden war, für andere Momente desselben Daseins (F. S. 68).

übrigens nicht nur bei den Einzelwesen, sondern auch zwischen den „Massen" vor. Sie geben sich zu erkennen zunächst „in Beziehung auf den Exponenten des ganzen zeitlichen Verlaufs"[42]), ferner hinsichtlich des Ortes, an dem das Maximum zu stehen kommt, wie endlich des Raumes, den es einnimmt. Sie entspringen im wesentlichen aus zwei Quellen: aus der Einwirkung der Seele auf das rein materielle Gebiet der Organisation und aus dem Einflusse dieser auf jene. Besonders auf dem Gebiete „des Werdens der Organisation" treten bedeutende Differenzen in großen Massen auf. Hierher gehört z. B. die „Geschlechtsdifferenz", ferner die „nationale organische Constitution", die in verschiedenen Teilen der Erde verschieden ist und abzuhängen scheint von dem Leben der Erde selbst, d. h. von dem Verhältnis des organischen Prozesses zu dem universellen[43]).

Endlich sei an dieser Stelle ein Blick auf die „Methode"[44]) der Behandlung geworfen. Wohin auch die spätere Untersuchung führen mag, Folgendes ist dabei festzuhalten: Erstens ist nichts in die Betrachtung aufzunehmen, was rein individuell ist, sondern nur das, was wirklich allgemein oder doch vielfach in den Einzelwesen sich nachweisen läßt.

Zweitens muß stets von der Ansicht ausgegangen werden, „daß in jedem Moment alle Thätigkeiten sind und jede Thätigkeit durch alle Momente durchgeht"[45]). Wie es dabei möglich ist, daß einzelne Functionen hervortreten, während andere ein Minimum der Entwicklung zeigen, wird einen Gegenstand der Erklärung sein. Das führt

drittens auf die Art des Zusammenseins der Functionen und damit in das Gebiet der „Differenzen", seien diese am Einzelwesen oder Massen. Also wird ein Teil, der „elementare", sich damit beschäftigen, „vollständig und genau die einzelnen das psychische Leben constituierenden menschlichen Thätigkeiten zusammenzustellen und in ihrer Zusammengehörigkeit und in ihrem Verhältnis zur Totalität so bestimmt wie möglich zu erkennen", worauf ein zweiter, der „constructive", zeigen möge, wie diese Elemente auf verschiedene Art zusammen sein können, erstens, um ein einzelnes Leben, und zweitens, um die Charaktere der Massen, insofern sie wahre Einheiten bilden, zu construieren[46]).

A.

Elementarer Teil[47]).

Will man die psychischen Thätigkeiten in ihrem Wesen und gegenseitigen Verhältnis auffassen, so geht man häufig davon aus, sie als „Vermögen" der Seele zu betrachten. Dabei geschieht es nicht selten, daß man sie wie persönliche Wesen aufeinander wirken läßt. Die Seele erscheint dann als

42) Der Ausdruck „Differenz" ist bei Schl. nahezu gleichbedeutend mit Individualität oder Eigentümlichkeit, ein Begriff, der in Schl.s Systemen, dem philosophischen und dem theologischen, eine bedeutende Rolle spielt; wie wir sehen werden, wie Schl. auch in den psychologischen Untersuchungen immer wieder auf ihn zurückkommt. Zunächst sei verwiesen auf A 6—8, B 17 und F. S. 61, 62.

43) F. S. 61. Vergl. auch Anm. 60.

44) Schl. erwähnt hier lediglich einige Gesichtspunkte für die Behandlung seines Stoffes und schließt daran eine knappe Darstellung der Gliederung desselben. Was man sonst wohl unter „Methode" begreift, darüber wolle man Näheres in unseren Schlußbemerkungen (S. 64 u. 68) nachlesen.

45) B 11. — Es giebt eine Menge von Erfahrungen, die uns lehren, daß wir selbst in solchen Momenten, bei denen es scheint, als ob eine Thätigkeit den ganzen Moment erfülle, doch immerhin deutlich die Spuren anderer Thätigkeiten erkennen. Müßten wir uns den Verlauf des psychischen Lebens so vorstellen, „daß in dem einen Moment eine charakteristische Thätigkeit isoliert hervorträte, in dem anderen eine andere, so würde das Aggregat solcher Elemente schwerlich ein Continuum geben". Als solches aber ist uns „die Seele in ihrem zeitlichen Verlauf" gegeben (F. S. 55—56).

46) A 10 u. 21, B 14, F. S. 58.

47) A 11—51, B 16—56, C 10—68, F. S. 60—[illegible]

der Schauplatz eines steten Kampfes eingebildeter Gestalten; die Einheit des Subjects aber verschwindet. Da diese Weise der Betrachtung leicht von „der lebendigen Anschauung der Totalität des Lebens" ablenkt, so soll hier ganz davon abgesehen werden, Ausdrücke wie „Verstand", „Gemüt" und dgl. zu gebrauchen[48]).

Bevor indessen in die eigentliche Behandlung eingetreten wird, ist dafür zu sorgen, daß bei derselben wesentliche Thätigkeiten nicht übersehen werden. Zu beginnen dürfte jedenfalls mit den organischen Functionen sein, sofern diese Zustände des Bewußtseins herbeiführen. Allein der Gegensatz zwischen ihnen und den geistigen begreift das, was wir seelisches Leben nennen, bei weitem nicht vollständig in sich. Der Einzelne gehört auch einem Ganzen an, das sich wieder in eine Menge von Einheiten spaltet, die teils lebendige, teils leblose[49]) sind. Jede der lebendigen hat den Grund ihrer Bestimmtheit zum Teil in, zum Teil außer sich. Keine entwickelt sich für sich allein, sondern stets in Wechselbeziehung mit anderen. Folglich sind beide, das lebendige Einzelwesen und die Gesamtheit des übrigen Seins, als auf einander wirkend vorauszusetzen. Das Äußere will in das Innere dringen, dieses aber in jenes; das Innere setzt dem Äußeren sein Andersein entgegen, das Äußere dem Inneren. Die Folge davon ist, daß durch die aufnehmende Thätigkeit des Inneren der äußere Eindruck eine Umwandlung erfährt und dadurch ein dem lebendigen Einzelwesen angehöriges und angeeignetes Erlebnis wird, jedoch nicht, ohne daß darin zugleich die Einwirkung mitgesetzt wäre; m. a. W.: Das Sein der Gesamtheit ist in dem Einzelwesen so, wie es der Natur des letzteren gemäß ist. Aber auch die ausströmenden Thätigkeiten erleiden eine Gegenwirkung und zwar durch die Außenwelt. Der individuelle Prozeß bricht sich an dem universellen. Doch geschieht auch das nicht, ohne daß dieser eine Änderung erfährt, in der die ausströmende Thätigkeit, die sie hervorgeführt hat, mitgesetzt ist; m. a. W.: Das Sein des lebendigen Innern ist in dem Außerihm so, wie es der Natur des letzteren angemessen ist[50]). „Wenn wir dieses zusammennehmen und noch darauf achten, daß zur Form der zeitlichen Entwicklung auch gehört das Vorangehen des überwiegend Organischen und das Nachfolgen des überwiegend Geistigen, so erhalten wir folgendes Totalbild: Das Leben besteht in einer von stumpfer Indifferenz zwischen Aufnehmen und Ausströmen beginnenden zur stärksten Entgegensetzung zwischen beiden sich entwickelnden schwankenden Thätigkeit nach beiden Seiten hin, deren Vollendung ist im zusammengehörigen Sein des Menschen in den Dingen und Sein der Dinge im Menschen"[51]).

Es fragt sich nun, ob wir in der gefundenen Zweiteilung wirklich ein Bild von der Totalität des Lebens haben, oder ob es außer den Thätigkeiten, die auf der Wechselwirkung zwischen dem Einzelnen und der Außenwelt beruhen, auch solche giebt, die vielleicht rein innerlich verlaufen. Fast hat es den Anschein, als ob dies angenommen werden müsse. Ein Verlauf z. B., der in einem Gedanken endigt, macht den Eindruck, als ob er einen rein inneren „Moment" darstelle. Allein es scheint nur so. Denn einmal findet sich kein Denken, das nicht irgend etwas zum Gegenstande hätte, und zweitens endigt jeder Denkact in der Form des inneren Sprechens; das aber will äußerlich werden. Kommt es nicht zur Äußerung, so ist der „Moment" als ein abgebrochener, als unvollendeter anzusehen. Also darf man sagen: Es giebt keinen bloß inneren Verlauf. Wohl aber ist der Fall denkbar, daß die Beziehung des Moments auf die Außenwelt nur ein Minimum darstellt, während sie ein

48) Vergl. S. 10 u. 64.

49) Wie Schl. dazu gelangt, diese Scheidung zu vollziehen, führt er hier nicht aus. In anderen Schriften, auch in der Psychologie, spricht er nicht selten von der „chaotischen Materie", in die für uns erst durch unsere „Gestaltung" und Zusammenfassung Einheiten kommen. Diese „Gestaltung" nun ist's, die uns im Totalbilde der Welt als eine Mannigfaltigkeit von Einheiten erscheint. Doch dürfe nicht jede solche Einheit eine Individualität genannt werden. Dieser Begriff sei im Bereiche der irdischen Welt nur auf Menschen anwendbar.

50) A 12, B 16, F. S. 62—66. 51) B 16.

anderen Mal einen wesentlichen Bestandteil des Gesamtverhaltens bildet. Und allerdings dieser Unterschied ist von höchster Bedeutung, weil er zur Folge hat, daß sowohl bei den aufnehmenden wie bei den constituierenden sich eine Zweiteilung nötig macht. Die aufnehmende Thätigkeit nämlich setzt, wie oben erörtert wurde, eine Einwirkung von außen voraus, die vom Einzelwesen seiner Natur gemäß gestaltet wird. Diese Gestaltung kann sich nun entweder so vollziehen, daß die psychische Thätigkeit mehr das Sein der Dinge außer uns repräsentiert, also die Form des Erkennens annimmt, oder so, daß sie mehr das Sein der Dinge in uns darstellt, somit unter der Form des Empfindens[62]) oder Fühlens auftritt. Im ersteren Falle wird das innere Erlebnis ohne weiteres auf dasjenige bezogen, was eingewirkt hat, d. h. das innere Geschehen wird zur Wahrnehmung; im letzteren tritt diese Beziehung entweder nicht oder nur sehr unvollkommen ein, und es kommt daher das innere Geschehen an sich zur Geltung, m. a. W.: das innere Erlebnis ist eine Empfindung, ein Gefühl. Die constituierende Thätigkeit hingegen beginnt mit einem inneren Erlebnis und zeigt das Bestreben, es nach außen zu tragen. Auch hier kann der Erfolg ein doppelter sein. Entweder wird durch die Thätigkeit eine Änderung in der Umgebung herbeigeführt, die so bedeutend ist, daß sie als Werk des Einzelwesens erscheint, oder das, was durch die Selbstthätigkeit geworden ist, erscheint als Mitteilung, also so flüchtig und vergänglich, daß es nicht in Anschlag gebracht werden kann; mithin bringt in diesem Falle die constituierende Thätigkeit das Innere rein als solches zur Darstellung. Somit ergeben sich auch zwei Arten constituierender Thätigkeit, nämlich Wirken und Darstellen. Und nun behaupten wir, daß alle Thätigkeiten der menschlichen Seele sich unter die vier genannten, nämlich unter Wahrnehmen, Empfinden (Fühlen), Darstellen und Werkbilden[63]) zusammenfassen lassen; daß in ihnen demnach die Totalität des psychischen Lebens beschlossen ist. Nunmehr darf dazu geschritten werden, sie einzeln näher zu betrachten.

I.

Aufnehmende Thätigkeiten[64]).

Die Vermittelung zwischen der Seele und dem Sein außer ihr kommt durch den Organismus des Leibes zustande. Die Art der hierzu erforderlichen Vorgänge in demselben aufzuweisen und zu untersuchen, ist Aufgabe der Physiologie. Deren Ergebnisse sind an dieser Stelle vorauszusetzen.

---

62) Es ist auffällig, daß Schl. „Empfindung" und „Gefühl" an dieser Stelle nicht unterscheidet. Wahrscheinlich meint er mit Empfindung den mehr sinnlichen, mit Gefühl den mehr geistigen Gehalt des subjectiven Bewußtseins; denn später, wenn er von den höheren Formen dieses Bewußtseins spricht, gebraucht er den Ausdruck Empfindung nur im Anfange der Untersuchung. Auch findet unsere Annahme eine Stütze in der Dialektik. Hier heißt es auf Seite 438: „Das Gefühl ist verschieden von der Empfindung, welche das Subjective, Persönliche ist im bestimmten Moment, also zunächst der Affection gewidmet." Jedenfalls versteht er unter Empfindung nicht das, was die neuere Psychologie damit meint, also nicht denjenigen Zustand unseres Bewußtseins, der sich nicht in einfachere Bestandteile zerlegen läßt (Wundt, Grundzüge der Physiologischen Psychologie, 4. Aufl.) und aus dem dann durch Complication das gesamte Geistesleben sich entwickeln soll, wie namentlich Herbart und seine Schule will. Bei Schl. sind Wahrnehmen und Empfinden zwei grundverschiedene Äußerungsformen der Receptivität. Jene gehört dem objectiven Bewußtsein, diese dem subjectiven an. Was die neuere Psychologie Empfindung nennt, das heißt bei Schl. „Sensation".

63) Man beachte beispielsweise folgende Anmerkung: „In unserem Hauptgegensatz finden wir auch diesen untergeordneten angedeutet. Nämlich die aufnehmenden sind doch zusammengesetzt aus Einwirkung und Gestaltung. Das Ergebnis kann nun das Sein der Dinge in uns darstellen, mehr unter der Form des eingewirkten — objectives Bewußtsein, bald mehr des eingewordenen — Selbstbewußtsein. Ebenso auf der anderen Seite das Ergebnis bald mehr durch gesteigerte Wirksamkeit bald mehr durch darstellendes Äußerlichwerden unser Sein in den Dingen" (B 16, 17). Vergl. damit unsere Bemerkungen auf Seite 70.

64) A 19—67, B 18—46, C 29—48, F. S. 75—234.

Dagegen gehört das Geistige, das an sie angeschlossen erscheint, wesentlich in die psychologische Betrachtung. Immer wird daher, sobald sie sich den organischen Thätigkeiten zuwendet, ihr Interesse hauptsächlich an dem Psychischen haften, das aus ihnen hervorgeht. Das System der organischen Vermittlung nun, durch die Eindrücke auf das lebendige Einzelwesen bewirkt werden, nennt man

Sinnesthätigkeiten[65]).

Mit ihnen wird die Untersuchung zunächst sich beschäftigen müssen.

In der Erfahrung ist uns das System der fünf speziellen Sinne und ein „allgemeiner", der sogen. Hautsinn, gegeben. Betrachten wir sie als Ganzes, so läßt sich sagen, daß sie „das Geöffnetsein des Ich gegen die Gesamtheit des Äußeren" darstellen. „Spezielle" Sinne heißen Gesicht, Gehör, Geschmack, Geruch und Getast, weil sie an bestimmte Organe gebunden sind und abgeschlossene Gebiete der Außenwelt vermitteln; der Hautsinn dagegen ist über die gesamte Oberfläche des Körpers verbreitet und hauptsächlich den allgemeinen atmosphärischen Verhältnissen gegenüber wirksam. Doch ist der Gegensatz kein so schroffer, wie gewöhnlich angenommen wird. Auch der Tastsinn ist nicht auf ein Organ ausschließlich angewiesen; bei Geschmack und Geruch gehen die Eindrücke häufig in einander über, und das Gehör zeigt neben dem Tone das [illegible] bestimmte Geräusch. Der speziellste Sinn ist unstreitig das Gesicht, das eben deshalb schwer [illegible] werden kann; ihm folgt das Gehör, hierauf Geruch, Geschmack, Getast, zuletzt der Hautsinn. Neben dieser Einteilung findet sich häufig noch eine andere, die eine Art Rangverhältnis unter den Sinnen begründet. Man will durchaus Gesicht und Gehör für höhere und edlere Sinne halten als die übrigen und meint dies damit begründen zu können, daß das Gesicht weit über die Erde hinausdringe und das Gehör die Gedanken der Menschen offenbare. Allein nicht das Gesicht sagt uns, daß die Gestirne jenseits der Atmosphäre ihre Bahnen ziehen, und nicht das Gehör ist der Träger der Gedanken. Hier wirken offenbar Vorgänge psychischer Art ein, die mit den sinnlichen Functionen an sich nichts zu thun haben. Die übrigen Sinne aber darum niedriger zu stellen, weil sie mehr geeignet sind, Gefühle hervorzurufen als Wahrnehmungen, ist ebensowenig zulässig, da das Gefühl in nicht geringerem Grade unser Wesen ausdrückt, als Zustände des objectiven Bewußtseins es thun[67]). Mehr Wert, wenn nun einmal geschieden sein soll, hat die Scheidung der Sinne in „leitende" und „folgende". Sie beruht auf dem Umstande, daß die Sinnesthätigkeiten fast immer verbunden oder kombiniert auf-

---

65) A 15—22, B 25—29 bez. 29, C 29—31, F. S. 74—163.

67) Schl. will durchaus nicht, daß man Geruch und Geschmack als niedere Sinne bezeichne. „Daß es wirklich ist", so führt er in A 14 aus, „sich den Eindrücken dieser Sinne hinzugeben, sofern sie Lust und Unlust erregen, ist gewiß; aber diese Hingebung liegt nicht im Sinne, und eine sittliche Beurteilung gehört nicht hierher. Sollen aber diese Sinne sich überwiegend zum Gefühl neigen, kann man sie darum nicht niedriger stellen, weil das Gefühl ebenso unmittelbar ist und ebensosehr unser Wesen ausdrückt; denn es giebt ohne den Wechsel beider — nämlich des Gefühls und der Wahrnehmung — keine Begrenzung der Momente und ohne Gefühl auch keinen Übergang vom Anschauen zum Handeln. Will man sie aber zurückstellen in Bezug auf das, was sie als Wahrnehmung leisten, so ist allerdings wahr, daß sie uns die Gegenstände nur darstellen, sofern sie im Vergehen sind. Allein das heißt auch nichts anderes, als daß sie mehr dem allgemeinen Leben zugewendet sind und weniger dem speziell geordneten Dasein. Man kann deshalb freilich sagen, daß diese Sinne minder fruchtbar sind; aber das gilt nur vom gegenwärtigen Zustand, und man sollte sie also nicht zurücksetzen, sondern zu vervollkommnen suchen, wie sie denn in der Naturforschung und besonders in der Chemie vortreffliche Dienste auch leisten können. Keineswegs aber sollen wir es als einen Vorzug des Menschen ansehen, daß die Sinne, welche bei den Tieren hervortreten, bei uns zurückweichen. Denn ein Zurückweichen irgend einer Kraft kann nie ein Vorzug sein, sondern nur ein Mangel." Hierzu ist freilich zu bemerken, daß Schl. an anderen Stellen gerade darin einen Vorzug des Menschen erblickt, daß sie nicht — wie die Tiere — diese Sinnesorgane als „leitende" gebrauchen.

trotet. Das Gesicht wirkt meist als leitender, der Tastsinn gewöhnlich als folgender[68]). Beim Gehöre bemerken wir vom Anfange der Entwicklung an beide Arten der Wirksamkeit. Seltener leitend werden dagegen Geruch und Geschmack. Hier zeigt sich bereits die Verschiedenheit zwischen menschlicher und tierischer Sinnesthätigkeit, die eine mehrfache ist. Einmal erscheint die Sinnlichkeit der Tiere im ganzen genommen weit weniger offen als die menschliche. Vieles, wovon wir annehmen, daß sie es sehen und hören müßten, läßt sie völlig gleichgültig. Woher mag das kommen? Es dürfte kaum anders zu erklären sein, als dadurch, daß man annimmt: ihre Eindrücke sind beschränkt, weil ihre Sinnlichkeit nicht weiter reicht als ihr Instinkt. Damit stimmt zum anderen, daß bei ihnen vorzugsweise die niederen Sinne, namentlich Geruch und Geschmack, leitend wirken, Sinne, die hauptsächlich auf Befriedigung und Fortsetzung des animalischen Processes gerichtet sind. Beim Menschen hingegen ist die Sinnlichkeit nicht nur allgemeiner, sondern auch auf eine uneigennützige Art geöffnet. Das aber ist erstens die Voraussetzung für eine vielseitige Erfassung der Außenwelt und zweitens, sofern der Nachdruck auf die Selbstthätigkeit gelegt wird, wie solche im Combinieren der Sinnesfunctionen zum Ausdrucke gelangt, die Ursache dazu, daß der Außenwelt als „Gesetzlichkeit des Seins" [illegible] wird. Dies aber hat das Auseinandertreten von subjectivem oder Selbstbewußtsein (Gefühl) und objectivem oder gegenständlichem Bewußtsein (Wahrnehmung) zur Folge. Es muß daher angenommen werden, daß in den Tieren der bestimmte Gegensatz zwischen diesen beiden nicht zustande kommt[69]); während das eigentümlich Menschliche gerade darin besteht, „daß jede aufnehmende Thätigkeit entweder in einem bestimmten Selbstbewußtsein oder in einem bestimmten objectiven Bewußtsein endigt, frei von jeder Beschränkung durch den Trieb"[70]).

Untersuchen wir nun von den so gewonnenen Ergebnissen aus den psychischen Arbeitswert der einzelnen Sinne. Der Hautsinn, der, wie wir gesehen haben, von den Regungen des allgemeinen Lebens in der Atmosphäre afficiert wird, zeigt überwiegend die Richtung auf rein subjective Erlebnisse. Es giebt keinen Moment, in dem wir nicht unter dem Einflusse der Atmosphäre ständen; doch werden wir nur selten uns dessen klar bewußt. Gleichwohl fühlen wir uns je nach der Beschaffenheit der Eindrücke dieses Sinnes in unserem Innenleben gefördert oder gehemmt. Über den allgemeinen Zustand aber, den man „Stimmung" nennt, gehen diese Eindrücke selten hinaus, jedenfalls nur dann, wenn sie von extremer Beschaffenheit sind, [illegible] durch ein Moment anderer Art in uns störend oder außergewöhnlich fördernd beeinflußt werden. In solchen Fällen pflegt dann auch ein Minimum objectiven Bewußtseins durch den Hautsinn erregt zu werden. Wären wir freilich nur auf ihn angewiesen, so würden sich höchstwahrscheinlich auch die geringeren Reize auf ihn deutlich im Bewußtsein bemerkbar machen, und dann könnte es leicht geschehen, daß es uns ginge wie vielen Tieren, die so stark durch den Hautsinn beeinflußt werden, daß sie Monate lang ganz unter seinem Zauberbanne stehen; man denke an den Winterschlaf vieler Tiere, den man [illegible] wohl als Wirkung des Umstandes ansehen darf, daß das Sein der allgemeinen Lebensprocesse unmittelbar in ihnen ist[71]). Glücklicherweise bewahrt die höhere Begabung den Menschen davor, unter die Herrschaft dieses Sinnes zu fallen, wie sich denn die menschliche Gattung überhaupt in ihren entscheidenden Thätigkeiten frei von dem in der Organisation begründeten Triebe zu halten vermag. In dem so geschilderten geringeren Einflusse des Hautsinnes auf das Bewußtsein ist wohl auch die Ursache dafür zu suchen, daß derselbe nur in sehr beschränkter Weise zu Wahrnehmungen führt. Soll es geschehen, so muß immer erst ein Maßstab vorhanden sein, an dem die Eindrücke des Hautsinnes gemessen werden können. Den aber zu beschaffen, bedarf es ganz besonderer Hilfsmittel, die anderen Gebieten des geistigen Lebens entnommen.

68) Bei schwachsinnigen oder nicht vollsinnigen Menschen, wie beim Blinden, ändert sich natürlich das Verhältnis der einzelnen Sinne zu einander.

69) A 14, B 29, C 27, V. S. 62, 67. 70) V. S. 64. 71) A 17.

Auch Geruch und Geschmack, die gleichfalls mehr dem allgemeinen als dem individuellen Dasein zugewandt sind, erzeugen zunächst immer subjective Seelenzustände[72]). Doch ist in ihnen stets ein Minimum von Objectivität mitgesetzt, sodaß man sie in gewisser Weise „neutrale" Sinne nennen kann[73]). Wahrscheinlich werden sie in Zukunft eine größere „objective" Bedeutung erlangen.

Weit objectiver als die vorangehenden Sinne wirkt das Gehör. Jedes von ihm hervorgerufene innere Erlebnis bezieht die Seele zugleich auf etwas, was außer ihr liegt. Doch wird dieses Äußere nicht eben sehr bestimmt vorgestellt; zumeist ist es beschränkt auf die Richtung, aus der die Reize kommen. Bezeichnet man demnach schließlich „ein Etwas als Tönendes", so beruht das zumeist nicht auf der Aussage des Gehörs allein, sondern auf einer Combination der Einwirkungen mehrerer Sinne. Auch vermittelt das Gehör nur einzelne Eindrücke (?). Daß aber auch rein subjective „Momente" durch das Gehör hervorgerufen werden können, bedarf für den aufmerksamen Beobachter kaum eines Beweises. Eine längere Folge tonlicher Eindrücke, ihre Höhe oder Tiefe, ihre Klangfarbe, der Rhythmus ihrer Aufeinanderfolge: das alles bringt Wirkungen hervor, die deutlich das Gepräge subjectiver Zustände zeigen[74]); nicht zu reden von denjenigen, die erzeugt werden, wenn die natürliche Reizstärke des Organes beträchtlich überschritten wird.

Ähnlich verhält es sich mit dem Gesicht. Auch bei ihm giebt es Erregungen, die rein subjective Zustände hervorbringen; auch hier rühren sie nicht selten davon her, daß das Organ überanstrengt oder durch einen plötzlichen, ungewöhnlich starken Reiz geblendet worden ist. Im übrigen hat es seine Richtigkeit, wenn man das Gesicht den „am meisten gegenständlichen Sinn" nennt. Kein anderes Sinnesorgan vermittelt ein Totalbild der Außenwelt wie das Auge. Gleichwohl überschätzt man gewöhnlich in dieser Hinsicht die Wirkungen des Organs. Wenn man beispielsweise meint, „daß das Gesicht rein für sich betrachtet uns Gegenstände gebe, so ist das ein bloßes Vorurteil, welches daher stammt, daß wir uns nicht der reinen Thätigkeit bewußt sind. Denn alles, was wir sehen, sehen wir als eine Fläche ohne Tiefe[75]), und was wir darin unterscheiden, sind nichts als

72) Es gelte das jedoch für den Geruch in noch höherem Grade als für den Geschmack, meint Schl. Die genaue Verwandtschaft des Geruchs mit dem Hautsinne sei nicht zu verhehlen. Hänge er doch wie dieser mit der Respiration zusammen. „Denn wenn wir stark riechen wollen, so atmen wir nicht in demselben Verhältnis stark; der Atem der Riechnerven nimmt seinen Weg nach dem Gehirn" (A 18). Mehr „ins Objective aus" gehe der Geruch dagegen bei den Tieren; bei ihnen wirke er „leitend". Die Gefühlsseite sei hier das spezifisch Menschliche. Vergl. auch Anm. 67.

73) Wahrnehmung und Gefühl sind in einander, „in der Indifferenz". Streng genommen giebt es keinen Geschmackseindruck, der nicht angenehm oder unangenehm wäre, andererseits keine Wahrnehmungen des Geruches, die sich in Begriffe zusammenfassen lassen. Die häufige Neigung zu Geschmacks[illegible], überdies die mit ihnen verbundenen Wahrnehmungen selten von Wert sind, erklärt sich nach Schl. am leichtesten daher, „weil es das sinnlichste Mittel ist, sich seiner persönlichen Eigentümlichkeit bewußt zu werden". Die Tiere, deren Eigentümlichkeit nicht [illegible] (vergl. Anm. 67), hätten deshalb auch wenig oder gar kein [illegible]; sie kosteten nicht oder sehr selten, während die Kinder alles probierten. Übrigens hänge die Leckerheit weder mit der Wahrnehmungsseite — denn je mehr man kostend [illegible], desto weniger zeige sich [illegible] — noch auch mit dem Naturbedürfnis zusammen, weil sie ohne dieses entstehe und auch nach dessen Befriedigung noch fortdauere. (Vergl. A 17 u. 18).

74) Besonders hoch schlägt Schl. den Eindruck des Rhythmus an. Der von außen eindringende wirke auf den inneren. Daher sei die Wirkung dann am ungehemmtesten, wenn das Gemüt ruhig, also zu jeder Schwankung geneigt sei, während jede schon vorhandene Stimmung einen Gegensatz bilde, außer gegen das völlig Gleichartige. Auch weist Schl. auf die merkwürdige Thatsache hin, daß die Fülle der Eindrücke das Bewußtsein der Kraft errege, und daß selbst Eindrücke widerwärtiger Art wie [illegible] wirkten; nur [illegible] zu Eindrücken, z. B. die [illegible], [illegible].

75) Von dieser Ansicht ist man freilich heutzutage zurückgekommen. Die Theorie der „Localzeichen" und der Innervationsempfindungen, die von Fechner, Lotze, Wundt in immer steigender Klarheit ausgebildet

begrenzte Lichteindrücke, die den Umrissen der Gegenstände entsprechen; das sind aber doch nur quantitative Differenzen, und die Gegenstände entstehen daraus erst durch eine weitere Combination[75]), bei der namentlich der Tastsinn eine wichtige Rolle spielt. Dieser hat in den Fingerspitzen ein vortreffliches Organ für die verschiedenen Grade materieller Cohäsion. Das befähigt ihn, in viel [illegible] Weise das Einzelne zu sondern und aus dem Allgemeinen herauszuheben, als es das Auge vermag. Freilich ist er diesem gegenüber [illegible] wieder im Nachteil, als ihm die Wirkung in die Ferne versagt ist.

So wird ersichtlich, daß kein Sinn für sich allein imstande ist, das Weltbild in uns zu vermitteln. Dieses ergiebt sich nur auf Grund zweckmäßiger Combination der Thätigkeiten aller Sinne[77]). Dies aber gehört — streng genommen — schon zu den rein psychischen Functionen. Da hat man nun die Frage aufgeworfen: Ist denn auch das durch die Sinne hervorgezauberte Weltbild richtig? Können wir uns auf die Sinne verlassen, oder irren sie? Und wenn sie irren, wiefern [illegible]? Die Frage hat offenbar ihre Berechtigung, und doch ist sie [illegible], ja unsinnig. Es ist eben hier wie überall: „Der Irrtum ist immer nur an der Wahrheit“. Vor allem muß ein Unterschied gemacht werden zwischen den Sinnesthätigkeiten, die mehr auf das objective Bewußtsein ausgehen, und denen, die in der Regel subjective Erlebnisse hervorrufen. Die letzteren sind „schlechthin wahr“, weil Sein und Bewußtsein dabei sich decken[78]). Täuschung aber ist sofort möglich, wenn wir anfangen, die Empfindungen auf etwas außer uns zu beziehen. Wenn ich sage, etwas schmeckt oder riecht, klingt oder sieht so und so aus, dann bezeichnet dieser Satz lediglich die Thatsache, daß die Eindrücke nicht von innen, sondern von außen gekommen sind, keineswegs aber etwas wirklich Objectives über das Sein außer mir. Wie natürlich, daß deshalb bei den Sinnen, deren Eindrücke in der Regel nach außen verlegt werden, am leichtesten Irrtum vorkommt. Nur ist es nicht ohne weiteres zutreffend, zu sagen, daß, wenn ein Reiz [illegible] und [illegible] gefunden wird, daß er falsch [illegible] ist, dann der Sinn getäuscht habe. Weit näher liegt da die Vermutung, daß die Irrung eine Folge der Combinationen ist, die vorgenommen werden mußten, um den [illegible] Gegenstand zu ermitteln und näher zu bestimmen; m. a. W.: Der Irrtum kann in den psychischen Thätigkeiten liegen, die nötig sind, um die bew. Wahrnehmung zustande zu bringen. Diese Vermutung findet eine bedeutsame Stütze in dem Umstande, daß mit gewissen Eindrücken einfacher Art das Gefühl des Angenehmen, mit anderen das des Unangenehmen [illegible] verknüpft ist. Farben erregen an und für sich sowie in verschiedenen Zusammenstellungen Mißfallen oder Wohlgefallen. Ähnliche Erscheinungen zeigen sich bei Tönen und Geräuschen. Noch deutlicher machen sie sich bei den Einwirkungen des Geruchs- und des Geschmacksorganes bemerkbar. Nur schwer lassen sich Eindrücke dieser Sinne nachweisen, die frei von derartigen Nebenempfindungen sind. Sie zwingen daher auch verhältnismäßig leicht die Menschen, bei ihnen zu verharren. Der [illegible] z. B. äußert [illegible] derartige Anziehungskraft, daß die Seele sich unter Umständen [illegible] in die von ihm hervorgerufene „Sensation“ versenkt; auch bei anderen Sinnesthätigkeiten ist dergleichen möglich, namentlich wenn die Selbstthätigkeit des Menschen sich [illegible] erweist. Man

worden ist, hat hierin Wandel geschaffen. Zur Orientierung über diese Frage vergleiche man die vortrefflichen Ausführungen Wundts im II. Bande seiner *Psychologie* unter „Psychologische Entwicklung der Gesichtsvorstellungen“. 76) V. S. [illegible] 77) A 15 u. 22, C 24, V. S. 60 f.

78) Hier ist ein Punkt, wo Schleiermachers metaphysische Ansicht in der psychologischen Untersuchung direct zum Ausdrucke gelangt. Man vergl. dazu § [illegible] der *Dialektik*, wo es heißt: „Demgemäß nun haben wir auch den transcendentalen Grund nur in der relativen Identität des Denkens und Wollens, nämlich im Gefühl“, und in einer Anmerkung der Vorlesungen von 1822 über Dialektik: „Im Gefühl ist die im Denken und Wollen bloß vorausgesetzte absolute Einheit des Idealen und Realen wirklich vollzogen, da ist ein unmittelbares Bewußtsein, ursprünglich, während der Gedanke derselben, sofern wir ihn haben, nur vermittelt ist durch das Gefühl, zur Abbildung desselben“.

spricht dann wohl geradezu von einem Sinnenrausch. Von größtem Interesse aber ist hierbei die auffällige Erscheinung, daß dieselben sinnlichen Eindrücke auf verschiedene Menschen ganz verschieden wirken. Der eine findet das Süße widrig, der andere angenehm. Viele können das Kratzen auf dem Papier oder einer Schiefertafel durchaus nicht vertragen; anderen verursacht es keinerlei Unlust. Es zeigt sich also „eine persönliche Eigentümlichkeit der Empfindung bei den Einwirkungen gewisser Gegenstände“[79]). Man nennt sie „Idiosynkrasie“. Häufig und deutlich tritt sie namentlich bei Geruch, Geschmack und Getast auf; doch sind, wie angedeutet, auch Gesicht und Gehör nicht frei davon. Und sie wird beobachtet nicht bloß an Einzelnen, sondern auch bei Massen. Die Differenz dringt also in die Sprachbildung wie in die ganze „nationale Constitution“[80]).

Dazu gesellt sich die nicht minder merkwürdige Thatsache, daß es Menschen giebt, die behaupten, äußerlich zu sehen und zu hören, wo andere nichts vernehmen, die also inneres Sehen und Hören für etwas Äußeres halten. Zuweilen geschieht das ganz zufällig, oft aber auch infolge kräftiger Gemütsbewegungen, so aus Furcht oder Freude, aus Kummer oder Hoffnung. Ein klassisches Beispiel ist der Traum. In ihm zeigen sich eine Menge von Bildern, die nicht von außen veranlaßt und dabei doch so stark sind, daß sie für Äußerliches gehalten werden. In den Zuständen der Ekstase und der Visionen aber treten dieselben Erscheinungen sogar im Wachen auf.

Dieses ganze Erfahrungsgebiet nun hat zu einer weit verbreiteten Skepsis Anlaß gegeben. Sie knüpft ihre Betrachtungen zunächst an die Thatsache der Idiosynkrasie sowie an die des ohne äußere Anregung auftretenden, also rein inneren Sehens und Hörens, zieht jedoch bald auch die rein geistigen Thätigkeiten in ihr Bereich und gelangt schließlich dahin, alle innere Erfahrung für höchst unsicher und problematisch zu erklären. Mit ihr werden wir uns, bevor wir weitergehen dürfen, auseinandersetzen müssen; doch ist vorerst nicht nötig, daß wir alle ihre Einwände prüfen. Es genügt an dieser Stelle, die Frage zu erörtern: Sind wir berechtigt, die Ergebnisse der Sinnesthätigkeit als „Repräsentationen des Äußeren“ anzunehmen, oder haben wir dazu kein Recht? Für möglich muß es ja immerhin erklärt werden, daß alle Zurückführung der Sinneseindrücke auf ein Äußeres dem Gesetze der Idiosynkrasie folge und demnach etwas rein Subjectives wäre. Das aber würde zu Folgerungen drängen, die mit der allgemein menschlichen Erfahrung in directem Widerspruche ständen. Vor allem müßte die „Richtung auf die Wahrheit“[81]), die sich in der menschlichen Gattung im ganzen an die Sinnesthätigkeiten knüpft, geleugnet oder doch für etwas Zufälliges erklärt werden. Hätte aber jeder Einzelne seine besondere Art und Weise, die Sinnenwelt zu deuten und zu beziehen, so gäbe es demgemäß keine gemeinsame Welt für die Menschheit und für den Einzelnen kein anderes Gesetz, als das ihm Angenehme zu suchen und das ihm Unangenehme zu meiden. Nun ist aber doch im Ernste gar kein Zweifel daran, daß gleiche Eindrücke im wesentlichen gleich gedeutet und bezogen werden. Denn begegnet uns schon irgendwo eine Differenz, so regt sich immer sogleich die Neigung, uns über dieselbe zu verständigen und sie auf die Einheit der Gattung zurückzuführen. Selbst der ausgesprochenste Skeptiker darf deshalb die „Identität der Sinne“ bei gesunden menschlichen Individuen nicht leugnen, wenn er noch Anspruch auf „vernünftiges“ Denken will erheben können. Folglich wird zugegeben werden müssen, daß jeder gesunde Mensch unter denselben Verhältnissen zu Vorstellungen von der Außenwelt gelangt, die mit denen anderer Gesunder, falls diese mit ihm unter gleichen äußeren

79) V. S. 68. Hier wird auch darauf hingewiesen, daß sich in der Idiosynkrasie gerade das eigentümliche Verhältnis des Einzelnen zur Gattung auf dem Gebiete der Sinnesthätigkeiten offenbare. Sobald sich das Gattungsbewußtsein entwickelt, machen wir die Erfahrung, daß jeder einzelne Mensch ein eigentümlicher sei, und daß die menschliche Natur in jedem Einzelnen auf besondere Weise bestimmt sei (V. S. 69). Vergl. S. 72 u. 73.

80) „[illegible] und [illegible] ist allgemein angenehm in Geruch und Geschmack, was uns allgemein zuwider ist“ (B 24).

81) Die „Richtung auf die Wahrheit“ ist allen Menschen gemein. Sie entspringt aus dem Gattungsbewußtsein und ist ein notwendiger Bestandteil desselben. Vergl. S. 24, ferner B 23—26, C 28, V. S. 107—111.

Bedingungen stehen, in der [illegible] überein[illegible]. Das Bewußtsein von dieser Thatsache ist denn auch in allen normal veranlagten Menschen lebendig und [illegible], in allen also die „Richtung auf die Wahrheit" vorhanden und anerkannt. Und diese Überzeugung ist nicht zu erschüttern selbst durch die Thatsache, daß alle Menschen, wie bereits hervorgehoben wurde, nicht selten nur innerlich sehen und hören. Daß es ein innerliches Nachbilden von Resultaten sinnlicher Funktionen, ohne daß eine neue Reizung des Organs vorangeht, giebt, läßt sich allerdings nicht leugnen; ja häufig beobachten wir sogar ein innerliches Producieren von Vorstellungen oder Bildern, namentlich bei Künstlern. Aber gerade aus dieser Thatsache läßt sich ein neuer Beweis gegen die Zulässigkeit der geschilderten Skepsis herleiten. Wenn nämlich der Künstler das, was er innerlich erschaut hat, in der Außenwelt zur Darstellung bringt, so thut er es doch wohl mit der ausgesprochenen Absicht, daß zur allgemeinen Kenntnis gelange, was er, der Einzelne, innerlich erlebt hat; m. a. W.: er stellt dar, damit sein Inneres anderen von außen her ein Inneres werde. Wenn er nun nicht voraussetzte, daß das anderen Sehen und Hören dasselbe sei wie sein eigenes, würde er dann wohl meinen dürfen, jenen etwas mitteilen zu können von dem, was er selbst gedacht oder erschaut hat? Und wie sollten die Menschen überhaupt dazu gelangen, sich anzuzeigen, was andere gesehen und gehört haben, wenn sie nicht von derselben Voraussetzung ausgingen? — Demnach gelangt man auch von der Thatsache des inneren Sehens und Hörens aus zu dem Urteile, daß dem Skepticismus, wie er oben geschildert wurde, ein reeller Wert nicht beizumessen ist. Unzweifelhaft hat nach beiden Seiten „die Selbstthätigkeit des Menschen die Richtung auf die Wahrheit, bald auf die des Außenseins in seiner Beziehung zur Intelligenz, bald auf die des inneren Lebens in seiner Beziehung auf die allgemeinen intelligenten Lebensverhältnisse"[52]).

Zusammenfassend und in einigen Punkten ergänzend läßt sich nunmehr Folgendes sagen:

1. Die menschlichen Sinnesorgane stehen dem äußeren Sein in [illegible] Weise offen. Sie führen zu inneren Erlebnissen rein subjectiver (Empfindung, Gefühl, Selbstbewußtsein) und zu solchen ausgeprägt objectiver Art (Wahrnehmung, Bild, objectives Bewußtsein), durch letztere aber zur Gewißheit des äußeren Seins.

2. Am reinsten bleiben im Gebiete der Empfindung die Eindrücke des Hautsinnes; nur indirect entsteht hier durch Selbstthätigkeit der Gegensatz von Abklärung und Verwirklichung.

3. Das Subjective der speciellen Sinne liegt hauptsächlich in der Gesamtheit der angenehmen und der unangenehmen Sensationen. Ist das Seelenleben gänzlich in sie verwebt, so befindet es sich im „Sinnenrausch"; selbst die Wahrnehmungen werden dann mit den Sensationen in Verbindung gebracht. — Doch ist auch der entgegengesetzte Fall möglich, d. h. alle Sensationen können auf die objective Seite bezogen werden; die Seele macht sie dann wohl zu Gegenständen ihrer Beobachtung, ja ihrer Versuche (wissenschaftliche Forschung).

4. Am klarsten zum Ausdrucke kommt die subjective Seite auf dem Gebiete der Kunst. Wohlgefallen und Mißfallen, die hier zu beobachten sind, rühren indessen nicht von organischen Eindrücken allein her; es sind da vielmehr intellectuelle Thätigkeiten mit im Spiele. Die genaue Untersuchung dieser Vorgänge fällt aber nicht der Psychologie, sondern der Ästhetik[53]) zu.

52) V. S. 512. Allerdings eine absolute Entscheidung über den Wert der skeptischen Hypothese läßt sich nicht treffen, da die Erfahrung nie so vervollständigt werden kann, daß ein genereller Urteil mit Notwendigkeit sich ergeben möchte. Auch gelangt man mit den Erörterungen hierüber leicht über die Grenzen, die für unsere Untersuchung gesteckt sind. Selbst die Frage, ob das Interesse an der Wahrheit etwas Erkünsteltes oder Natürliches ist, streift an das Transcendentale. Vergl. B 24.

53) Auch über Ästhetik hat Schl. gelesen und zwar dreimal: im Sommer 1819, im Sommer 1825 und im Winter 1832 zu 1833. Diese Vorlesungen sind unter Zugrundelegung des handschriftlichen Nachlasses und nachgeschriebener Hefte herausgegeben von Prof. Dr. Carl Lommatzsch; siehe S. W. Abt. III. Bd. VII.

5. Die Objectivierung der Eindrücke kann nicht zu voller Entwicklung gelangen ohne die Mitwirkung der logischen Thätigkeiten; denn ohne die Zusammenfassung von Einzelheiten unter bestimmte Einheiten und Vielheiten blieben die einzelnen Wahrnehmungen „chaotische Aggregate". Die Subsumtion aber ist nicht möglich ohne Mitarbeit von Denkthätigkeiten[54]).

Nunmehr erübrigt noch, „die organischen Operationen der Sinne in Beziehung auf die Zeit zu verstehen"[55]).

Bisher hat sich die Untersuchung des elementaren Teils im wesentlichen mit der Auf- und Zusammenfassung der sinnlichen Eindrücke, d. h. mit „Sensationen" und „Bildern"[56]) beschäftigt. Die Entstehung der letzteren wurde auf die Combination der verschiedenen Sinneseindrücke zurückgeführt, die bewiesen nur unter Mitwirkung intellectueller Thätigkeiten zustande kommt. Das Ergebnis ist das ausgeführte Weltbild, das jeder mit sich herumträgt. Wer dieses nun näher betrachtet, dem drängt sich die Bemerkung auf, daß die einzelnen Teile desselben nicht in einem Momente gewonnen sind, also nach und nach entstanden sein müssen. Das legt die Frage nahe: Wie ist es möglich, daß Eindrücke, die zu verschiedenen Zeiten erfolgten, in ihren Ergebnissen später gleichzeitig vorgestellt werden? Die Antwort kann zunächst eine doppelte sein: Entweder dauern die organischen Eindrücke an sich, oder sie wiederholen sich und werden als solche wiedererkannt. Nach ersterer Annahme soll jede Einwirkung auf das Organ eine Spur[57]) in demselben zurücklassen, die man sich als eine Veränderung in der Gestaltung oder als fortwirkende Bewegung denken kann. Ist diese Erklärung zutreffend, so muß es wundernehmen, daß der Mensch nicht in jedem Augenblicke alle Eindrücke beisammen hat, was doch thatsächlich nicht der Fall ist. Nach der zweiten aber bliebe zu erklären, wie es möglich sein soll, Eindrücke als schon dagewesene zu erkennen. Nach unserer Meinung ist von solchen Voraussetzungen aus überhaupt zu keiner zureichenden Erklärung des Behaltens und des Erinnerns zu gelangen, weil man etwas erklären will, was gar nicht erklärt werden kann und, nach der allgemeinen Auffassung, auch keiner Erklärung bedarf. Im praktischen Leben wundert man sich nicht darüber, daß man etwas behalten hat, sondern darüber, wie man es vergessen konnte. Man sieht also die sinnlichen Eindrücke als dauernd an und bezeichnet mit „Vergessen" nur „ein Minimum des Behaltens". Gehen aber Eindrücke niemals gänzlich verloren, so bleibt nur übrig, „die verschiedenen Grade der Leichtigkeit und Schwierigkeit, mit der wir über die Reproduction früherer Eindrücke disponieren können, zu erklären"[58]). Dieser Standpunkt ist gewiß der einzig richtige; denn erstens spricht er jede Art materieller Begründung, die stets unzureichend sein muß, [illegible]; zweitens lassen sich von ihm aus alle Erscheinungen auf dem Gebiete des sogen. Gedächtnisses völlig zureichend erklären, ohne daß man genötigt ist, dieses als eine hinter den inneren Erlebnissen stehende, gewissermaßen persönliche Kraft anzunehmen, und drittens macht er die Thatsache begreiflich, daß

54) B 23. Der Zweck der Sinnesthätigkeit ist gar nicht, die Gegenstände zu zeigen; diese bilden das Verhältnis des speciellen Lebens zum allgemeinen, und wir gelangen zu ihnen nur durch die Thätigkeiten, die wir dem Verstande zuschreiben (A 15).

55) Schl. versteht darunter die Gedächtnisveränderungen und handelt darüber A 19—23, B 27—29, C 28, V. S. 113—122, ferner Erziehungslehre S. 553, 554.

56) Unter „Bild" begreift Schl., was die neuere Psychologie wie Herbart „Vorstellung" nennt.

57) Der hervorragendste Vertreter der „Spurentheorie" ist Beneke, dessen Lehrbuch der Psychologie als Naturwissenschaft allerdings erst 1833 erschien, der aber schon früher, namentlich in seinen psychologischen Skizzen, eine allseitige Durchführung seiner psychologischen Theorie gegeben hatte. Nach ihm ist die „Spur" nur in psychischer Form vorzustellen und an kein leibliches Organ geknüpft; sie bleibt in der Mitte zwischen Production und Reproduction der inneren Zustände. „Die Kräfte oder Vermögen der ausgebildeten Seele bestehen aus den Spuren der früher erregten Gebilde." Vergl. hierzu Ueberweg-Heinze, Geschichte der Philosophie der Neuzeit, wo über Beneke besonders eingehend und anerkennend gehandelt wird.

58) V. S. 535.

sinnliche Eindrücke, die nicht bis zum Bewußtsein vordringen, auch nicht als solche behalten werden, mag es nun an dem Mangel der erforderlichen Reizstärke oder daran gelegen haben, daß das Bewußtsein gänzlich abgelenkt war. Damit sind wir schon dabei angelangt, wie man die volkstümliche Auffassung der Gedächtnisvorgänge wissenschaftlich [illegible] kann und muß, nämlich so: In der Dauer des Bewußtseins liegt der Grund für die Dauer der Wahrnehmungsbilder, in ihr ist die Vergangenheit gegenwärtig; durch sie allein wird auch die „Continuität des Ich“ möglich. Hört man z. B. einen [illegible] Ton, so ist das offenbar ein successives Auffassen, das gar nicht anders zustande kommen kann als dadurch, daß die dem Maximum der Schwellung vorangehenden Tonstärken im Bewußtsein festgehalten werden; denn im Organe selbst wird ja jede einzelne Erregung durch die folgende aufgehoben. Zudem kommt dabei, daß von der Selbstthätigkeit ein [illegible] Analogon der organischen Bewegung entsteht in der Form des inneren Hörens, das dem Eindrucke von außen sich anpaßt. So ist die Möglichkeit gegeben, die auf einander folgenden Tongrade verschiedener Stärke zu behalten, unter einander wie zum Maximum in Beziehung zu setzen und dadurch die Tonreihe, will sagen das Schwellen, als Einheit zu erfassen. Was aber von einer Tonreihe gilt, das läßt sich auch an ganzen Complexen von Wahrnehmungen zeigen, die nötig sind, um ein „Bild“ hervorzubringen. Jede ursprüngliche Wahrnehmung eines Gegenstandes, einer Bewegung oder sonstigen Veränderung ist ein successiver Act ähnlicher Art. Ja man darf sagen, daß, wenn sich die innere Erfahrung selbst als ein Continuum setzt, dies nur auf der Dauer ihrer beiden Thätigkeiten, der aufnehmenden und der ausströmenden, im Bewußtsein beruht. „So gewiß wir also die Seele setzen, so gewiß setzen wir auch als das Ursprüngliche, ihr Dasein Constituierende nicht das Verschwinden, sondern die Dauer ihrer Thätigkeiten“[88]). Nur durch das Bewußtsein wird aus dem vergänglich Physiologischen ein dauernd Psychisches. Die organische Seite des Festhaltens aber ist dabei das innere Sehen und Hören, dessen Eintritt ins psychische Leben mit dem Bewußtsein zusammenfällt.

Inzwischen ist unberücksichtigt geblieben, daß die Dauer bei den Einzelnen dem Grade nach verschieden ist; denn diese hängt ab einerseits von der Stärke des Eindrucks, also von der „Virtuosität der Sinne“[89]), andererseits von dem geistigen Interesse, das der Einzelne dem bzw. Sinnesinhalte entgegenbringt[90]). Gedächtnis und Erinnerung sind demnach, die Dauer des Bewußtseins vorausgesetzt, das Product aus der Schärfe des sinnlichen Eindruckes und dem Interesse an den Gegenständen[91]). Daher wird Unbestimmtes oder sonst Unvollkommenes gern fahren gelassen oder doch in den Hintergrund gedrängt, sobald Bestimmtes oder sonst Vollkommeneres dafür im Bewußtsein tritt. Im ganzen Verlauf des Lebens wirkt diese Thatsache wie ein Gesetz. So können schließlich ganze Weltanschauungen — hier im eigentlichen, im sinnlichen Sinne zu verstehen — abgelöst und durch neue, vollkommenere ersetzt werden, ohne daß man deshalb anzunehmen braucht, daß die ursprünglichen gänzlich aus dem Bewußtsein verschwunden[92]). Und andererseits erklärt

88) A 20. — Man sieht, Schl. hält es einfach für unmöglich, die „Dauer“ der psychischen Erlebnisse zu erklären. Alle Mühe, die darauf verwandt würde, sei als verloren zu betrachten. Was der Erklärung bedürfe, sei das „Vergessen“. Vergl. auch Anm. 93.

89) Menschen mit schwachem Gesichte fällt es weit schwerer, Gestalten und Gesichtszüge wiederzuerkennen, als [illegible] vermögen.

90) Vorherrschendes Interesse für ein Wissensgebiet schärft das Behalten für Erscheinungen auf demselben beträchtlich. „[illegible] Begriffe, unbewußte, die wie bei der Seele sind, wie sie nicht mit Bewußtsein auffassen, so können sie auch nicht festhalten“ (Erziehungslehre S. [illegible]). Vergl. auch S. [illegible].

91) Aber ganz gewiß nicht besondere Kräfte oder Vermögen.

92) Ein absolutes Vergessen ist nach Schl. nicht denkbar, sobald ein Bewußtsein einmal bestimmt gewesen ist. „Das Behalten ist das Positive, das mit dem innern Impulse zusammenhängt, das Vergessen ist nur die Wirkung der Negation dieses Impulses, die aber immer nur relativ gedacht werden muß. Darum

sich von da aus die individuelle Differenz in dem Festhalten der sinnlichen Vorstellungen. Worauf es aber beruht, „daß einzelne Menschen von dem Gesamtgebiete der sinnlichen Vorstellungen sich bald dieser bald jener vorzugsweise zuwenden“, das ist eine Frage, die erst später, wenn die Untersuchung weiter vorgeschritten sein wird, beantwortet werden kann[94]).

Denkthätigkeiten[95]).

Insofern irgend ein Bewußtseinsvorgang als Denken erscheint, ist es immer auch ein innerliches Sprechen; wo dieses nicht ist, da findet nur eine Bewegung von sinnlichen Bildern statt, die man nicht mit Denken verwechseln darf. Das ist die Voraussetzung, worauf die fernere Darstellung beruht[96]). — Sind Denken und Sprache durch einander bedingt, so giebt es kein Denken ohne Sprache und keine Sprache ohne Denken. Deshalb soll zunächst die Frage erörtert werden: Was ist als der Anfangspunkt und als der ursprüngliche Impuls anzusehen, aus dem Denken und Sprechen hervorgehen? Dann mag die Betrachtung sich damit beschäftigen, den Zusammenhang zwischen Denken und Sprechen aufzuweisen[97]). Drittens gilt es, das Verhältnis der Denkfunction zu allen übrigen psychischen Thätigkeiten zu untersuchen, und endlich viertens die Mannigfaltigkeit der Sprachen in ihren organischen Differenzen und in ihrer Beziehung auf die „Identität der Vernunft“ zu begreifen.

Die Beantwortung der ersten Frage anlangend ist vor allem jede Aufstellung von einem übernatürlichen Ursprunge der Sprache abzuweisen. Denn hätten die ersten Menschen sie nicht aus sich entwickeln können, so müßte man annehmen, daß ihre Seele eine andere als die derzeitige menschliche gewesen wäre[98]), und also doch bei der Art, wie die Sprache sich jetzt bildet, stehen bleiben. Da ein Blick auf den Unterschied zwischen Mensch und Tier für die Betrachtung psychischer Verhältnisse stets förderlich ist, so beginnen wir auch hier mit einem solchen. Es ist unbestreitbar, daß die Tiere über Äußerungsformen verfügen, die mit der Sprache des Menschen einige Berührungspunkte haben. So zeigt sich beispielsweise bei ihnen eine Art geselligen Elementes sowohl in den Lauten, die sie ausstoßen, wie in den Gebärden, die sie vollziehen. Weil jedoch der Gegensatz zwischen der subjectiven und der objectiven Seite des Bewußtseins in ihnen unentwickelt bleibt[99]), so giebt es für sie weder reine Subjectivität noch reine Objectivität; folglich kommt auch die Differenz zwischen dem Einzelnen und der Gattung nicht zur Geltung; vielmehr ist für jedes einzelne Tier gewissermaßen die ganze Gattung in seinem Lebenscyclus hineingesetzt. Diese relative Indifferenz zwischen

sind die Phänomene zu erklären, daß wir uns oft auf etwas besinnen, was wir längst vergessen zu haben glaubten, und was doch nur im Bewußtsein schlummerte. Nur das unbestimmte Bewußtsein, welches bei weiterer Entwicklung gar keinen Interesses fähig ist, wird das sein, von dem wir sagen, daß es ganz vergeblich ist“ (F. S. [illegible]). In A [illegible] heißt es mit Beziehung hierauf: „Nur insofern die Continuität der Seele abgebrochen wäre, könnte ein absolutes Vergessen stattfinden.“

94) Was man in Schl.s Auseinandersetzungen über Behalten, Vergessen und Erinnern vermißt, das ist eine Darstellung der Bedeutung, die der Vergesellschaftung der Vorstellungen auf diesem Gebiete zukommt. Vergl. S. [illegible] f.

95) A [illegible], B [illegible], C [illegible], F. S. [illegible].

96) F. S. [illegible].

97) Diese Form ist den Vorlesungen entlehnt (S. [illegible]). In B [illegible] zeigt die Frage eine andere Gestalt; sie lautet hier: „Ist in Beziehung auf den Gegensatz des Leiblichen und Geistigen die Sprache überhaupt das Leibliche und das Denken überhaupt das Geistige, oder hat auch die Sprache ihren geistigen und auch das Denken seinen leiblichen Gehalt, oder die Sprache zwar auch einen geistigen, das Denken aber keinen leiblichen?“ Da Schl. in präciser und deutlicher Weise diese drei Fragen nicht beantwortet hat, so wollte es für die Darstellung geeigneter erscheinen, gleich im Texte von ihrer Aufnahme abzusehen. Denn unsere Darstellung soll nicht geben, was Schl. hat behandeln wollen, sondern was er wirklich gesagt hat. Daß seine Ausführungen sich im ganzen an die drei Unterfragen anlehnen, wird damit nicht geleugnet.

98) A [illegible], B [illegible], C [illegible], F. S. [illegible].

99) Vgl. S. [illegible].

dem Subjectiven und dem Objectiven zeigt sich deutlich in den tierischen Äußerungen. Wie immer die Laute, die von den Tieren hervorgebracht werden, beschaffen sein mögen, stets weisen sie eine Unklarheit und Verschwommenheit auf, die wir an denen der Menschen nicht finden. So wird man den Gegensatz von Selbstlautern und Mitlautern [96]) bei ihnen vergeblich suchen, und ganz unmöglich ist dem Tiere die Bezeichnung von Dingen durch Wörter. Auch der Unterschied zwischen Rede und Gesang ist ihm fremd, was sich wiederum aus der Ungeschiedenheit des Objectiven vom Subjectiven erklärt [97]). Ferner kennt es das Lachen [98]) nicht. Und weshalb nicht? Weil man das erste Lächeln des Kindes schwerlich wird anders ansehen können, denn als Äußerung der erwachenden Selbstthätigkeit des kleinen Wesens, das anfängt sich des Zusammenseins mit anderen Menschen bewußt zu werden [99]). Die Richtung auf die Mitteilung dessen, was im Menschen vorgeht, das also ist's, was im Lachen zum Ausdrucke gelangt. Und diese Tendenz liegt allen menschlichen Lauten zugrunde. „Der Mensch würde weder lachen noch weinen, weder reden noch singen, wenn er nicht von Menschen umgeben wäre" [100]). Gesang und Gebärde werden ihm Mittel, sein subjectives Bewußtsein für andere darzustellen; das System der articulierten Laute dagegen bildet das Ausdrucksmittel seines objectiven Bewußtseins. Weil aber in diesem nicht selten subjective Bestandteile und in jenem objective mit enthalten sind, so wird „als Analogie des Gesanges" in die Sprache die Betonung und in den Gesang die Articulation aufgenommen. Die Hauptsache jedoch ist, daß sich überall in der menschlichen Sprache „das Sichmanifestieren-wollen gegen andere" zeigt. Darin haben wir den ersten Impuls des Sprechens und demnach des Denkens zu sehen.

An zweiter Stelle sollte der Zusammenhang zwischen Denken und Sprache erörtert werden [101]). — Daß Bilder von Gegenständen nur entstehen durch Combination verschiedenartiger Sinneseindrücke, wurde oben nachgewiesen; auch daß darin zugleich etwas Beharrliches gegeben sei, ohne daß die Mitwirkung von Denkoperationen erforderlich wäre. Infolge dieses Beharrens wächst im Laufe der Zeit die Menge der im sinnlichen Bewußtsein befindlichen Bilder ganz außerordentlich! Schließlich kommt es zu einer Überfülle, die in der Seele den Drang erzeugt, sich derselben zu entledigen. Sie thut dies, indem sie vieles auf weniges zurückführt. So werden gleichartige Vorstellungen in ihren Hauptzügen festgehalten, d. h. es entwickeln sich im Bewußtsein allgemeine Bilder, die man ge-

---

[illegible]) Es findet sich ja wohl eine Annäherung an den Vocallaute in der Mitte und ebenso hier und da ein Anklang an den Consonantlaute am Ende; aber es ist doch unmöglich, eine von beiden so deutlich zu erkennen, daß von Articulation die Rede sein könnte. Daher mag es auch kommen, daß der Mensch nur [illegible] fähig erscheint, tierische Laute nachzuahmen. Vgl. F. S. 142.

101) Wir halten es ja auch für eine Unvollkommenheit des Menschen, wenn seine Rede beständig etwas Singendes an sich hat. Doch wird der Zusammenhang der Sprache mit dem Denken durch diesen Unterschied nicht wesentlich berührt. „Wie der Gesang nur seine ganze Ausdehnung erreicht, wenn er die Sprache zuhilfe nimmt, so auch die Rede nur, wenn Rhythmus und Betonung" (B 23). Sicher ist, daß der Unterschied zwischen Rede und Gesang sich auf den zwischen Gefühl und Wahrnehmung bezieht. „Denn der natürliche Ausdruck des Gefühls ist der Gesang, und alle Töne, die sich dem Gesang nähern und von der Sprache entfernen, wie Lachen, Weinen, Seufzen, Aufschreien, Jauchzen u. s. w., sind unmittelbarer Ausdruck des Gefühls, die Sprache aber ist unmittelbarer Ausdruck der Wahrnehmung. Der Mangel dieses Gegensatzes in den tierischen Tonsystemen ist also die ursprüngliche Differenz und hängt damit zusammen, daß im tierischen Leben Gefühl und Wahrnehmung nicht bestimmt auseinander treten." Man vergl. A 23, B 23, F. S. 146—150; auch Wundt, Vorlesungen.

102) Nicht ganz so liegt die Sache beim Weinen. Da finden wir auch einigermaßen analoge Formen des Ausdruckes bei den Tieren. Es läßt sich eben ansehen entweder „als die Wirkung eines bloß mechanischen Reizes auf das Organ" oder, wenn die vernünftigen Äußerungen ins Auge gefaßt werden, als Ausdruck der Unbehaglichkeit in dem durch die Geburt total veränderten Zustande des Organismus. Vergl. F. S. 144.

103) Doch kann es auch durch äußere Berührung erregt werden.

104) F. S. 142. 105) Vergl. Anm. 97.

gewöhnlich „Arten" nennt. Geht die Vereinfachung weiter, so entstehen Gattungsbilder, die hier jedoch mit dem Ausdrucke „Schema" bezeichnet werden mögen, „weil sie in der That nur Bilder sind von bis auf einen gewissen Grad veränderlichen Gestalten und Beziehungen" [106]). Auf diese Weise kommt eine Abstufung im sinnlichen Bewußtsein zustande, wobei freilich die Bilder um so mehr verblassen, je allgemeiner sie sind. Doch haben die allgemeinen andererseits wieder den Vorzug, daß man zahlreichere unter sie subsumiert und diese leichter behalten werden. „Denken wir uns nun das sinnliche Bewußtsein auf diese Weise ausgefüllt und die Continuität der Operationen des Hinauf- und Hinabsteigens von den allgemeinen Bildern zu den einzelnen und vom einzelnen zum allgemeinen, so haben wir eine große Masse von Seelenthätigkeiten, die alle die Tendenz haben, uns in dem Sein des Äußeren zu orientieren" [107]). Ist das nun schon Denken? An und für sich gewiß nicht, weil dieser ganze Seeleninhalt ohne Einwirkung des inneren Sprechens zustande kommen kann [108]). Soll aber davon anderen Menschen Kenntnis gegeben werden, so ist zugleich die Verwandlung der Bilder in Wörter, der Operationen in Sätze nötig [109]), und damit ist die Sprache gegeben, mit ihr aber zugleich das Denken, wenngleich nicht behauptet werden soll, daß alles Sprechen auch Denken im engeren Sinne sei. Die Sprache hat, wie oben gezeigt wurde, ihren Sitz in Lauten, die von Haus aus Ankündigungen subjectiver Zustände sind; sie müssen also nicht Gedanken zum Ausdrucke bringen. Folglich kann sich die Sprache, sofern sie Trägerin des objectiven Bewußtseins ist, auch nicht in direkter Folge aus ihnen entwickelt haben. Wollte man dem entgegenhalten, daß es ja Teile der wirklichen Sprache giebt, nämlich die sogenannten Interjectionen, die Träger nur des subjectiven Bewußtseins seien, so ist zu bemerken, daß eben diese Teile völlig isoliert stehen und außerdem nicht flexibel sind, daß sie zumeist als Nachbildungen von Naturlauten auftreten, und endlich, daß aus so vereinzelten Erscheinungen allgemeine Schlüsse nicht gezogen werden dürfen. Mit demselben Rechte könnte man auch behaupten, daß, weil die Interjectionen fast immer onomatopoetischen Ursprungs sind, auch andere Teile, ja die ganze Sprache auf dieses Princip zurückgeführt werden müsse. Und doch weiß jedermann, wie klein die Zahl von Gegenständen ist, zu deren Natur es gehört, Laute hervorzubringen, die vom Menschen nachgeahmt werden können. Aber auch die Verwandlung der Bilder in Wörter, d. h. die Benennung, ist nicht eigentlich das, was in der Sprache das Denken zum Ausdrucke bringt: erst die daraus entstehende Einheit, also die Combination, die im Satze sich äußert, verdient diesen Namen [110]). Beobachtet man nämlich die Veränderungen einer Pflanze vom Frühlinge bis zum Herbste, so hat man in den einzelnen Bildern lediglich eine Aufeinanderfolge von Zuständen der Pflanze in Blättertreiben, Knospen u. s. w.; die Einheit des Subjects in der Succession der Prädicate dagegen ist niemals in den Bildern; die bringt unsere Seele erst hinein in der Form des Gedankens. Verfolgt man diese Spur weiter, so trifft man bald sogar auf Verknüpfungen der Wörter zu Sätzen, zu denen sich in dem Systeme der Bilder gar keine Analogie findet [111]); auch giebt es Haupt- und Zeitwörter in beträchtlicher Menge, bei denen die Verhältnisse

---

106) F. S. 117. 107) F. S. 143. 108) Vergl. A 26, B 27, C 34, F. S. 143.

109) Sch. ist ein entschiedener Gegner der Ansicht, daß die Sprache unserer Kinder lediglich durch Nachahmung entstehe. Man vergl. seine Ausführungen in A 34. Er sieht gerade das Wesen einer lebendigen Sprache in der fortdauernden Einbildung des Eigentümlichen in den Grundstoff, während alles, was von Eigentümlichem in eine tote Sprache gebracht werde, fehlerhaft sei. Das Eigentümliche aber könne nur als ursprüngliche Production angesehen werden. — Einen weiteren Beweis für die innere Selbstthätigkeit beim Sprechen entnimmt Schl. der Thatsache, daß das Denken bei Taubstummen sich in „ein anderes Organ wirft" und hier ein System von Bewegungen erzeugt, „die sich ebenso an die darstellenden anreihen, aber auch sich von ihnen unterscheiden wie die Wörter von den darstellenden Tönen" (C 34).

110) B 32, C 34 u. 35.

111) Diese Verknüpfungen kommen zum Ausdrucke namentlich in den Conjunctionen, die reine Erzeugnisse der intellectuellen Selbstthätigkeit abbilden. Durch sie bringt unser Denken höheres Leben in

ähnlich liegen. Man denke an Begriffe wie Kraft, Ursache, Wirkung, Zweck u. a. Was ergiebt sich hieraus? „Daß die Denkthätigkeit im Zusammenhange mit der Sprache sich wohl an das sinnliche Bewußtsein in seiner vollständigen Bildung anlegt, aber doch eine besondere Thätigkeit ist, welche keineswegs aus ihm allein verstanden werden kann"[112]). Daraus erklärt sich, daß Sprache und Denken nicht erst dann eintreten, nachdem die Sinnesthätigkeiten vollkommen entwickelt sind, sondern weit früher. Allerdings muß nun weiter gefragt werden: Wie kommt das, was nicht in den Bildern ist, in das Bewußtsein? Aus organischen Einwirkungen kann es nicht entstanden sein. Folglich wird ein innerer Grund aufgesucht und angenommen werden müssen. Hier hat man sich nun geholfen mit der Theorie von den „angeborenen Begriffen". Der Ausdruck „angeboren", der übrigens recht unzutreffend ist, da der Begriff ein [illegible] Wort und das Wort nicht angeboren sein kann, will offenbar sagen, daß es Begriffe giebt, die unabhängig von den Sinnesthätigkeiten sind. Nach der naiven Form dieser Theorie entstehen sie durch „Erinnerung", also durch eine aufbewahrende Thätigkeit. Läßt sich denn aber neben der von außen aufnehmenden Thätigkeit noch eine von innen aufnehmende voraussetzen? Wenn wir die Verhältnisse eindringend prüfen, so wird uns nichts übrig bleiben, als die Frage zu bejahen und uns die Sache so zu denken, daß das Ich gewissermaßen über den inneren Vorgängen schwebt, also daß die Selbstthätigkeit, die das Ich ausübt, diesem als eine von ihm gewußte gegenwärtig ist. Das Ich nimmt sich als selbstthätig wahr, oder, anders ausgedrückt, die Selbstthätigkeit reflektiert sich beständig im Bewußtsein. Somit ist die Selbstthätigkeit des Ich zugleich in der Form des Bewußtseins gegeben. „Das Denken ist eine solche eigentümliche Selbstthätigkeit"[113]). Von diesem reflektierenden Selbstbewußtsein mögen dann Begriffe wie Kraft, Causalität, Substanz herstammen, und insofern dürfte man sagen, sie seien „angeboren". Wendet man sie freilich auch auf das Gebiet der Bilder an, welche die Außenwelt repräsentieren, so ist das eine Übertragung, von der hier nicht zu entscheiden ist, ob sie eine bloße Fiktion genannt werden muß oder ob ihr wirklich etwas Wahres zugrunde liegt[114]).

das System der Bilder, entsteht recht eigentlich erst die Totalität des Zusammenhanges der Gegenstände und [illegible], die wir in dem „lebendigen Begriff der Welt" zusammenfassen. Vergl. A 23.

112) F. S. 144. — „Die Sinnesthätigkeit darf aber nie Null werden, weil das Schauen, indem die [illegible] ihrer Grenze auch mit hervorkommen, [illegible] wieder [illegible] wird; dies ist, wenn alles Bild verlöscht ist, nicht mehr möglich, daher ist Wort ohne Bild nur kein Gedanke" (Spätere Randbemerkung zu A 86). Überhaupt ist es nicht Schl.s Meinung, daß eine Zweiheit von Bewußtsein, ein [illegible] und ein intellektuelles, angenommen werden müsse. Schon im Wahrnehmungsprozesse liege die Richtung auf das Wissen, und es fehle auch in der Sprache des gemeinen Lebens niemals das „combinatorische Element". Dieselbe geistige Richtung, die im Wahrnehmen thätig sei, erzeuge in der Sprache [illegible]. [illegible] in der [illegible] Entwicklung des Denkens [illegible], und niemand finde einen solchen plötzlichen Übergang wie von einer Funktion in eine andere.

113) F. S. 257. — Vom ersten Wahrnehmen an sucht die Seele die Welt, wie Schl. meint, producirt sie [illegible] die Begriffe des Zusammenhanges, aus innerer Notwendigkeit (Vergl. A 29, B 44, C 86). Ja, sie gelangt in dieser Thätigkeit [illegible], sie [illegible] Sprosse um Sprosse und gelangt so schließlich dazu, selbst die höchste Idee, die Gottheit, in den Bereich ihrer Thätigkeit zu ziehen. Freilich [illegible] sie sich dabei ein Ziel, das nie im objektiven Bewußtsein als erreicht werden kann. Denn „alles [illegible] von Erfahrung und allen Aussprechen von Erfahrung und Wissenschaft ist nur das Bestreben, die Idee der Welt hervorzubringen. — Durch die Idee der Gottheit aber kommt zu unserem Erkennen nichts hinzu, was nicht schon in der Idee der Welt liegt; keinen einzelnen [illegible] und auch kein einzelner Zusammenhang [illegible], sondern nur vermittelst der Idee der Welt auf Gott kann bezogen werden. Dagegen wird sich zeigen, daß die Idee der Gottheit [illegible] auf der Seite des Gefühls steht, wie die Idee der Welt auf der Seite der Wahrnehmung." Vergl. A 29 u. 97.

114) Wenn wir uns denken, daß irgend ein einzelner Mensch sich der Übertragung des aus von innen Gewordenen auf das Sein außer uns enthalten könnte und es möglich wäre, unter einer anderen Form

Danach sind in der Sprache zweierlei Grundbestandteile zu finden: 1. solche, die nichts anderes bedeuten als eine Bezeichnung dessen in Wörtern und Sätzen, was im sinnlichen Bewußtsein als Einzel-, Art- oder Gattungsbild gewonnen ist, und 2. solche, deren Ursprung einzig im reflektierenden Bewußtsein gesucht werden kann[115]). Wie natürlich, daß uns auch zwei verschiedene Gebrauchsweisen der Sprache vorkommen: die Sprache in dem Verkehre des gemeinen Lebens und die Sprache der Wissenschaft. Selbstverständlich tritt erstere früher hervor als letztere. Doch ist die Trennung beider eine Notwendigkeit. Läßt man sie außer acht, so wird die Sprache des gemeinen Lebens Anlaß zu Verwirrungen und Mißverständnissen in dem Gebiete der Wissenschaft und umgekehrt. In beiden nämlich sind die Endpunkte des Denkens fixiert: die Bildung combinatorischer Reihen und das Aufsuchen des Innern im Äußeren. Das letztere besonders ist charakteristisch für das Denken i. eng. Sinne. Da nun Inneres immer gleichbedeutend ist mit Einheit, Äußeres mit Vielheit, so läßt sich die Denkfähigkeit auch ansehen als Verknüpfung der Vielheit zur Einheit[116]). Bei consequenter Verfolgung dieser Seite gelangte man freilich wieder ins Metaphysische, was aber vermieden werden soll. Doch ist gerade das ein besonderer Beweis dafür, daß sich im Denken die Richtung des menschlichen Geistes auf das Wissen manifestiert, ein Trieb, der möglicherweise doch auf einer tieferen Identität von Bewußtsein und Sein beruht, als man gewöhnlich anzunehmen pflegt[117]). Deshalb bemißt sich der culturgeschichtliche Wert einer Sprache nach dem Grade, wie diese Richtung in ihr ausgeprägt erscheint[118]). Die Sprache eines Volkes ist eben nichts anderes als die äußerlich gewordene gesamte Denkthätigkeit desselben.

Drittens ist das Verhältnis des Denkens zu allen übrigen psychischen Thätigkeiten zu erörtern. Hierbei ist vor allem im Auge zu behalten, daß der Prozeß des Denkens nicht von dem inneren Sprechen getrennt werden darf. Wie nun dieses alle anderen Vorgänge des Seelenlebens begleitet, also auch das Denken. Es ist in gewissem Sinne allgegenwärtig; es hängt sich an alle übrigen Thätigkeiten der Seele, sei es, daß es ihnen folgt wie bei den Sinnesthätigkeiten, sei es, daß es ihnen vorangeht wie bei den Willensakten, den sogen. Entschlüssen[119]). Dem ist „die beständige Mitteilung des einen Moments an den anderen"[120]) zu danken, in ihm recht eigentlich die Ursache der sicheren Continuität des Bewußtseins zu suchen. Streng genommen ist nun aber kein Denkmoment abzuschließen, bei dem das innere Sprechen nicht zum äußeren wird, sobald jenes den Anfang, dieses die Vollendung des Denkactes bedeutet. Wenn man sich hierbei daran erinnert, daß allem äußeren Sprechen die Absicht der Mitteilung zugrunde liegt, so wird man kaum fehlgehen in der Annahme, daß auch dem inneren Denkacte die Tendenz, ein gemeinsames zu werden, innewohnt. Damit aber ist das Denken für eine Function des Geistes erklärt, „welche die Identität des Selbstbewußtseins und des Gattungsbewußtseins in sich schließt"[121]). Wo demnach in einer Sprache die Richtung auf das Wissen in gewissem Grade entwickelt erscheint, da darf immer auch ein kräftiges Gattungsbewußtsein vorausgesetzt werden, was sich recht deutlich darin zeigt, daß bei dergleichen Menschen die Folgerichtigkeit des äußeren Verkehrs nur in sehr geringem Maße oder gar nicht zu bemerken ist; während Menschen, deren Sprache vorwiegend der sinnlichen Seite des

überhaupt zu denken, so würde das auch für unser Gebiet eine wesentliche Differenz geben, „aber dieser Fall kommt nicht vor" (F. S. 149).

115) Vergl. Anm. 113.

116) Vergl. F. S. 149.

117) Über diese Frage handelt Schl. ausführlich in der Dialektik §§ 175—226.

118) Die Entwicklung der Sprachen zeigt im Anfange stets die Vorherrschaft des Sinnlichen. Das ist die Stufe, wo die längst gesamte Formation noch [illegible] sind, die Vegetation z. B. eingeteilt wird in Kraut und Unkraut, die Tiere in zahme und wilde u. s. w. Entwickelt sich aber das höhere Element, so verschwindet diese Reihe von Bildern zwar nicht völlig, aber sie bestimmen nicht mehr. „In der Unterordnung aber der [illegible] Elemente unter die Potenz dieses höheren liegt die Richtung der Sprache auf das Wissen" (F. S. 145).

119) Das Verhältnis des Denkens zum Willen erfährt später, wenn die Sprachmoralität erörtert wird, eine genauere Besprechung.

120) F. S. 145.

121) F. S. 142. Vergl. auch B 25.

Bewußtsein entspringt, gewöhnlich die Formen freundlichen Umgangs vermissen lassen. Doch kann bei ihnen die Richtung auf das Zusammenleben in der Gattung noch wirksam sein. Dagegen giebt es Völker, bei denen das Gattungsbewußtsein so bedeutend in den Hintergrund tritt, daß sie trotz der außerordentlichen Schärfe der Sinnesthätigkeiten in hohem Grade schweigsam sind, z. B. die Indianer. Offenbar erklärt sich das aus der Vorherrschaft des subjectiven Bewußtseins. Was uns hier als herrschende Eigenthümlichkeit ganzer Stämme erscheint, das macht sich bei sogenannten gebildeten Völkern in gewissen Gebieten ihrer Sprache geltend. Man denke an den Unterschied zwischen Poesie und Prosa, der hierher gehört. Jene ist in ihren Anfängen und in einigen Gattungen immer mit dem Tone, dem Gesange verbunden, was darauf hindeutet, daß in ihr die Gefühlsseite überwiegt. In der Poesie erscheint die Denkthätigkeit als eine „rein in das Subjective aufgenommene Production"[150]), die zwar an die Gesetzheit der Bilder gebunden, jedoch ganz unabhängig von der Richtung auf das Wissen ist. Trotzdem stellt sich, was durch sie in der Sprache entsteht und von uns unter den Begriff der Kunst befaßt wird, in seiner Vollendung als gleichwertig der Wissenschaft zur Seite. Wir fordern deshalb, daß alle Darstellung des Innern auf dem Gebiete der Sprache das Gepräge des Kunstmäßigen zeige. Eher aber möchte sich eine Stufe der Entwicklung denken lassen, auf der der Gegensatz zwischen Poesie und Prosa noch nicht heraustritt, als ein Volk, das sich zur vollendeten Prosa erhoben hätte und dabei ohne Poesie wäre. Eine ist ohne das andere schwer zu begreifen, wenngleich beide in gewissem Sinne einander entgegengesetzt sind. Während sich nämlich die poetische Composition bei aller Gebundenheit an den sinnlichen Gehalt der Sprachelemente von dem Gegebenen so weit loszumachen darf, daß sie nach Belieben trennen und verbinden, [illegible] und [illegible] kann, muß die wissenschaftliche Production nicht nur die Bezeichnung der Gegenstände und ihrer Verbindungen rein so lassen, wie sie die Wahrnehmung repräsentieren, sondern auch die combinatorischen Elemente so gebrauchen, wie es in dem Gebiete der Sprache allgemein geltend ist. Gleichwohl ist sie freie Production so gut wie jene. Kunst und Wissenschaft: beide sind Kinder derselben Mutter, Zwillingstöchter der freien Selbstthätigkeit des menschlichen Geistes, die im Denken innerlich und in der Sprache äußerlich Gestalt gewinnt.

Viertens und letztlich möge die Mannigfaltigkeit der Sprachen in ihren organischen Differenzen und in ihrer Beziehung auf das Intellectuelle einer Prüfung unterzogen werden. — Wären die Sprachen nur ihren Lauten nach verschieden, dem Inhalte nach jedoch gleich, so würde die Schwierigkeit nicht groß und jedenfalls leicht zu überwinden sein. Man hätte dann den Grund der Verschiedenheit lediglich in der organischen Constitution, insbesondere in der Beschaffenheit der Sprachwerkzeuge zu suchen. Aber so steht die Frage nicht. Die Differenzen sind nicht nur quantitativer, sondern auch qualitativer Art. Jene offenbaren sich ebensowohl in dem verschiedenen Reichtume wie darin, daß die eine Sprache Unterschiede hervorhebt, die in der anderen nicht bemerkbar sind. Diese treten einmal, sofern es Sprachen giebt, die sich wie verschiedene Entwicklungsstufen zu einander verhalten, zum andern, sofern der logische Gehalt in verschiedener Ausbildung erscheint. Da nun aber der logische Gehalt mit der Denkthätigkeit identisch ist und diese alle anderen Functionen begleitet, so begreift sich, daß der Mensch nur die für seinesgleichen hält, die sich der nämlichen Sprache bedienen wie er. Es verlangt niemand, von anderen verstanden zu werden als solchen, die mit ihm dieselbe Sprache reden. Andererseits möchte, wenn man unter dem Gesichtspunkte der Einheit des denkenden Princips[151]) in allem, was Mensch heißt, die Sache betrachtet, der Denkgehalt aller

[150]) V. S. 167. Vergl. ferner B 58.

[151]) „Die Identität des denkenden Princips in allen Menschen und die Richtung auf die Identität eines gemeinsamen Erkennens ist ein Glaubensartikel, d. h. eine wesentliche Überzeugung in allen Menschen, welche beständig das Princip ihrer Handlungen bestimmt, deren Wahrheit nur dadurch, daß sie diese ist, sich realisiert" (V. S. 169).

Sprachen derselbe sein. Will man den richtigen Standpunkt für die Beurteilung dieser Frage gewinnen, so darf man vor allem nicht außer acht lassen, daß schon der Wortschatz einer Sprache wesentlich abhängt von der Umgebung, in welcher der Mensch steht. Erst entstehen die Bilder, dann folgt die Benennung. Sind jene verschieden von denen, die anderen sich darbieten, muß notgedrungen der Unterschied auch in der Namengebung hervortreten. So ist klar zu sehen, wie die Differenz der Sprachen nicht allein bedingt ist durch die Verschiedenheit der Organisation, sondern daß sie beeinflußt wird unzweifelhaft auch durch die Verhältnisse, in die diese gestellt ist. Von da wird es verständlich, warum die Versuche, ein gemeinsames sprachliches Bezeichnungssystem für alle Menschen zu schaffen, fehlschlagen mußten und für immer unwirksam bleiben[152]). Die Unausführbarkeit liegt eben darin, daß man sich nur an die ursprünglichen Bilder halten kann, und die sind unübertragbar. Eine reale Aufhebung der sprachlichen Differenzen ist also unmöglich. Sie werden der Quantität nach für immer, der Qualität nach zum größten Teile bestehen bleiben[153]). Doch reichen sie nicht hinauf bis zu den höchsten Begriffen, sodaß in diesen ein gemeinsamer Boden zur Verständigung gegeben ist. Allerdings die Identität des Wissens könnte in Wahrheit nur in denen angenommen werden, die imstande wären, den Totalprozeß des Denkens in allen Sprachen zu vollenden. Dergleichen Menschen giebt es aber nicht. Folglich ist als Aufgabe anzunehmen, daß man in der beständigen Annäherung daran bleibe. Daß diese immer mehr verwirklicht werde, darauf beruht die Idee von einem Wissen, das nicht in den Grenzen einer bestimmten Sprache eingeschlossen, sondern ein gleiches für alle sein soll. Da nun das vollkommenste Wissen das um die Welt ist, das Denken im höchsten Sinne aber das Sein zum Gegenstande hat, so sind die Sprachen im Grunde genommen „nichts anderes als eine eigentümliche Art, diese beiden Elemente in einander aufzulösen, die Einheit, die in dem Sein liegt, und die Totalität, die in der Welt liegt, und die Vollendung des Denkens ist die Vollendung dieser beiden Elemente in ihrer Beziehung auf einander"[154]).

Das subjective Bewußtsein auf seinen höheren Stufen[155]).

So oft bisher vom subjectiven Bewußtsein die Rede war, handelte es sich lediglich um Zustände, die auf der Sinnesthätigkeit beruhen. Eine Erweiterung erfahren sie durch die Circulations- und Assimilationsprozesse des Leibes. Doch schließt diese keine Steigerung ein. Eine solche ist erst gegeben, wenn der Gegensatz des Angenehmen und des Unangenehmen auf die Einheit des Lebens bezogen und so entweder als Lebensförderung oder als Lebenshemmung empfunden wird. Gewöhnlich gehen derartige Zustände über ins Begehrungs- oder ins Entschließungsvermögen, die aber, streng genommen, nicht an diese Stelle gehören. Bei weitem wichtiger sind subjective Erlebnisse, die aus den Beziehungen geselliger Art für den Menschen entspringen. Die „höhere Potenz" — wir kennen eine solche für die objective Seite in der vom Gattungsbewußtsein getragenen Denkfunction

[152]) In C 28 u. 29 führt Schl. aus, warum es erklärlich ist, wie man auf die Möglichkeit einer allgemeinen Sprache kommen konnte.

[153]) Es wird daher stets eine schwierige Aufgabe bleiben, eine fremde Sprache sich so anzueignen, daß die Denkungsweise des fremden Volkes in die unsrige aufgenommen wird; die meisten werden von diesem Ziele weit entfernt bleiben, nur einige ihm nahe kommen, niemand es ganz erreichen. V. S. 160 u. 161. Genaue schön wie [illegible] läßt sich Schl. über diesen Punkt in der Dialektik, Beilage F § 9, vernehmen. Er weist da auch auf den ältesten vorliegenden Fall dieser Art hin, auf „die unsichere und begriffliche Bürgschaft des übertragenden Cicero."

[154]) V. S. 161 u. 172. Vgl. dazu B 63, wo Schl. sagt, daß die Totalität alles Wissens nichts anderes bedeute als die Analyse des Begriffes Welt, dem gegenüber sich ein absolutes Element, nämlich das Sein an sich, stelle. Diese beiden Angelpunkte seien es, „zwischen denen alle Differenzen sich entwickeln von dem einen identischen ausgehend und zu dem anderen hin".

[155]) A 20—27, B 39—44, C 40—44, V. S. 185—216.

[illegible] — wird sich auch hier nur finden lassen, wenn die Einwirkung des Gattungsbewußtseins ins Auge gefaßt wird. Dieses hat nämlich nicht nur eine objective, sondern auch eine subjective Sphäre. Wenn z. B. der subjective Zustand eines Einzelnen hervorgerufen ist durch das Verhältnis zu einem anderen an und für sich, so ist das etwas ganz anderes, als wenn in diesem Einzelnen die Repräsentanz der Gattung erblickt wird. In jenem Verhältnis liegt die Wurzel zu den „selbstischen", in diesem zu den höheren, den „geselligen" Empfindungen. Bei letzteren [illegible] wir unter Einwirkung des Gattungsbewußtseins das Selbstbewußtsein des anderen zu dem unserigen. Es reflectiert sich also, wenn der Ausdruck hier gestattet ist, das Selbstbewußtsein des anderen in dem vom Gattungsbewußtsein getragenen unserigen[128]); und darin darf wohl das Gegenstück zu den Vorgängen auf dem Gebiete des objectiven Bewußtseins erblickt werden, wo auch das Zusammensein der beiden verschiedenen Potenzen der Einzel- und der Gesamtintelligenz entscheidend ist für die Entstehung und Ausbildung der höheren Bewußtseinsformen. Es liegt nun aber tief in der menschlichen Natur begründet, daß auch im subjectiven Bewußtsein das Niedere, also das „Selbstische", nur dann in den Hintergrund tritt, wenn das Höhere, also das „Gattungliche", in den Vordergrund rückt, und ferner, daß die Entwicklung nicht mit den höheren Formen einsetzt, sondern mit den niederen. Gleichwohl läßt sich behaupten, daß sich schon im Säuglingsalter die ersten Ansätze der höheren Entwicklung zeigen. Bereits im ersten Lebensjahre erweitert sich, wenn auch nur ganz allmählich, die Anerkennung des Menschlichen, aber allerdings stets — und das hält noch Jahre lang an — mit deutlicher Begrenzung auf das, was unmittelbar zu dem Interessenkreise des Einzelnen gehört. Eine geraume Zeit hindurch mag das Kind nur die Mutter, bzw. die Amme sehen; dann streckt es die Ärmchen auch nach Vater und Geschwister aus; noch lange aber wehrt es fremde Gesichter von sich ab. Diesem Zustande begegnen wir hernach wieder in der menschlichen Gesellschaft, die auf einer gewissen Stufe in einem so kindlichen Zustande sich befindet, daß sie alles Menschliche, was nicht unmittelbar in den engen Kreis ihres Stammes gehört, als feindselig abweist[129]). In normalen Verhältnissen hält freilich ein derartiger Zustand nicht lange an; vielmehr schreitet die Entwicklung in der Regel unablässig vor-

128) Deutlich machen läßt sich das wohl am besten an demjenigen Inhalte des subjectiven Bewußtseins, der den Namen „Mitleid" führt. Hier entsteht eine Teilnahme an dem Gefühlszustande eines anderen, ohne daß wir in dieselbe Lebensstimmung versetzt sind, rein dadurch, daß wir den Zustand des anderen zu dem unserigen machen. Dabei erleben wir einerseits eine Erweiterung unseres Selbstbewußtseins und demnach eine Erhöhung des Lebensgefühles, zugleich aber andererseits eine Lebenshemmung, beides aber so, daß wir dabei immer unseren eigenen inneren Verlauf von dem des anderen unterscheiden und als verschieden von jenem empfinden. Zur Erklärung dieses Zustandes reicht uns die „selbstsüchtige Ansicht" des Gefühlslebens nicht hin. Denn das Mitleid ist nicht darauf gerichtet, den erregenden Gegenstand zu entfernen, noch die eigene Person sicher zu stellen, sondern darauf, den Bemitleideten von dem unangenehmen Zustande zu befreien. Daß dadurch weder Ähnlichem vorgebeugt noch die Erinnerung getilgt wird, ist klar. Das Charakteristische eines derartigen psychischen Erlebnisses ist eben „nicht das Zusammensein der beiden Glieder des Gegensatzes, sondern das Zusammensein der beiden verschiedenen Potenzen des Selbstbewußtseins", d. h. des Gattungs- und des Einzelbewußtseins. Vergl. V. S. [illegible] und A [illegible].

129) Das gesellige Gefühl kann dann so genau an der unmittelbar gegebenen Grenze halten, daß die Feindseligkeit gegen andere bis zur Menschenfresserei geht (A [illegible]). Man hat deshalb leugnen wollen, daß das Gattungsbewußtsein auch als höhere Potenz des Selbstbewußtseins erscheine, und behauptet, es handle sich dabei lediglich um erweitertes selbstisches Bewußtsein. Schl. ist jedoch der Meinung, daß dergleichen [illegible] vor allem [illegible] nicht hindern, wie zwischen dem selbstischen, wiewohl durch das gesellige Zusammenleben vermittelten, und den eigentlich geselligen Gefühlsverhältnissen ein wesentlicher Unterschied bestehe. Bei dem selbstischen würde, wenn der Einzelne sich in einer Lebensgemeinschaft wäre, die für den geselligen Kreis etwas Zufälliges ist, eine Freude an der Förderung des Gesamtlebens nicht aufkommen, während der andere, in dem nicht gesellige Gefühle wirksam sind, die etwaige persönliche Lebensförderung dem Anteile an der Förderung des Gesamtlebens unterordne. Vergl. V. S. [illegible].

wärts: von der Mutter zur Familie, von der Familie zur Sippe, von der Sippe zum Stamme, vom Stamme zum Volke. In immer größerem Maßstabe und immer reicher ausgestaltet tritt auf diesem Wege das Gesellige hervor, wenngleich noch lange in Verbindung mit Persönlichem, Selbstischem[130]). Endlich jedoch wird das Gattungsbewußtsein so mächtig, daß es den ganzen Complexe von Einzelerscheinungen dem allgemein Menschlichen unterordnet. Vortrefflich nachweisen läßt sich das an der Entwicklung des religiösen Verhältnisses. Ursprünglich hängt auch dieses mit dem Selbstischen aufs engste zusammen, was schon daraus hervorgeht, daß es fast stets seine Wurzel im Familienleben hat. Stoßen wir indessen auf Völker, die sich in Beziehung auf die religiösen Verhältnisse teilen[131]), so muß vorausgesetzt werden, daß das subjective Bewußtsein auf einer Entwicklungsstufe angelangt ist, wo es sich vom Selbstischen, vom Persönlichen loslöst. Ganz unzweideutig und klar aber kündigt sich das Princip des Gattungsbewußtseins an, sobald wir die Tendenz zu einer Weltreligion finden, der alle Unterschiede der weltlichen Gemeinschaft untergeordnet sind. Es ist „das Bewußtsein des Verhältnisses unseres geteilten menschlichen Seins zu dem Sein schlechthin"[132]), das hier zur Geltung kommt; und da offenbart sich nun ganz dieselbe Erscheinung, die zu beobachten ist, wenn sich der Mensch auf der objectiven Seite von dem Zusammenhange mit dem Bildlichen löst. Nur wo der Unterschied zwischen dem eigenen und dem fremden Menschlichen aufgehoben ist, nur da entfaltet sich das gesellige Gefühl in seiner ganzen Größe und Reinheit. So finden wir es dann als Gastfreiheit und als Freundschaft, als Mitleid und Mitfreude, als Ehrfurcht und Liebe[133]). Auf solcher Stufe sind Selbst- und Gattungsbewußtsein innig mit einander verwachsen, wird die Persönlichkeit durch das in ihr Selbstbewußtsein aufgenommene Gattungsbewußtsein bewegt[134]).

Liegen denn aber alle Thätigkeiten des subjectiven Bewußtseins in dieser Reihe? Gewiß nicht, in erster Linie nicht das religiöse Gefühl[135]). Allerdings wird es, sofern es geselliger Art ist, vom Gattungsbewußtsein getragen, wie wir nachgewiesen haben; aber andererseits ist doch ganz sicher, daß hierin sein Wesen nicht liegt. Wohl aber offenbart sich in ihm unter allen Umständen das subjective Bewußtsein und nicht, wie man auch gemeint hat, vorwiegend das objective. Religiöse Gefühle wurden bereits auf einer Stufe der Entwicklung beobachtet, wo von einem Gedanken der Gottheit nicht die Rede sein kann[136]). Der Begriff der Gottheit entwickelt sich sehr spät und immer nur da, wo das objective Bewußtsein bis zu seinen beiden Spitzen, den Ideen der Welt und des Seins, vorgedrungen ist, die dann in der letzten und höchsten Einheit, der Gottheit, zusammengefaßt werden. Also müßte das Religiöse ausschließliches Eigentum der wenigen Menschen sein, in denen das Denken diese selten hohe Kraft entfaltet. Davon weiß jedoch die Erfahrung nichts. Das Religiöse findet sich vielmehr schon in ganz unentwickelten Verhältnissen. Also brauchen wir weder die volle Entwicklung des Geselligen noch die des Gattungsbewußtseins vorauszusetzen, um es zu erklären. Es ist überhaupt nicht die Beziehung zu etwas Menschlichem, was in ihm Gestalt gewinnt, sondern die Beziehung des Menschlichen zu einem Höheren, dem gegenüber der Einzelne wie die ganze Gattung sich „schlechthin abhängig" fühlt. Religion ist Gefühl des Unendlichen. — Am nächsten verwandt[137])

130) B 41.

131) Auch kommt es vor, „daß verschiedene Völker, ohne zu einer größeren Einheit zusammenzuwachsen, eine Gemeinschaft in Beziehung auf das Religiöse constituieren zu derselben Zeit, wo andere Glieder derselben Einheit sich in Beziehung auf das Religiöse trennen" (V. S. [illegible]). 132) V. S. [illegible].

133) A [illegible], B 41, C 41—44, V. S. [illegible].

134) A [illegible], V. S. [illegible]. 135) V. S. [illegible].

136) Mit einem Wissen in des Wortes gewöhnlichem Sinne hat es die Religion an sich nicht zu thun. Niemand wird den Wert der Religion eines Menschen nach der Art bemessen wollen, wie dieser die Gottheit im Begriffe abbildet. Religion giebt es auch ohne tiefes Wissen. Auf keinen Fall ist das Maß des Wissens das der Frömmigkeit. Vergl. besonders Reden II.

137) Vergl. A 26 u. 27, 33, 34, V. S. [illegible]. Wer sich genauer hierüber unterrichten will,

ist ihm das Naturgefühl, das mit ihm in derselben Reihe subjectiver Zustände liegt und in Anknüpfung an eine Menge allgemeiner, durch die Thätigkeit der obern und innern Leibesverhältnisse entstehenden Lebensgefühle sich bildet, also daß man sagen darf, es offenbare sich in ihm „die Beziehung der Naturpotenz in ihrer ungetrennten Allgemeinheit auf das Einzelwesen“ [138]. Ferner gehören hierher das Wohlgefallen am Schönen und das Mißfallen am Häßlichen, die auch nicht auf Abstractionen beruhen, noch von Überlegungen abhängig sind. Denn der unmittelbare Eindruck ist auch bei ihnen stets gegeben im subjectiven Bewußtsein. Dann erst stellt sich zuweilen, aber durchaus nicht immer, die Prüfung seiner Ursachen ein. Und es ist bekannt, daß deren Auffindung oft nur ganz unzureichend gelingt, gewiß ein schlagender Beweis dafür, daß der erste Ausdruck, die Gefühlsäußerungs, vom Erkennenwollen unabhängig ist. Wohlgefallen an einer Gestalt haben ist eben etwas ganz anderes als ihre Proportionen verstandesmäßig erkennen. Die Denkoperationen, die vorgenommen werden müssen, um das zu bewerkstelligen, sind dieselben beim Häßlichen wie beim Schönen, während Mißfallen und Wohlgefallen einander entgegengesetzt sind. Auch der Umstand, daß derselbe Gegenstand nicht auf alle Menschen denselben Eindruck hervorbringt, weist darauf hin, daß es sich hier um subjective Erlebnisse handelt. — Wodurch aber werden sie hervorgerufen? Es scheint Zweierlei in Betracht zu kommen: erstens „das Verhältnis der einzelnen Manifestation der Kraft zu der Kraft selbst im allgemeinen“ und zweitens das Verhältnis des Teiles zum Ganzen. Jenes gelangt mehr auf dem Gebiete des individuellen Lebens, dieses mehr auf dem des universellen zur Geltung. Wo die einzelne Erscheinung nicht rein bestimmt ist durch die Kraft, die in ihr zur individuellen Darstellung kommen soll, wo diese vielmehr in dem Kampfe mit anderen Kräften teilweise unterlegen ist, da sagen wir die Erscheinung ist häßlich. So ist häßlich jede Mißgeburt, „weil sich darin bestimmt die Corruption der plastischen Kraft manifestiert“ [139]. Im Laufe der Entwicklung nämlich bildet sich im Innern von jeder Einzelerscheinung ein allgemeines Schema, das im subjectiven Bewußtsein als Norm wirkt, an der die individuellen Gestaltungen der Wirklichkeit gemessen werden. In dem Verhältnisse des Schemas zu diesen nun giebt es einen gewissen Spielraum, innerhalb dessen die Einzelerscheinungen weder als häßlich noch als schön bezeichnet werden. Häßlich nennen wir eine dann, wenn sie diesen Spielraum überschreitet und dadurch in uns die Empfindung der Lebenshemmung weckt. Begegnen wir hingegen solchen, in denen die plastische Kraft sich so deutlich und rein wirksam zeigt, daß die Gestalten als Einzelerscheinungen dem in uns als Norm wirkenden Schema vollkommen entsprechen, so nennen wir sie schön, und wir erfreuen uns im Anschauen derselben des erhebenden Gefühls der Lebensförderung. — Die andere Seite, das Verhältnis des Teiles zum Ganzen, tritt in Wirksamkeit, wenn Wohlgefallen oder Mißfallen an der Natur entstehen soll. Zweierlei braucht hier Berücksichtigung: Zum ersten ist niemals dem Beschauer die gesamte irdische Natur gegeben, sondern stets nur ein Teil. Demnach kommt es darauf an, ob das universelle Leben in dem Teile, den er sieht, derart zum Ausdruck kommt, daß der Beschauer in dem Mannigfaltigen vor sich ein Abbild der Totalität hat. Nur wenn die Formationen des Ganzen bis zu gewissem Grade im engen Raume des Teiles beisammen sind, wird Wohlgefallen an der Natur entstehen [140]. Freilich ist zweitens dabei

dem verweisen wir auf Schl.s Reden über Religion, auf die Dialektik §§ 214—220, namentlich aber auf sein systematisches Werk Der christliche Glaube nach den Grundsätzen der evangelischen Kirche, wo er in den §§ 32—33 eine meisterhafte Analyse des „frommen Selbstbewußtseins“ giebt. Vergl. auch Rudolf Wrzecionko, Die metaphysische Bedeutung der Gefühlstheorie in Schleiermachers Dialektik. (Diss.) Breslau [illegible].

138) V. S. 220. 139) V. S. [illegible].

140) Schön ist nur der Teil der Natur, „in welchem sich alle Erdelemente vereinigen; je vollständiger dies geschieht, in desto größerem Stil ist sie schön als Erdbild“ (A 33). Häßlich wirkt dagegen auf uns die Leere, das Einförmige in der Natur, so die Wüste, eine weite, baumlose Ebene u. a. Vergl. C 64. Man vergegenwärtige sich den Unterschied des Eindruckes, den der leuchtende Sternenhimmel macht, von dem, den der graue Wolkenhimmel hervorbringt.

häufig die Wechselbeziehung zwischen der Intelligenz und der Gesamtheit des Seins mit im Spiele, aber allerdings in der Regel nur auf höheren Entwicklungsstufen. „Je mehr eine einzelne Auffassung diese Beziehung erleichtert, je mehr ein Naturbild für uns ein Symbol ist von dem Verhältnis der Intelligenz zu dem Sein außer uns, je mehr welchem die Mannigfaltigkeit der Naturgestaltung die Mannigfaltigkeit der Verhältnisse des Menschen zur Natur entspricht“ [141], desto leichter wird das Gefühl der Lebensförderung und damit das Wohlgefallen entstehen. Zwar beruht dieses hier auf einer Erregung des subjectiven Bewußtseins durch eine Thätigkeit des objectiven, doch nur insofern, als in uns das Ziel des Erkennenwollens auf irgend einem Gebiete erreicht ist, sodaß wir darin Ruhe und Befriedigung finden. Es ist also ein schwer in Worte zu fassender speculativer Gehalt als Gefühl in uns lebendig. „Hingegen kann die bekannte Instanz, daß die Kritik den Kunstgenuß stört, nichts austragen; denn dies ist ein Erkennen, in welchem die Einheit des Gegenstandes aufgelöst wird, und so lange dies geschieht, kann der Genuß nicht stattfinden“ (A 34). — Eine neue Seite des subjectiven Bewußtseins offenbart sich in dem Gefühle des Erhabenen. Erhaben nennen wir ein Äußeres, wenn wir ihm neben der Schönheit eine Macht einräumen, der gegenüber wir uns klein, ohnmächtig vorkommen [142]. Dies veranlaßt dann eine Art Erregtheit, die offenbar hervorgerufen wird durch eine das normale Maß überschreitende Kraft und Fülle, die in dem Gegenstande sich ausspricht und uns reizt, sie in der Auffassung zu erschöpfen, ohne daß uns dies doch gelingt. So vereinigen sich Erregtheit und Gedrücktheit; in dem wechselnden Spiele beider liegt das Charakteristische des Erhabenen. Natürlich zeigen sich auch hier, wie bei allen subjectiven Erlebnissen, nennenswerte Differenzen zwischen den Einzelnen; namentlich fällt der Bildungsstand beträchtlich ins Gewicht. Was dem gemeinen Manne den Eindruck des Erhabenen macht, ist für den Naturforscher vielleicht lediglich eine Fülle leicht zu commandierender Naturkraft; was hinwiederum diesen mit Bewunderung erfüllt und auf die Kniee zwingt, läßt jenen sehr leicht unbeachtet. Hier ist nun der Punkt, wo die Betrachtung sich abermals dem Religiösen zuwenden muß. Denn dieses berührt sich auch innigste mit dem Erhabenen, mit dem es gemeinsam hat einmal die demütige Bewunderung der Unerschöpflichkeit des Gegenstandes, zum Anderen die unwiderstehliche Neigung, in diesem unterzugehen oder mit ihm vereint zu sein, und drittens das Bewußtsein, daß eine Reaction gegen ihn völlig unstatthaft ist [143]. Eigentümlich aber ist dem Religiösen, daß es, auf welcher Stufe man es auch betrachten mag, immer den ganzen Umfang der vorhandenen Empfindungsinhalte beherrscht, also Natur- und gesellige Gefühle [144]. So wird erklärlich, daß es sich erweitern muß, wenn diese umfassender sich gestalten. Sein letztes Ziel aber

141) V. S. [illegible].

142) „Sturm, Gewitter sind erhaben wegen unberechenbarer Fülle der Kraft. Wenn man berechnen könnte die elektrische Intension des Gewitters und die Zeit seiner Entladung nebst dem Umkreis seiner Wirksamkeit, so würde bei dieser Berechnung der Eindruck des Erhabenen vergehen. Auf dem ethischen Gebiet kann eine Seele schön sein; aber kein Mensch ist im Ganzen seines Daseins betrachtet erhaben, sondern das Erhabene kann nur in einzelnen Handlungen sein, in denen sich Erregungen allgemeiner sittlicher Potenzen kundgeben, und es entsteht um so stärker, je mehr die Persönlichkeit zurücktritt, daher alle reinen Aufopferungen bei großen Verwicklungen erhaben sind“ (A 33). Vergl. auch B 44 und V. S. [illegible]—211. „Nichts Mathematisches ist als solches erhaben.“

143) Es ist gewiß nicht zufällig, daß vorzugsweise solche Stätten zur Verehrung des höchsten Wesens gewählt wurden, wo die Gestaltung der Natur den Eindruck des Erhabenen hervorbrachte (V. S. 211).

144) „Wenn sich das erhöhte Bewußtsein so weit gesteigert hat, daß das Leben der menschlichen Gattung in das Selbstbewußtsein aufgenommen und alle Persönliche sowie alle kleineren Sphären in dieser begriffen und ihr untergeordnet sind, so bleibt immer noch übrig, daß diesem höchst entwickelten Selbstbewußtsein entgegengesetzt ist die äußere Natur. Die Einwirkungen dieser werden nun auch in jenes zusammengesetzte Selbstbewußtsein aufgenommen, aber es muß sich nun nach der Analogie der bisherigen Entwicklung ein Bestreben entwickeln, auch zwischen sich und der Natur ein gemeinsames Bewußtsein zu stiften,

[illegible] die Aufhebung des Gegensatzes zwischen dem besondern Sein als Gattung und dem Sein, wie es im Bewußtsein des Einzelnen gegeben ist. [illegible] Religion in seiner Vollendung als die höchste Entwicklung des subjectiven Bewußtseins [illegible] haben. [illegible] Gegensatz zwischen diesem und dem allgemeinen Sein [illegible] an die Grenze des endlichen Seins und postulirt das unendliche. Daher giebt es [illegible] Gestaltung des Selbstbewußtseins [illegible] Übergang zu ihm „durch die reine Einkehr des Subjects in sich selbst“ [illegible]).

II.

[illegible] Thätigkeiten [illegible]).

Die bisherige Betrachtung ging aus von den Operationen, die sich an die organische Function [illegible], schritt weiter zu den Denkthätigkeiten, sofern sie auf der Seite des objectiven Bewußtseins liegen, und schloß mit der Darlegung der [illegible] auf dem Gebiete des subjectiven Bewußtseins. Dabei [illegible] im Auge, daß, obschon alle diese Thätigkeiten nur als Äußerungen der Receptivität erörtert wurden, auch in ihnen die Selbstthätigkeit der menschlichen Seele wirksam sei, allerdings nur [illegible], als sie von außen hervorgerufen ist. Hier nun kommt die Selbstthätigkeit zur Erörterung, sofern sie von innen aus erregt erscheint und zur Einwirkung auf das Äußere gelangt. Den innern Impuls hierzu nennen wir Wollen. In ihm offenbart sich das innerste Wesen des Geistes; es hat daher auch seinen Grund lediglich in diesem. Sein Dasein ist zu erkennen einmal in dem freien Spiele der inneren Lebendigkeit, zum andern in den [illegible] Triebe, das Innere im Äußern zu verwirklichen, und drittens in der planmäßigen Veranstaltung einer Reihe von Handlungen, die dann diesem allen, das Äußere einer innerlich wirksamen Idee gemäß zu gestalten. Letzteres, das kurz als „gewußtes Wollen“ [illegible]) bezeichnet werden mag, ist die reinste Form der [illegible] Thätigkeit. Sie gelangt hauptsächlich auf den Gebieten der Wissenschaft und der Kunst zur Entfaltung. „Denn wenn auch die Wissenschaft im Gebiete der objectiven Notwendigkeit verweilt, so entstehen doch ihre Elemente (und davon ist hier eben die Rede) nicht durch diese Notwendigkeit. Die Entstehung der bereichernden Gedanken hat größtenteils — die Form der Einfälle und ist von der Art, wie die [illegible] entsteht, gar nicht zu unterscheiden. Wir halten nur den für wissenschaftlich besser, der mehr solcher Einfälle hat, in denen die wissenschaftliche Notwendigkeit liegt. Wer wissenschaftliche Gedanken auf einem andern Wege empfängt, der hat sie nur geirrt“ [illegible]). Nicht anders ist's, gründlich verstanden,

und [illegible] das Bewußtsein der absoluten Einheit alles Lebens, d. h. der Gottheit, und die Beziehungen aller Lebensmomente auf dieses sind dann die religiösen Gefühle.“ Das religiöse Gefühl ist [illegible] „die letzte Entwicklung und Vollendung über das [illegible]“ (A [illegible]).

146) F. S. [illegible] u. [illegible]. — Diese Stellung des religiösen Gefühls bestätigt sich von allen Seiten. Wie in der Entwicklung des Geselligen, so finden sich auch im religiösen Gebiete drei Abstufungen: Parallel der [illegible] Geselligkeit geht der Fetischismus, d. i. die verworrene Verwechselung des Einzelnen mit der absoluten Einheit; parallel dem Streite der Polytheismus, der das Bedürfnis [illegible]; parallel dem Streben nach einer völligen innern Harmonie die reine Idee der Gottheit. [illegible] Gottheit. [illegible] Lust und Unlust [illegible]. Vgl. A [illegible].

147) A [illegible], B [illegible], C [illegible], F. S. [illegible].

148) Dieser Ausdruck findet sich hauptsächlich in B, seltener in A, gar nicht in C. Zuweilen steht auch gewußtes — bewußtes Wollen. Der erste Ausdruck verdient den Vorzug.   149) A [illegible].

in der Kunst. Auf beiden Gebieten erscheint das Wollen als der Impuls zu einer [illegible] andauernden Thätigkeit. Erschöpft er sich durch diese schließlich, so findet er seine Befriedigung, d. h. der Akt der Selbstthätigkeit ist vollendet. Demnach knüpft sich gewöhnlich an eine derartig abschließende Gedankenreihe sogleich eine neue, die oft mit der vorigen in keinerlei [illegible] Zusammenhange steht und auch nicht auf ein gewußtes Wollen zurückgeführt werden kann. Sie [illegible] in das Gebiet des „chaotischen Spiels der innern Lebendigkeit“ hinüber, bei dem die Gedanken von innen heraus in einer Weise entstehen, auf die das Wollen keinen Einfluß zu haben scheint. In ihm, der ursprünglichsten Form menschlicher Selbstthätigkeit, liegen die Anfänge auch der Reihen, die als Product des gewußten Wollens angesehen werden müssen, [illegible]: Aus der Menge der [illegible] Gedanken [illegible] einzelne auf, „die sich zu einem bestimmten Willen bilden“ [illegible]) und hernach ganze Reihen [illegible]. An diese [illegible] heftet sich, wie ersichtlich, das Bewußtsein und zwar in ganz besonderem Sinne. Doch auch während der freien Gedankenerzeugung hört es niemals auf, wirksam zu sein. Der Mensch weiß sich immer als einen so oder so [illegible]. Ist dennoch das Denken einmal bis an die Grenze der Bewußtlosigkeit zurückgedrängt und dieser Zustand nicht durch Concentration auf einem andern Gebiete [illegible], so befindet sich der Mensch im Zustande der Abspannung, wie ihn gewöhnlich große Anstrengungen zur Folge haben. Das Minimum in der Entwicklung der geistigen Selbstthätigkeit dürfte nun da gegeben sein, wo die Abspannung so bedeutend ist, daß die Denkthätigkeit, auf den Zustand des begleitenden Bewußtseins zurückgedrängt, lediglich dazu dient, die leiblichen Thätigkeiten zu vollziehen, wo sonst die Kraft sich in [illegible] Anstrengungen erschöpft. Was ist nun das Maximum? Soll diese Frage richtig beantwortet werden, so muß man sich vergegenwärtigen, daß das freie Spiel der inneren Lebendigkeit zuweilen Gedanken geradezu gegen unseren Willen erzeugt. Es kommt oft vor, daß, wenn die Absicht auf eine Gedankenreihe gerichtet ist, diese plötzlich von anderen gestört und unterbrochen wird [illegible]). In diesem Falle reicht der Willensimpuls nicht hin, den Lebensprozeß zu beherrschen. Das Maximum der [illegible] Thätigkeit wird demnach vorhanden sein, wenn die psychische Macht in voller Stärke darauf gerichtet ist, die beabsichtigte Gedankenreihe ohne jede Störung zum Abschluß zu bringen, und wenn ihr das auch wirklich gelingt. Völlige Abspannung und straffste Concentration der Selbstthätigkeit: sie stellen somit die beiden Endpunkte dar, zwischen denen die verschiedenen Momente der [illegible] Thätigkeit sich bewegen. Selbstbestimmung und freie innere Lebendigkeit befinden sich hierbei in dauernder Wechselwirkung. — Nun bleibt auch hier noch das Verhältnis zu erörtern übrig, das schon bei den [illegible] Thätigkeiten sich als höchst bedeutsam erwies, nämlich das zwischen Selbstbewußtsein und Gattungsbewußtsein. Sobald das einzelne Leben als solches für uns wahrnehmbar ist, zeigt sich sogleich, daß die psychischen Thätigkeiten nur unter der Voraussetzung der Identität des Lebens der Menschen verständlich sind. Hierin aber [illegible] das Gattungsbewußtsein, [illegible] sagen darf: in den ersten Äußerungen der [illegible]

150) Ein Ausdruck, der lebhaft an Herbart erinnert, aber auch bei Schl. nicht befremdlich klingt. [illegible] könnte man Anstoß nehmen an dem Satze: „zu einem bestimmten Willen bilden“, als ja auch das Denken eine Erscheinungsform der Aktivität ist. Doch hat Schl. den Ton wahrscheinlich nicht auf „bilden“, sondern auf „bestimmten“ legen wollen.

151) Was Schl. hier berührt, wird jeder, der auf sich achtet, bestätigt finden. Wie eine gewisse Anstrengung dazu gehört, Gedanken hervorzurufen, so ist solche auch erforderlich, um fremdartige Einflüsse fernzuhalten. Nicht immer gelingt es uns, zerstreuende Gedanken, die [illegible] gegen unseren Willen entstehen, vom inneren Prozesse auszuschließen. Oft ertappen wir uns beim Nachdenken über einen Gegenstand dabei, daß [illegible] und wir nicht mehr ganz „bei der Sache“ sind. Wenn aber [illegible] die Anstrengung nachläßt, dann nehmen sie allmählich einen immer breiteren Raum ein, und schließlich kommt ein Zeitpunkt, in dem wir uns gänzlich an sie verlieren: wir befinden uns im Zustande der Zerstreuung.

strömenden Thätigkeit ist das Gattungsbewußtsein mit gesetzt. Nun ist aber, wie jedermann weiß, nächstes Ziel der Selbstthätigkeit stets die Fortsetzung des einzelnen Lebens. Sehen wir diese Richtung als ein Wollen an, so wird zu fragen sein: Haben wir das Seinwollen dem Einzelwesen als solchem zuzuschreiben oder es aufzufassen als eine Wirkung des Gattungsbewußtseins oder es drittens auf Einzelwesen und Gattung zurückzuführen? Daß das Einzelwesen nicht wäre, wenn die Gattung es nicht gewollt hätte, ist klar. Die Gattung aber will sich selbst, indem sie den Einzelnen will; sie ist [illegible] in der Gesamtheit der Einzelnen mitgesetzt. Die Entwicklung des Einzelwesens hat also wohl ihren Grund im Zusammensein mit der Gattung, d. h. sein Werden hängt zum größeren Teile von dieser ab. Das Wissen um das Miteinander scheint es dann auch zu sein, was sich schon in den ersten Äußerungen der psychischen Selbstthätigkeit als Lebensbefriedigung ausspricht. Somit kann behauptet werden, daß das Seinwollen des Einzelnen seinen Grund in dem Gattungsbewußtsein hat oder doch haben soll. In diesem liegt sein Verpflichtungsgrund und sein Maß. Wenn gleichwohl das Wollen des Einzelnen nicht selten in Gegensatz tritt zu dem anderer Einzelnen, ja zu dem der Gattung, so ist das zu erklären aus dem Überwuchern subjectiver Motive niederer Art und jedenfalls als ein reiner Ausdruck menschlichen Strebens nicht anzusehen. Die Vollendung des menschlichen Seins liegt vielmehr auch auf dieser Seite gewiß und wahrhaftig einzig in der Aufhebung des Gegensatzes beider Wollungen unter der Form bewußter Übereinstimmung. — Im Anschluß hieran erscheint es von Interesse, zu untersuchen, welchen Einfluß das Wollen auf die Gestaltung der persönlichen Eigentümlichkeit ausübe, ja ob überhaupt der Einzelne durch gewußtes Wollen aus sich selbst etwas machen könne, was er durch die bloße freie Beweglichkeit, mit anderen Worten durch seine natürliche Veranlagung, nicht geworden wäre. Oben wurde gezeigt, daß gewußtes Wollen aus der freien inneren Lebendigkeit hervorgehe, also in gewissem Sinne ein Ergebnis derselben sei. Ist dem so, dann müßte, falls der Mensch wirklich durch gewußtes Wollen seiner persönlichen Entwicklung eine bestimmte Richtung geben könnte, diese selbst doch wieder als ein Erzeugnis der freien Beweglichkeit angesehen werden. Leider ist diese ganze Frage dadurch verwirrt worden, daß man künstlich einen Begriff von [illegible] Freiheit ausgebildet hat, der in keiner Weise den thatsächlichen Verhältnissen entspricht. Es kann doch beispielsweise niemand, und wenn er es sich auch so fest vornähme, ohne weiteres ein Dichter werden. Wer so etwas für möglich hält, ist nicht recht bei Sinnen. Kein Mensch ist in der Lage, das quantitative Verhältnis der Functionen, die sein Wesen constituieren, beliebig zu ändern. Die persönlichen „Differenzen" sind, das unterliegt wohl kaum einem Zweifel, constante Größen[151]). Es muß demnach geleugnet werden, daß der Mensch imstande sei, die Gesamtheit seiner geistigen Kraft zu erhöhen. Zuzugeben ist nur, daß die Selbstthätigkeit in Form des gewußten Wollens die in der „Differenz" angelegten Verhältnisse zu thunlichst vollkommener Entwicklung

151) Man kann nicht heute diese persönliche Eigentümlichkeit haben und morgen, wenn man sich eine andere anschaffen will, jene. Giebt es aber Menschen, die beständig umherwandeln und immer etwas Neues ergreifen, nun so gehört die Unstetigkeit mit zu ihrer Individualität und „kann nicht geändert, sondern nur gebändigt werden" (B 46, F. S. 257 f.). Diese Auffassung der „Eigentümlichkeit" oder „Individualität" ist es, die der Weltanschauung Schl.s ein charakteristisches Gepräge verleiht. Wir finden sie angedeutet in den ethischen [illegible], wo er sich über Leibniz kritisch äußert (vergl. Anm. 4), dann hierfür, ja programmatisch verkündet in den Monologen, die ganz von ihr durchdrungen sind, weiter in den Reden, den Grundlinien, wo sie als Hauptwaffe dient, um Kants Moral anzugreifen, in der Dialektik, der Glaubens-, der Erziehungs- und den beiden Sittenlehren und außerdem in einer Reihe kleinerer Schriften. Mit ganz besonderer Hingabe und seltener Beharrlichkeit hat Schl. gerade diesen Begriff ausgemünzt und verwertet, sodaß man nicht zu viel behauptet, wenn man sagt, daß darin eine Hauptwurzel des weithin reichenden Einflusses liegt, den der große Mann ausgeübt hat, noch ausübt und ausüben wird. Genaueres lese man darüber im constructiven Teile, ferner auf Seite 73.

bringe[152]). Was aber in dieser Hinsicht vom Einzelnen gilt, trifft auch für die Massen zu. Auch die Völker sind solche „Differenzen". Ja die Menschheit selbst ist eine Einheit, in der ein bestimmtes Maß von geistiger Kraft angesammelt ist, über das sie nicht hinaus kann.

Nunmehr mag zur materiellen Seite der Spontaneität fortgeschritten werden. Sie offenbart sich in der „Selbstmanifestation", im „Besitzergreifen" und im „Selbsterhaltungstriebe". Sobald an einem Gegenstande bemerkbar ist, daß menschliche Hände daran gewesen sind, so setzt man ihn auch in Beziehung zu dem Menschen, der den Zustand verursacht hat, und erkennt ihn als wirkendes Wesen an. Die Manifestation des Menschen aber dient von Anfang an der Selbsterhaltung, und diese wieder ist nicht denkbar, ohne daß von der Außenwelt Besitz ergriffen wird. So schließt sich der Ring der drei ausströmenden Thätigkeiten von selbst. Wie eng sie indessen im realen Leben auch mit und in einander verflochten sind: bei der Betrachtung müssen sie aus einander gehalten werden. Wir beginnen mit der

Selbstmanifestation[153]).

Selbstmanifestation ist die Darstellung des eigenen Innern mit der ausgesprochenen Absicht, es anderen zur Anschauung darzubieten. Alles, was unter diesen Begriff fällt, heißt Kunst im weiteren wie im engeren Sinne. Die Quelle dieses „Eröffnens der Persönlichkeit", kürzer ausgedrückt der Selbstdarstellung, ist das Gattungsbewußtsein. Wie mit dem Denken das Sprechen verbunden ist, so mit der Erkenntnis und dem Gefühle die Darstellung, d. h. die Mitteilung des Erlebten für andere. Jedes wirkliche Wissen hört auf, Eigentum des Einzelnen zu sein, es gehört der Gattung an. Je kräftiger das Gattungsbewußtsein in dem Einzelnen herrscht, desto umfassender und wirksamer wird seine Selbstmanifestation. Kunst muß daran aller ausströmenden Thätigkeit anhaften, mag sie in Gebärde und Haltung, in Wort oder Ton, in Farbe oder Form zum Ausdrucke kommen. Auf den Grad der Entwicklung kommt es dabei im Principe nicht an. Künstlerische Empfänglichkeit und Geschmack verhalten sich zu künstlerischer Production nicht wie zwei verschiedenartige Eigenschaften, sondern wie ein Minder oder Mehr derselben Grundanlage. Deren Entfaltung ist wie von der Stärke des inneren Impulses so namentlich auch von der Umgebung abhängig[154]). Je zahlreicher und reiner das Schöne in dieser vorliegt, desto leichter wird die künstlerische Production geweckt; je seltener die schönen Eindrücke sind, desto stärker muß, soll sie zum Schaffen gelangen, die künstlerische Anlage sein. Drittens und nicht zum geringsten liegt die Art der Production in dem Grade der Entfaltung des gesamten geistigen Lebens begründet. Chinesen und Griechen, wie hoch entwickelt beide auch in ihrer national-typischen Art sein mögen: sie stehen doch in starkem Gegensatze zu einander[155]). Das Festhalten an dem niederen Typus aber repräsentiert stets einen geringeren Grad der geistigen Entwicklung, insbesondere des Eindringens in das Grundverhältnis des Geistes zu dem ihm gegebenen Sein. Wenn man nun auf das bisher Entwickelte zurücksieht, so darf man sagen, „es könnte ein Punkt kommen, wo die Seele sich selbst in ihrer Eigentümlichkeit in der besonderen Art, wie die Idee der Welt in ihr gesetzt ist, so klar ist, daß alle Lebensteile in ihr mit Bewußtsein in ein bestimmtes Verhältnis treten und diese Idee sich völlig verhält wie die Grundidee eines Kunstwerkes,

152) Daß Schleiermacher in der *Psychologie* hierauf nicht näher eingeht, hängt damit zusammen, daß er die ethischen Fragen principiell von dieser ausschließt. Doch hat er anderwärts, besonders in den *[illegible]*, den *Monologen*, den *Reden*, den *Grundlinien*, der philosophischen *Ethik* und der *Dialektik* teilweise recht ausführlich darüber gehandelt.

153) A 46—47, B 48—56, C 56—64, F. S. 243—255.

154) „Dasselbe Talent, das unter günstigen Umgebungen zur *Production* geweckt wird, bleibt unter ungünstigen auf der Stufe der Empfänglichkeit" (B 56).

155) Vergl. hierzu auch *Ästhetik* S. 117, 118 u. 201.

worauf alles herauch Erlebte die Entwicklung und Ausführung ist. In diesem Sinn dann kann man sagen, daß das ganze Leben ein Kunstwerk ist. Allein dies ist nur eine Idee, der sich nur die Lebendigsten und Besonnensten einigermaßen annähern“ [156]).

Die zweite Form der ausströmenden Thätigkeit ist das

Besitzergreifen [157]).

Alles, was der Mensch thut, um die Umgebung unter seine Herrschaft zu bringen, gehört hierher. Die einfachste Gestalt des Besitzergreifens berührt das Verhältnis des Menschen zum Boden, auf dem er lebt und ohne den er nicht bestehen kann. Daher sind anfangs die besitzergreifenden Thätigkeiten nicht deutlich zu unterscheiden von denen, die dem Selbsterhaltungstriebe dienen. Auch zumal kann die Nahrungsbedürftigkeit so hoch steigen, „daß alle intellectuellen Thätigkeiten cessieren, bis sie gestillt ist“ [158]). Je mehr sich jedoch jenes Verhältnis entwickelt, um so entschiedener sondert sich das Besitzergreifen von den Functionen der Selbsterhaltung [159]). Denn mit der Größe des Arbeitsgebietes entfaltet sich das Prinzip der Arbeitsteilung, und wo dieses zum Durchbruche kommt, da tritt auch Arbeitswahl ein. Für die Wahl aber ist in erster Linie entscheidend Talent und Neigung. Der eine ergreift diesen, der andere jenen Lebensberuf, nicht sowohl um des Erwerbes als um der Art der Beschäftigung willen, die er sucht. Geht man diesem Gedanken nach, so stößt man darauf, daß ähnliche Differenzen wie bei den Einzelnen sich auch hier bei Masseindividuen zeigen. Was nur immer eine Art und Weise ist, sich das äußere Sein anzueignen: es kommt in ihnen zum Vorschein. So stellt sich in der Geschichte der Menschheit die ganze Möglichkeit der Naturbeherrschung durch diese Richtung des Geistes dar. Doch soll damit keineswegs behauptet sein, daß die große Masse diese Entwicklung vollständig durchmache. Die Mehrheit der Individuen wird vielmehr auf dem Punkte verharren, wo Selbsterhaltung und Naturbeherrschung unlösbar mit einander verknüpft sind. Nur dann, wenn der Einzelne sich seines Anteils an der Naturbeherrschung als solcher bewußt wird, tritt die Sonderung deutlich hervor. Das sondernde Prinzip aber ist subjectiv Neigung, objectiv Reflexion. Auf tausendfache Weise offenbart sich diese Wahrheit in diesem reichen Leben. Solche Stufe der Entwicklung kündigt sich an „durch Beharrlichkeit bei einer gewissen Art von Einwirkung auf die Natur, auch wenn das Resultat für den Selbsterhaltungstrieb — ungünstig ist“ [160]). Erkenntnis und Selbsterhaltungstrieb treten in Wechselbeziehung, sodaß immer neue Aufgaben für diesen erwachsen. In dem Maße nämlich, als in dem Einzelnen das Sein selbst klar geworden ist, kann sich „die Totalität der Beziehungen des Geistes in der Organisation als Seele zu dem gegebenen Sein“ [161]) entwickeln. Andererseits wird jedoch das Sein nur insoweit klar, als er mit den einzelnen Zweigen der

156) A 44. 157) A 45, B 34, C 46—49, F. S. 258—261. 158) A 45.

159) Wenn man sagt, daß die Not die Mutter aller Erfindungen sei, so meint man, daß alle Naturbeherrschung aus dem Selbsterhaltungstriebe hervorgehe. Wäre dies der Fall, so müßte der Mensch bei einem Minimum von Befriedigung der Selbsterhaltungstriebe stehen bleiben und würde nichts erfinden. Kann man aber daraus die Naturbeherrschung erklären, wie wir sie thatsächlich in der Geschichte der Menschheit erleben? Gewiß nicht. Daher sehen wir den Trieb der Besitzergreifung als gleich ursprünglich mit den beiden anderen an, „wie denn auch schon das Greifen der Kinder, wenn sie gleich alles zum Munde führen, nicht vom Hunger ausgeht“ (C 46). Die ersten Anfänge sind wohl darin gegeben, „daß die Seele sich den Leib bildet“; dieser ist sonach ihr erster Besitz. „Es ist aber eigentlich das untrennbare Seele- und Leibwerden die Besitzergreifungsart des Geistes von der Materie, und alle folgenden hierher gehörigen Acte sind Fortsetzungen davon, Vereinigungsacte des äußeren Seins mit dem eigenen. Sobald wir aber über die vorbereitenden Zustände hinausgehen, besteht jeder aus einer Reihe von Momenten, welche verbindet sein muß und als Wissen um die Natur vermittelt, und von da an entwickelt sich gegenseitig bedingt an einander, Naturkenntnis und Naturbeherrschung“ (C 50). 160) B 44. 161) F. S. 257.

Totalität derselben selbstthätig in Verbindung tritt [162]). Wenn man sich das recht deutlich macht, dann erst versteht man, wie es möglich wird, daß die Differenzen auf dem Gebiete der Arbeit so ganz merkwürdig zahlreich und groß sind. Die Fortbildung der Einzelnen erfolgt indes nur durch den regsten Austausch unter einander, was wiederum nur möglich ist unter Einwirkung des Gattungsbewußtseins [163]). Denn nur unter Mithilfe desselben vollzieht sich der Act des Erkennens von Individuum zu Individuum, ergreifen diese von einander Besitz. Die vollständigste Thätigkeit dieser Art ist gegeben im Zustande der Ehe. Mit ihr ist zugleich die Reproduction der Gattung, also unmittelbare Thätigkeit des Gattungsbewußtseins, und gemeinsamer Naturbesitz verknüpft. Verwandt ist ihr die Freundschaft, die ebenfalls nur dann recht kräftig ist, wenn sie sich auf Naturbesitz unterstützt, sei es wissenschaftlich, künstlerisch oder politisch. In gleicher Richtung liegt das Wesen der Kirche „als die gegenseitige Mitteilung (also auch Besitzergreifung) des höchsten Selbstbewußtseins, in welchem der Geist sich auch als mit dem Sein identisch weiß“ [164]). Das Gattungsbewußtsein nun fordert, daß die höher entwickelten Individuen oder Massen alles aufbieten, um durch geistige Circulation die Weiterbildung auch dort zu wecken und zu fördern, wo sie noch nicht ist [165]). Hierin hat man die einzig richtige Formel für die geschichtliche Entwicklung der Menschheit zu sehen. Völker wie Einzelne müssen in gegenseitige Berührung treten, wenn die Totalität des Gattungswertes sich entfalten soll. Alles Besitzergreifen aber ist zugleich ein „Fortbestehenwollen“ des Geistes in und mit dem Sein, das er sich aneignet [166]). Das lenkt die Betrachtung auf die dritte Form der realen Spontaneität, auf den

Selbsterhaltungstrieb [167]).

Der Selbsterhaltungstrieb ist nichts anderes als die lebendige Richtung des Subjects darauf, fortzubestehen als das, was es ist. Faßt man sie in ihrem ganzen Umfange, so muß man sie zurückführen auf das „Seele-sein-wollen des Geistes“. Darein ist das Verhältnis des Persönlichen zu dem Gattungsbewußtsein, ja der Trieb der Gattung auf Erhaltung mit beschlossen. Da nun aber weder der Einzelne noch die Gattung ohne Selbstbegrenzung und Besitzergreifen zu bestehen vermögen, so kann man ihn auch näher bezeichnen als die Richtung auf die Beharrlichkeit dieser Formen der Selbstthätigkeit. Diese Art, den Begriff zu fassen, schließt jede Einseitigkeit aus. Wollte man beispielsweise die Fortdauer nur des leiblichen Bestehens als Zweck hinstellen, so gäbe das eine Menge von Verwirrungen. Alles andere müßte dann wohl als Mittel angesehen werden. In dem bürgerlichen

162) Ein überaus wichtiger, namentlich für Erziehung und Unterricht bedeutungsvoller Gedanke.

163) Schon alle Arbeit an der Natur, wenn sie auf lange Reihen geht, zeigt Wirkung des Gattungslebens. C 53—54. 164) C 50.

165) Gerade bei diesem Zweige der Selbstthätigkeit in der Richtung auf die Naturbeherrschung zeige sich am deutlichsten, wie weit die Entwicklung gediehen ist, meint Schl.; gerade hier werde das ganze Verhältnis am allerbestimmtesten klar. Wie wir von Anfang an unterscheiden können zwischen menschlichen Massen, in denen der Entwicklungsexponent gering, und anderen, wo er stärker sei, so bleibe die Einseitigkeit oder die Indifferenz zwischen beiden Richtungen, so lange sie sich nicht berühren, fast bestehen. In denjenigen Massen, wo die Entwicklung größer sei, bilde sich von selbst jener ganze Proceß, die Indifferenz höre auf, und es entstehe das rechte gegenseitige Verhältnis zwischen der Naturbeherrschung und dem Erkennen. Was nun aber weiter geschehen müsse, sei, daß beide Massen mit einander in Berührung kommen. Dies gehe zuweilen von den in die Indifferenz versenkten Massen aus, weil sie durch das Bedürfnis getrieben werden, oder aber von jenen vermöge des gegenseitigen Verhältnisses zwischen Naturbeherrschung und Erkennen, inwiefern dieses nicht allein auf Natur-, sondern auch auf Menschenentdeckung gerichtet sei. Dieser Proceß mache alle Stufen durch, indem er zuerst instinktartig auftrete und dann mehr und mehr sich zu der klaren Aufgabe gestalte, alles menschliche Leben in die Circulation des geistigen Lebens aufzunehmen. (Vergl. F. S. 259 u. 260.) 166) F. S. 260. 167) A 45, B 35—36, C 60 u. 61, F. S. 261—266.

Leben erscheint dieser Ansicht zuweilen Grundsatz dazu zu sein, die es leiten; denn sie gebrauchen das, was den Leib befriedigt, häufig als Reizmittel, geistige Functionen in lebhaften Schwunge zu erhalten. Wer aber auf diesem Standpunkte steht, der sieht dann notgedrungen auch die Richtung auf das Physische als Sitz der Freiheit an. Und das ist nach unserer Meinung eine große Thorheit. Will man den Selbsterhaltungstrieb in seiner Entwicklung kennen lernen, so ist auf den Anfang des Einzeldaseins zurückzugehen. Der Anfang des Daseins selbst kann natürlich nicht auf den Selbsterhaltungstrieb des Einzelnen zurückgeführt werden; dagegen giebt es vom Anfange des Lebens an keinen Punkt in der Entwicklung, wo dieser Trieb nicht wirksam wäre; ja die ganze Art, wie die Lebensfunctionen sich entwickeln, scheint nur eine fortgesetzte Aussage darüber zu sein, dafs und als was das Einzelwesen fortbestehen will[168]). Das berechtigt zu der Annahme, diese Richtung müsse im Anfange selbst schon vorhanden gewesen sein. Denn wie sollte sie entstehen können auf einer Stufe, wo der Mensch noch nicht entfernt ein Bewußtsein davon haben kann, worauf er seine Thätigkeit richtet? Und muß der Mensch denn nicht schon etwas sein, wenn er wollen soll? Auch ist die Annahme einer rein zufälligen, willkürlichen Entwicklung eine große Ungereimtheit. Da könnte ja derselbe Mensch morgen ein anderer sein als heute, und alle Continuität des Daseins wäre bloßer Schein. Oder glaubt denn nicht jeder in gewissem Sinne auf den anderen rechnen zu können? — Es wird auch nicht angehen, die Entwicklung lediglich von äußeren Einflüssen abhängig zu denken[169]). Die Auffassungsweise des einen ist erfahrungsmäßig nicht die des anderen. Die Consequenz aber erfordert es, daß auch sie eine Wirkung der Einflüsse von außen sein müßte. Dann aber befände sich der Mensch im Zustande vollständiger Passivität, und es wäre nicht abzusehen, wie er aus ihr sollte herauskommen. Woher in solchem Falle auch die Differenzen, die ja zum Teil mit dem Organismus selbst gegeben sind? Zeichen hat dieser selbst eine Seite, wo er für das psychische Subjekt ein Äußeres ist. Da hätte man lediglich zu einer Freiheit, die den Organismus zum Sitze und das Psychische als Mechanismus hätte. Das aber widerstreitet doch so sehr der Art, wie Menschen einander ansehen und behandeln, daß niemand in der besprochenen Ansicht eine zutreffende Darstellung seiner eigenen Entwicklung erblicken dürfte. — Eine dritte Auffassung setzt zwar im Menschen die Anlage zu etwas Bestimmtem voraus, schreibt ihm jedoch nur so viel Freiheit zu, als nötig erscheint, um das von der Natur Veranlagte durch Selbstbestimmung wieder aufzuheben. Die Freiheit ist in diesem Falle nichts anderes als Willkür an sich selbst. Da wir jedoch die Menschen beständig in der Zumutung zu dem finden, was sie sind, so erfährt auch sie durch die Erfahrung keinerlei Bestätigung. Denn wenn es schon zuweilen aussieht, als ob „der innere Conflict" der Entwicklung von außen unterdrückt sei, er befreit sich doch bald wieder, und die ursprünglich angelegte Richtung kommt plötzlich kräftiger zur Geltung als zuvor. Wie und woher freilich die Richtung auf Selbsterhaltung in den Einzelnen kommt, das zu bestimmen würde die gezogenen Grenzen dieser Untersuchung überschreiten. Doch liegt in der Thatsache, daß der Anfang des Einzeldaseins Sache der Gattung ist, ein Hinweis darauf, daß auch der Selbsterhaltungstrieb des Einzelnen auf die Gattung zurückzuführen ist. Jedenfalls läßt sich nicht sagen, daß die Freiheit des persönlichen Willens für aufgehoben erklärt ist, wenn die Naturanlage des Menschen für determiniert angesehen wird. Denn das Feld ihrer Bethätigung ist das große Gebiet, das zwischen „selbstischem" und „gattungsförderndem" Handeln sich ausbreitet. Je weniger der Einzelne in seinem Thun dem Zufalle Raum gewährt, je fester und folgerichtiger er den Willen der sittlichen Gesamtheit in seinem eigenen aufnimmt und, was an ihm liegt, verwirklicht, um so freier ist er[170]). Auch darüber, ob die Festlegung der Kraft, die der Geist als Seele zeigt, abhängt vom individuellen Wollen, oder ob sie etwa das Ergebnis eines Actes in einer möglichen Praeexistenz der Seele sei, kann an dieser Stelle eine Entscheidung nicht getroffen werden. Hier haben wir es

168) Vergl. namentlich F. S. 222.

169) Siehe die Ausführungen in Anm. 46.

170) Vergl. auch S. 14.

lediglich mit der Thatsächlichkeit der verschiedenen Grade des Selbsterhaltungstriebes zu thun, und die sind merkwürdig genug. Während die Stärke bei dem einen gleich Null, ja ein Minus ist, verraten andere Menschen eine Anhänglichkeit dem Leben gegenüber, die nahe an beständige Todesfurcht streift. Dazwischen aber liegt eine so große Zahl von Differenzen, daß es schwer hält, sich ein zutreffendes Bild davon zu machen. Die richtige Ansicht hierüber kann sich wieder nur bilden, wenn das Verhältnis zwischen dem Selbstbewußtsein und dem Gattungsbewußtsein ins Auge gefaßt wird. Es ist wahr, daß die Gleichgültigkeit gegen die Gefahr darin begründet sein kann, daß dem Einzelnen die nötige Beweglichkeit des Vorstellungslebens abgeht, m. a. W., daß er von der Gefahr ein eigentliches Wissen nicht hat; nun, in diesem Falle läßt sich von Tapferkeit als einer Eigenschaft des Wollens überhaupt nicht sprechen. Auch giebt es Menschen, ja ganze Stämme, bei denen der persönliche Selbsterhaltungstrieb so schwach ist, daß, wenn bei Bedrohung des Gesamtlebens, in dem sie begriffen sind, in ihnen Todesverachtung zutage tritt, diese häufig den Anschein des Instinctartigen gewinnt. Die Form der eigentlichen Tapferkeit dagegen zeigt der Wille erst da, wo Selbstbewußtsein und Gattungsbewußtsein in deutlichem Gegensatze zu einander entwickelt sind. Hier, wo auf der einen Seite der Wert des Einzellebens voll geschätzt und auf der anderen die hohe Bedeutung der Gemeinschaft klar erkannt ist, wird stets ein innerer Kampf entbrennen, sobald die Erhaltung oder Förderung des Gesamtlebens Anstrengungen erfordert, die mit Gefahren für das Einzelleben verbunden sind. Siegt in solchem Falle das persönliche Bewußtsein über das Gattungsbewußtsein, so halten wir das mit Recht für einen sittlichen Mangel. Und doch ist ein Fall denkbar, in dem es für den Einzelnen geradezu heilige Pflicht ist, sich für die Gesamtheit zu erhalten. Wenn ein Mann, der den Beruf in sich fühlt, einer Gesamtheit Ziel und Wege zu zeigen, in einer Zeit, da dergleichen Impulse von ihm zum Heile des Ganzen sich verbreiten sollen, in Gefahr gerät, sein Leben zu verlieren, so ist die Pflicht, sich zu erhalten, für ihn größer als die, sein Leben im Dienste der Gesamtheit, die sein noch dringend bedarf, dahinzugeben. Ist freilich seine Bedeutung nur eine eingebildete, so kann die Vorsicht leicht Deckmantel der Feigheit sein. Und treibt jemand mit der Gefährdung seines Lebens gar Ostentation, so muß, weil das Persönliche in ihm in ganz unstatthafter Weise mächtig ist, seine Todesverachtung als ein Schein betrachtet werden, der andere blenden soll. Gerade solche Leute versagen meist in der Stunde wirklicher Gefahr, und warum? Weil, sobald eine Gemeinschaft in Not gerät, dem Einzelnen die Aufmerksamkeit nur in geringem Maße zugewandt ist und deshalb für diesen das Motiv der Eitelkeit zu wirken aufhört. — Selten, sehr selten wird es sich ereignen, daß, damit der Zweck der Gesamtheit erreicht werde, der Einzelne seinem Leben ein Ende machen muß. Tritt der Fall doch ein, so hält es wenigstens immer sehr schwer, den zwingenden Grund dafür nachzuweisen. Mit diesen Erörterungen nun steht die Untersuchung bereits in einem Gebiete, das zu den dunkelsten und bedeutungsvollsten der ganzen Psychologie gehört: dem Gebiete des Selbstmordes. In ihm offenbart sich ein Minus von Selbsterhaltungstrieb, das wir gar nicht anders als in Verbindung mit den Vorstellungen werden besprechen können, die sich in der Menschheit fast überall von der Fortdauer des persönlichen Einzellebens nach dem Tode gebildet haben. Doch handelt es sich dabei nicht sowohl um die Wahrheit derselben, als vielmehr um ihre Thatsächlichkeit; die müssen wir nun aus dem natürlichen Zusammenhange des Lebens zu verstehen suchen. Derartige Vorstellungen gehen unstreitig aus dem Bestreben hervor, das Dasein über die Grenzen des irdischen Lebens hinaus fortzusetzen, und können sonach als „Producte des Selbsterhaltungstriebes" bezeichnet werden. Hinsichtlich ihres Inhaltes unterscheiden sie sich bedeutend von einander. Er hängt wesentlich davon ab, ob die Auffassung des Lebensgehaltes eine mehr sinnliche oder eine mehr geistige ist. Die mehr sinnliche klammert sich so sehr an den Zusammenhang des Daseins mit der es umgebenden Welt, als daß eine Existenz, die aus diesem Zusammenhange gerissen ist, „etwas mehr sein könnte als eine verworrene Erinnerung in der Analogie mit dem Traum"; während die mehr geistige weit unabhängiger vom Leiblichen und seinen Erscheinungsformen ist als jene und demnoch leichter zur Vorstellung einer weiteren geistigen Vervollkommnung im „Jenseits“ gelangt. Eigentümlich ist nun, daß Vorstellungen der letzteren Art überwiegend von religiöser Überlieferung ausgehen oder doch von ihr begleitet sind; und da im Religiösen die höchsten Offenbarungen des subjectiven Bewußtseins gegeben erscheinen, so darf geschlossen werden, daß eine Gesamtheit, in der Vorstellungen über die geistige Fortdauer des Einzellebens nicht in das Bewußtsein aufgenommen sind, geistig auf einer niedrigen Stufe steht; denn sie ist irgend welcher Combination dessen, was nicht unmittelbar vor den Augen steht, unfähig. Andererseits läßt sich nicht leugnen, daß die höhere geistige Ausbildung häufig in einen Skepticismus hineintreibt, der schließlich auch zu einer Leere führt, die vor der auf niedrigen Stufen herrschenden nichts voraus hat. Zwar meint er für sich einen höheren sittlichen Wert beanspruchen zu dürfen; denn es sei von ihm um nicht im geringsten erschwert, das einzelne Leben für das Ganze hinzugeben, weil die Richtung auf ein künftiges Dasein für den Skeptiker nicht in Betracht komme. Allein die Reinheit der Willensbestimmung, die hierbei in Frage steht, läßt sich auch ganz unabhängig von dergleichen Skepsis darstellen, ja im Grunde weit besser, als es von ihr aus möglich ist. Dagegen ist offenbar, daß solche Zweifelsucht leicht dazu führen, das irdische Leben, sobald es anfängt, einigermaßen beschwerlich zu werden, mit eigener Hand zu endigen; während der Glaube, der ein notwendiges Band annimmt zwischen den freien Handlungen des Menschen und der weiteren Entwicklung seines Daseins nach dem Tode, vom Selbstmorde abhält. Doch ist es hier nicht die Überzeugung von der Fortsetzung des Lebens an sich, auf der die Entscheidung beruht, sondern die Beschaffenheit dieser Vorstellungen. — Welche Motive treiben uns gewöhnlich zum Selbstmorde? Es kann sich hier nicht darum handeln, sie alle aufzuzählen, sondern nur diejenigen Formen ins Auge zu fassen, die auf der rein persönlichen Seite des Selbsterhaltungstriebes liegen. Auch die jedoch sind noch so zahlreich und verschieden, daß nur zwei davon, weil sie gewissermaßen als Typen für eine große Anzahl gelten können, besonders mögen herausgegriffen werden. Im ersten Falle handelt es sich um Menschen, die so in einen einzelnen Moment verstrickt sind, daß sie alles andere darüber vergessen. Dieser Moment kann von einer Beschaffenheit sein, daß er als unerträglich empfunden wird. Ihn zu beseitigen, ist daher das einzige Ziel, das ins Wollen tritt und darum mit der Stärke eines Naturtriebes wirkt. An die Beendigung des Lebens selbst und das, was damit im Zusammenhange steht, hat der Selbstmörder dieser Art vielleicht gar nicht gedacht, indem er Hand an sich legte. Im zweiten Falle liegt die Wurzel des Lebensüberdrusses in einem Verhältnis, das sich zwischen dem Subjecte und einem Teile dessen, was im Umkreise seiner Erfahrung liegt, gebildet hat. Dieses Verhältnis kann so mächtig werden, daß die Functionen des Geistes, die sich ihm zuwenden, die Form einer Neigung, einer heftigen Leidenschaft annehmen und alle anderen sich dienstbar machen. Aus der Neigung entwickelt sich dann ein starker Trieb, um auch das reale Leben dem geistigen Verhältnisse entsprechend zu gestalten. Da türmen sich plötzlich Hindernisse auf, deren Hinwegräumung als unmöglich erkannt wird, und so erscheint auch hier das Leben — aber diesmal im Ausblicke in die Zukunft — unerträglich. Sobald in solcher Lage auch nur ein Strahl von Hoffnung noch bleibt, wird es gewiß nicht zum Selbstmorde kommen, im entgegengesetzten Falle jedoch sicher, wenn nicht Motive schwerwiegender Art, etwa religiöse, zur rechten Zeit anhaltend, tröstend und ablenkend einwirken.

Mit diesen Erörterungen ist unsere Untersuchung nahe an die Grenze gekommen, wo Zustände krankhafter Art beginnen, und daß solche oft sehr starke Beweggründe zur Abkürzung des Lebens sein können, leuchtet ohne weiteres ein. Nebenbei gleichgültig ist dabei, ob die Störungen physisch oder psychisch verursacht sind. Die Möglichkeit ist von beiden Seiten her unzweifelhaft vorhanden und meist darin gegeben, daß irgend eine Function so kräftig entwickelt ist, daß sie die Entwicklung der Gesamtheit hindert oder geradezu unterbricht. Das richtig zu beurteilen aber wird niemand imstande sein, der nicht vorher das normale Verhältnis der verschiedenen geistigen Functionen zu der Einheit des geistigen Seins überhaupt kennen gelernt hat. Und damit soll sich, wie oben festgestellt wurde, der II. Hauptteil der Psychologie beschäftigen, zu dem darum nunmehr fortgegangen werden mag.

B.

Constructiver Teil[171]).

Indem der Selbsterhaltungstrieb erklärt wurde als die lebendige Richtung des Subjects darauf, fortzubestehen als das, was es ist, berührte die Betrachtung schon die Beziehung der Selbstthätigkeit als Einheit auf die Gesamtheit der übrigen Functionen. Diese einzeln zu untersuchen und ihrem Wesen nach zu schildern, war die Aufgabe des I. Teiles. Ihr Zusammensein unter dem Typus des Individuums aufzuzeigen, ist Gegenstand des zweiten. Da nun aber kein Einzelwesen dem anderen völlig gleich ist, so fällt die Aufgabe zusammen mit der, die Grundtypen der „Persönlichkeiten als Inbegriff der Möglichkeit der menschlichen Gattung“[172]) aufzusuchen und zu beschreiben. Wir nennen sie kurz „Differenzen“. Da sie zum Teil auf der zeitlichen Form des Zusammenseins des Geistes mit dem leiblichen Organismus beruhen, so wird überall mit diesem Zusammensein begonnen werden müssen. Letztes Ziel jedoch bleibt, das Individuum als solches zu verstehen. Individuen sind nun sowohl die einzelnen Persönlichkeiten wie diejenigen Massen, die einen einheitlichen Charakter aufweisen. Beide thunlichst im Zusammenhange mit einander zu betrachten, ist dringend geboten; denn wie man kein Volk und dessen Charakter bestimmen kann, ohne die Menge der Persönlichkeiten, aus denen es besteht, im Auge zu behalten, so versteht man auch den Einzelnen nicht, wenn man ihn nicht auf das große Ganze, dem er angehört, und auf dessen eigentümliche Entwicklung bezieht. Wir behandeln von den

Differenzen der Einzelwesen

zuvörderst die

Geschlechtsdifferenz[173]).

Sie hängt zusammen mit dem Selbsterhaltungstriebe. Ohne die Function des Geschlechtstriebes wäre die Erhaltung der Gattung eine Unmöglichkeit. Daß die Differenz der Geschlechter physiologisch begründet ist, hat daher noch niemand bezweifelt. Weniger sicher ist, ob die Verschiedenheit von Anfang an auch als psychische auftritt. Da es unmöglich zu sein scheint, bis zur ursprünglichen Einheit eines Menschen durchzudringen, wird schwerlich eine bestimmte Entscheidung darüber getroffen werden können. Füglich läßt sie sich auch entbehren, wo es wie hier hauptsächlich darauf ankommt, das Thatsächliche festzustellen. Da zeigen sich denn vor allem zwei durchgreifende Unterschiede. Die Stärke der Frauen liegt in der Receptivität, die der Männer in der Spontaneität. Bei den Frauen herrscht das subjective Bewußtsein, bei den Männern das objective. Combiniert man beide Differenzen, so wird man nahezu alle Unterschiede zwischen den Geschlechtern hinreichend erklären können. Die Reception vermittelst des Gefühls, die sonach dem weiblichen Geschlechte in hohem Grade zugesprochen werden muß, verleiht diesem eine Virtuosität, eine Stärke und Richtigkeit der Auffassung, die in Erstaunen setzt und unleugbar zu seinen Vorzügen gehört. Besonders kommt das zur Geltung, wo es sich um Gewinnung rascher und sicherer Menschenkenntnis handelt. „Den Menschen als Einzelnen zu ergreifen, ein bestimmtes Urteil über ihn zu fassen, was er in dieser Beziehung sein oder thun wird, darin haben sie — die Frauen — etwas, was man nicht oft bei Männern antrifft“[174]). Infolgedessen wenden sie auch allem, was mit dem Religiösen zusammenhängt, die tiefste Teilnahme zu. Nach dieser Seite zeigt ihr ganzes Leben in den meisten Fällen eine Bestimmtheit, wie sie von Männern höchst selten erreicht wird. So stehen sie also dem Gattungsbewußtsein der Menschheit nicht minder nahe als die Männer, nur nicht wie

171) A 62—75, B 59—68, C 67—64, Γ. S. 237—[illegible].
172) B 68. 173) A 68 u. 69, B 60 u. 61, C 63 u. 64, Γ. S. 290—291. 174) Γ. S. 290.

diese vermittelst des objectiven, sondern vermittelst des subjectiven Bewußtseins. Alle Thätigkeiten und Bestrebungen, die im Gebiete des objectiven vorkommen, liegen ihnen fern. Daher spielen sie in der Wissenschaft eine recht untergeordnete Rolle, und nicht viel besser ist es hinsichtlich der Kunst. Einige Frauen allerdings haben sich auf diesem Gebiete hervorgethan, aber auch sie nur durch ihre Technik in der Nachbildung. Auffällig, aber nichtsdestoweniger charakteristisch ist auch ihre Neigung zu Portraits in der Malerei und zum Romane in der Poesie[175]; denn sie verräth deutlich ihren Mangel an Sinn für das Allgemeine, Große, ihre Vorliebe für das Individuelle, Kleine[176]. Hieraus erklärt sich zum Teil auch die Richtung ihrer Spontaneität, die dem öffentlichen Leben ab- und dem häuslichen zugewandt ist. Ihr Berufskreis ist die Familie. Im Empfangen und Gebären, in der Erziehung der Jugend, in der Besorgung der hundert Kleinigkeiten des Haushaltes geht das Weib ganz auf. Mit dem öffentlichen Leben dagegen steht es nur in Beziehung, sofern der Hausvater davon berührt wird. Um auf diesem Gebiete eine Rolle spielen zu können, fehlt es den Frauen so ziemlich an allem, was dazu gehört, namentlich an Einsicht und Kraft. Schon von der physischen Seite her sind sie hier im Nachteile. Sie empfangen und gebären und sind in dem dazwischen liegenden Zeitraume nicht fähig noch gewillt, öffentlich aufzutreten und zu wirken. Ist aber ihre Entwicklung so weit vorgeschritten, daß sie nicht mehr gebären können, so ist auch der Höhepunkt ihres Lebens vorüber und ihre Kraft geschwächt. Auf geistigem Gebiete mangelt es ihnen in dieser Richtung vor allem an der Stärke und Klarheit der Denkthätigkeit, die die Männer befähigt, aus verwickelten Verhältnissen das Wesentliche herauszufinden, über der Menge von Einzelheiten das Allgemeine, über dem Naheliegenden die weiten Ziele nicht aus den Augen zu verlieren. Auch geht ihnen jene todverachtende, edle Tapferkeit ab, die der beweisen muß, der berufen ist, dem Leben der Gesamtheit Impulse zu dauernder Bewegung einzuflößen[177]. Trotzdem steht auch dem weiblichen Geschlechte eine Einwirkung auf das öffentliche Leben zu Gebote, die bedeutsam genug ist. Sie ist gegeben einmal in der Einwirkung auf den Neugeborenen, dessen erste Entwicklung durch den Einfluß der Mutter bedingt wird, einen Einfluß, der oft der ganzen späteren Entfaltung des Individuums Richtung und Wert verleiht; zum andern in ihrer Erziehung der Knaben und Mädchen zu künftigen Männern und Frauen. Es ist kein Grund vorhanden, dem einen Geschlechte quantitativ den Vorrang vor dem anderen zuzusprechen. Aber auch qualitativ behauptet das Weib seine Freiheit und Selbständigkeit, ja seine Vorherrschaft auf dem ihm eigentümlichen Gebiete durchaus. Wie hoch demnach das männliche Geschlecht hinsichtlich seiner leiblichen Organisation, an Mut und Ausdauer, an Denk- und Willenskraft über dem weiblichen stehen und darum befähigt wie berufen sein mag, im öffentlichen Leben die leitende Rolle zu spielen: vom großen geschichtlichen Standpunkte aus kann kein Geschlecht über das andere gestellt werden. Ihr Einfluß auf die Entwicklung der Menschheit ist

175) Im Drama dagegen, wo es auf eine schärfere Einheit ankommt, wo die Begebenheiten als ein Zusammenwirken ethischer Kräfte erscheinen, stehen sie zurück, wiederum aus dem Grunde, daß sie vorzugsweise das Individuelle, nicht aber das Allgemeine auffassen (Anm. zu A 69). Auch hat es noch keine Frau gegeben, „die eine philosophische Schule gebildet oder ein neues Gebiet der Kunst zuerst gefördert hätte". Werden Frauen ausgezeichnet, so geschieht es in der Regel für Leistungen, für die man Männer nicht auszeichnen würde (V. S. [illegible]).

176) „Dies ist keine geistige Verengerung, denn das vollständige Weltbild hat dieselbe Dignität wie die Weltconstruction und [illegible] ist auch im Platon des Einzelnen, wenn es richtig sein soll, die ganze geistige Kraft in Thätigkeit, weil [illegible] der Teilung [illegible] entsprechenden Person vorausgesetzt werden" (C 44).

177) Es hat allerdings einige Frauen gegeben, die die öffentlichen Angelegenheiten ihrer Länder nicht ohne Ruhm geleitet haben. Allein daraus folgt nicht, daß den Frauen überhaupt ein vorzügliches Talent zum Regieren zukomme. Ausnahmen entscheiden nichts. Die leitende Rolle gebührt den Männern. (Vergl. V. S. [illegible].)

quantitativ der gleiche. „Es ist kein Geschlecht besser oder schlechter als das andere. Aber die größere Contraction der Weiber macht, daß sie sich mehr isolieren, und jede hat ihren Wert einzeln für sich. Die Männer sind zur Gemeinschaft geboren, haben ihre Haltung durch einander, und jeder zeigt am meisten, was der Einzelne kann, im Zusammensein mit anderen. Wenn wir jetzt, nachdem durch Sokrates und Christus die Gleichheit zur Anerkennung gekommen war, wieder anfangen die Weiber geringer zu achten, so kommt das daher, weil wir im größeren Bedürfnis nach öffentlichem Leben das häusliche zurückstellen; aber davor ist zu warnen"[178].

Eine zweite Differenz, die mit dem Physiologischen zusammenhängt, ist der Unterschied der

Temperamente[179].

Die ersten Beobachtungen über sie sind von Ärzten ausgegangen. Um an die Stelle des Physiologischen Psychisches zu setzen, haben dann andere Forscher die Temperamente mit Vorgängen ethischer Natur in Beziehung gebracht, sind jedoch dabei auf Abwege geraten, vor denen man sich künftig wird zu hüten haben. Denn daß in dem Temperamente eines Menschen ein gewisses ethisches Maß für dieses gegeben sei, ist entschieden in Abrede zu stellen. Gewöhnlich zählt man vier Arten dieser Bestimmtheiten: das cholerische, phlegmatische, sanguinische und melancholische. Indem unsere Untersuchung diese Vierheit bestehen läßt, übernimmt sie die Verpflichtung, sie zu rechtfertigen. Es kann das geschehen entweder durch Kritik anderer Ansichten oder durch den Nachweis des Zusammenstimmens der Vierheit mit der in unseren Darlegungen vertretenen Grundanschauung. Den letzteren Weg, weil er am meisten fördert, geht folgende Betrachtung.

Der Verlauf des Einzellebens besteht in einer Reihe successiver Momente, die sich unterscheiden in der Art, wie die Thätigkeiten in der Einheit des Moments auf einander bezogen und durch einander bedingt sind[180]. Durch die Reihe dieser discreten Momente geht als Gleichbleibendes das „Ich-setzen". Soll nun eine constante Differenz der einzelnen Persönlichkeiten gedacht werden, so ist eine der Hauptthätigkeiten als vorherrschende anzunehmen, also entweder die Receptivität oder die Spontaneität. Danach ergiebt sich eine Zweiteilung der Einzelwesen[181]. Dann gesellt sich ein anderer Gegensatz, der darin liegt, daß die Auflösung der einzelnen Momente und ihre Verwandlung in andere schnell oder langsam vor sich geht. „Wenn man in einer Zeitgröße die Momente in großer Menge auf einander folgen und deshalb auch kleiner sind als Quantum betrachtet, so ist das die eine Bestimmtheit; wenn im Gegenteil die Bewegung als eine langsame erscheint, aber deswegen jeder Moment einen größeren Inhalt hat, so ist das die entgegengesetzte Bestimmtheit"[182]. Sind die Unterschiede durchgehend fürs Leben, so hat man auch hier eine Zweiteilung. Wird diese mit jener combiniert, so ergeben sich vier Fälle, nämlich: eine Bestimmtheit der Receptivität durch die Spontaneität und eine Bestimmtheit der Spontaneität durch die Receptivität, ein Verlauf des Lebens in großen Momenten und ein Verlauf des Lebens in kleinen Momenten[183]. Da nun an und für sich weder Spontaneität noch Receptivität an die eine oder die andere Zeitform gebunden ist, so kann es große und kleine Momente der Spontaneität, sowie große und kleine Momente der Receptivität geben. Von da aus ist somit die Möglichkeit einer Temperamentsvierheit ausgesprochen, zumal sie noch eine wesentliche Stütze im Physiologischen durch den schnelleren oder

178) A 56. 179) A 55—66, V. S. [illegible]. 180) V. S. [illegible].

181) Soll eine gleichbleibende Differenz der einzelnen Persönlichkeiten vorgestellt werden, so muß die Unterordnung der einen unter die andere das normale Verhältnis sein. Herrscht aber der Wechsel, so ist eine constante Verschiedenheit natürlich nicht anzunehmen. Vergl. V. S. [illegible] u. [illegible].

182) V. S. [illegible]. Auch hier kann der Wechsel die constante Bestimmtheit vernichten, „indem z. B. die langsame Aufeinanderfolge größerer Momente durch eine Menge kleinerer unterbrochen wird". Dergleichen Individuen sind dann schwer zu charakterisieren. 183) V. S. [illegible].

[illegible] Verlauf der Leibesbewegungen erhält, die man ja wie bekannt in willkürliche und unwillkürliche teilt, je nachdem das Verhältnis der Seele zu ihnen mehr durch die Spontaneität oder mehr durch die Receptivität bestimmt erscheint. Dieser Gegensatz vermannigfaltigt sich nun z. B. im Ein- und Ausatmen[164]). Ohne indes hierauf näher einzugehen, läßt sich ungefähr Folgendes als sicher hinstellen:

1. Es giebt eine Menge von Einzelleben, bei denen die Momente der Selbstthätigkeit langsam auf einander folgen, ohne durch Lebhaftigkeit der Receptivität unterbrochen zu werden. Diesen ist phlegmatisches Temperament zuzuschreiben.

2. Andere zeigen zwar auch die Vorherrschaft der Spontaneität, doch folgen die Momente schnell hinter einander, während irgendwie auffällige Unterbrechungen durch starke Receptivität auch hier nicht vorkommen. Dergleichen Menschen sind cholerischen Temperaments. Reihen sich dagegen

3. kleine Momente der Receptivität in rascher Folge an einander, so spricht man von sanguinischem, während

4. große Momente der Receptivität, die nur langsam in einander übergehen, als charakteristisches Merkmale des melancholischen gelten.

Da beim phlegmatischen Temperamente die Receptivität der Spontaneität untergeordnet ist und die Momente einander nur sehr langsam folgen, so deutet man bei ihm leicht als Gleichgültigkeit, was wahrscheinlich nur beschränkte Receptivität ist. Allerdings im Extrem kann es bis zum Quietismus gehen und, wenn das erhöhte Bewußtsein, das den Pflichtbegriff aufschließt, nicht erwacht, den Eindruck der Faulheit machen. An und für sich aber liegt die Neigung zur Unthätigkeit nicht in ihm. Im Gegenteile: gerade eine große Ausdauer in der Thätigkeit ist ihm eigentümlich, eine Ausdauer, die in einer langen Reihe von Handlungen sich zeigt, aber allerdings nur von inneren Impulsen geleitet wird.

Beim cholerischen äußert sich die Spontaneität in kleinen Momenten, die noch nicht so im großen zusammengefaßt sind wie bei jenem, sondern mehr vereinzelt bleiben. „Der Cholerische handelt überall mehr aus der freien individuellen Conception, ist daher auch der Begeisterung weit mehr fähig. Aber leicht haben auch alle seine großen praktischen Constructionen einen egoistischen Anstrich"[165]). Es rührt dies daher, daß die Affectionen, die seitens des Subjects unter dem Gegensatze des Angenehmen und Unangenehmen befaßt werden, beim cholerischen Temperamente rasch in Selbstthätigkeit übergehen. Gleichwohl ist es falsch, dasselbe als eine wesentliche Eigenschaft aufkommenden Zorn zuzuschreiben; die Reaction auf unangenehme Eindrücke fällt nur mehr ins Auge als die auf angenehme. Was dem cholerischen Temperamente als solchem indes immer eigentümlich bleiben wird, ist reale Selbstthätigkeit verbunden mit schnellem Wechsel.

Den direkten Gegensatz dazu bildet das melancholische. Receptivität in großen Momenten verleiht ihm das charakteristische Gepräge. Mag die Affection eine angenehme oder unangenehme sein: immer wird es sich darin offenbaren, daß die eine eine ganze Reihe kleiner Momente bestimmt, die alle denselben Typus aufweisen, d. h.: Der Melancholische wird auf längere Zeit hinaus von seiner Stimmung beherrscht. Daß man ihm eine Neigung zum Trübsinn zuschreibt, ist wohl wiederum nur in dem Umstande begründet, daß auf traurige Stimmungen im Leben mehr geachtet wird als auf heitere. Jedenfalls können Menschen melancholischen Temperaments oft lange Zeit hindurch ungetrübt fröhlich sein.

Der Sanguiniker endlich zeigt einen auffälligen Mangel an Stimmung. Die Eindrücke gehen bei ihm nicht tief und beeinflussen andere Momente nur in geringem Grade, haben also keine bedeutende Nachwirkung. Man beobachtet daher eine gewisse Leichtfertigkeit, ja Flüchtigkeit an ihm,

164) F. S. 266 u. 267. 165) A 94.

nicht ihn, weil die angenehmen Affectionen auch am ehesten haften, meist heiter und jedenfalls stets empfänglich für Neues, Fremdes. Das alles aber erklärt sich aus der Receptivität in kleinen Momenten, die ihm zukommt. — Indem so die vier Temperamente einzeln neben einander gestellt worden sind, soll nicht gesagt sein, daß sie im Leben auch wirklich in voller Reinheit vorkommen. Das ist schon deshalb nicht möglich, weil weder Spontaneität noch Receptivität jemals gleich Null sein können, vielmehr alles Leben auf dem Zusammenwirken beider beruht. Auch ist die natürliche Folge bei demselben Individuum nicht selten eine verschiedene, je nach der Lebenslage und dem Lebensalter. „Daß aber in jeder Seele etwas von allen Temperamenten sein müsse, können wir nicht sagen, sondern wenn wir in jedem Receptivität und Spontaneität als unabhängig setzen, müssen wir sagen, jedes Temperament der einen Klasse könne verbunden sein mit jedem der anderen, nicht aber mit seinem coordinierten, weil keine Form auf zwei entgegengesetzte Arten bestimmt sein kann"[166]). Das rein ausgeprägte Temperament, welches es immer sein möchte, würde gewiß im Leben stets als Einseitigkeit, ja als Krankheit erscheinen. Der ausgleichende Einfluß des Zusammenlebens mit anderen Menschen, besonders mit solchen verschiedener Lebensalter und verschiedenen Temperaments, wirkt, wie auf allen Gebieten, so auch hier wahrhaft fördernd und heilsam. Darum darf man, wenn wirklich von tieferem Eindringen in das Wesen des Individuums soll die Rede sein können, dieses niemals anders als in seiner Beziehung zu der Gesamtheit, in der es steht, auffassen und beurteilen, und zwar ist das um so notwendiger, als fast jede Gemeinschaft ihr besonderes psychisches Gepräge hat. Spricht man doch geradezu von Familien-, ja von Nationaltemperamenten, und gewiß mit Recht. Gemeinheiten, in denen es an einem gemeinsamen Naturtypus fehlt, sind nicht natürlich, sondern künstlich zusammengehalten. Steht es mit einem Volke so, daß ihm der nationale Typus verloren gegangen ist, dann ist es derartig „compromittiert", daß es sich gar nicht wird erhalten können[167]). Andererseits droht, wenn das Nationaltemperament in dem Maße herrscht, daß sich in den Einzelnen nur wenig Verschiedenheiten vorfinden, das auf einen Zustand, der dem Einzelnen so geringe Freiheit läßt, daß das Eigenartige in ihm wie erdrückt erscheint. Und doch kann die unerläßliche individuelle Ausgestaltung des Gemeinlebens lediglich da platzgreifen, wo neben dem Nationalen das Persönliche zur Geltung kommt. Die vollkommenste Naturentwicklung des psychischen Lebens wird eben nur eintreten, wenn „ein gemeinsames Temperament in einer gewissen Größe besteht, aber nicht so einseitig bestimmt, daß nicht die Individuen ihre Entwicklung für sich haben könnten"[168]). Kurz: Persönliches und Nationales müssen sich einander ergänzend und fördernd durchdringen.

Betrachtet man den vorliegenden Gegenstand schließlich noch aus dem Gesichtspunkte der Geschlechtsdifferenz, so ergiebt sich, daß im männlichen Geschlechte, dessen Stärke, wie wir sahen, in der Spontaneität liegt, das phlegmatische und das cholerische, im weiblichen hingegen das melancholische und das sanguinische Temperament die vorherrschenden sein müssen, was jedoch nicht ausschließt, daß bei der verhältnismäßigen Freiheit des Geschlechtscharakters Überschreitungen der Grenzen vorkommen. Erscheint indessen das Geschlechtstemperament ganz zurückgedrängt, so ist das als krankhafter Zustand anzusehen, der mit allen Mitteln bekämpft werden muß. Denn wesentliche Naturbestimmtheiten lassen sich niemals ungestraft unterdrücken[169]). Im allgemeinen aber sorgt die natürliche Entwicklung selbst für den notwendigen Ausgleich. Der eine ergänzt den

166) A 93.

167) Wenn aber ein Volk darnach strebt, seine Rasse rein zu erhalten, so ist das psychologisch begründet.

168) F. S. 310.

169) „Eine überwiegend cholerische oder phlegmatische Frau ist auf eine unangenehme Art männlich, so wie ein sanguinischer oder melancholischer Mann weiblich ist" (A 97).

Mangel des andern, und in der Totalität der Gattung stellt sich dadurch das Gleichgewicht her. Für jeden freilich gilt, daß er so weit wie möglich den Forderungen des Ganzen entgegen komme[190]). Nur dadurch wird er dahin gelangen, daß man mit Recht ihn nennen kann einen sittlichen

Charakter[189]).

Was meint man wohl mit diesem Ausdrucke? Wie überall die Gebrauchsweise schwankt, wenn Worte aus dem gemeinen Leben in die Wissenschaft aufgenommen werden, so auch hier. Manche erkennen nur „einen" Charakter an, andere eine Mehrheit von möglichen Charakteren. Einige wollen vor allem den Zusammenhang mit dem Temperamente festgehalten wissen. Eins aber verlangen alle: „Constanz". Wo sich Abhängigkeit von veränderlichen Impulsen zeigt, da ist Charakterlosigkeit. Wer dagegen in der Entwicklung seines Thuns sich selbst als Einheit festhält, die verschiedenen Momente seines Lebens in ein solches Verhältnis setzt, daß der frühere durch den späteren bestätigt wird und dieser in jenem seine Vorbereitung findet; wer so Vergangenheit, Gegenwart und Zukunft in seiner Lebensführung nicht auseinandertreten, sondern zusammenstimmen läßt: der erfüllt die formalen Bedingungen, die an einen „Charakter" zu stellen sind. Aber auch nur diese; denn es kann dabei vorkommen, daß „die totale Richtung des Einzelnen der Gesammtheit entgegengesetzt ist"[191]). Sittlichen Charakter, d. h. Charakter im engeren Sinne, wird man jedoch nur dem zuschreiben können, bei dem in das persönliche Bewußtsein das der Gattung aufgenommen ist. Würde z. B. jemand lediglich von seinem Temperamente bestimmt, so läge das Constante in der natürlichen Veranlagung, die Macht des Gattungsbewußtseins aber, die gerade das Correctiv für die Einseitigkeit der natürlichen Triebe sein soll, wäre gleich Null; man dürfte also bei ihm trotz der Reinheit des Temperamentes von Charakterlosigkeit reden. Nennen wir nun das Gattungsbewußtsein im Vergleiche mit dem individuellen das „höhere", so läßt sich Charakter auch erklären als „die constante Weise, wie sich in der Entwicklung des erhöhten Bewußtseins das Verhältnis dieses zu dem persönlichen Bewußtsein gestaltet"[192]). Die Hauptsache also ist, daß die Impulse sittlicher Natur rein und kräftig wirken, um das Leben einheitlich und folgerichtig nach ihnen zu gestalten. Zu entlehnen aber sind sie dem Leben der Gesammtheit, von dem freilich auch gefordert werden muß, daß es Charakter habe, und es hat ihn, wenn es von der Idee durchdrungen ist und sich leiten läßt, daß es an seinem Teile, will sagen: nach Maßgabe der ihm eigentümlichen nationalen Bestimmtheit dazu beitrage, die Aufgabe des menschlichen Geistes überhaupt zu erfüllen[193]). In der Verwirklichung der Idee freilich zeigt sich je nach Temperament, Neigung, Umgebung und sonstigen Verhältnissen die größeste Mannigfaltigkeit bei den Individuen und zwar Einzelnen wie Massen, sodaß man mit Rücksicht darauf trotz der Einheit des Hauptimpulses sagen darf, jedes Individuum habe in dem Maße, als es Charakter hat, auch seinen eigenen[194]). Diese individuelle Gestaltung läßt sich allerdings nicht unter eine

---

190) „Ein je größerer Teil des Gesammtlebens die des Einzelnen ist, desto vollkommener ist er als Einzelwesen" (V. S. 231). 191) A 46 u. 47, V. S. 251—260. 192) V. S. 262. 193) A 46.

194) „Wenn wir uns einen Einzelnen vorstellen, welcher nicht nur sein Verhältnis zur Gesammtheit, sondern auch das Verhältnis des Momentes in der Entwicklung der Gesammtheit zur Totalität immer gegenwärtig hat, und in diesem Bewußtsein der Gesammtheit soll ebenso mitgesetzt sein das Verhältnis derselben zur Totalität des menschlichen Geschlechts, bezogen auf die Totalität der Entwicklung, so wäre dies das Vollkommenste, was wir uns denken können in dem einzelnen Moment, weil darin die Gesammtheit der Intelligenz das Bewegende und Bestimmende wäre, und niemand wird wohl leugnen können, daß dies das Absolute der Freiheit und Willenskraft wäre, das Maximum schlechthin, über welches hinaus sich nichts denken läßt" (V. S. 264).

195) Schl. wendet sich, wie wiederholt in seinen Schriften, so auch hier gegen Kant. Er verwirft dessen Unterscheidung von Sinnesart und Denkungsart. Die Überordnung sei nur daher zu erklären, daß Kant über den allgemeinen Formeln die unmittelbare Anschauung verliere. Denn die Maximen, die die

bestimmte Formel bringen. Um ihr nahe zu kommen, bietet sich nur das Hilfsmittel der Classification dar. Aber auch dieses fördert belangreiche Ergebnisse nicht zutage, da sich nur Grundsätze aufstellen lassen, die auf teilweisen Entwicklungszuständen beruhen. Übrigens erreichen bei weitem nicht alle Menschen die eigentümliche Gestaltung der Lebensführung, die wir von einem „Charakter" verlangen. Ja, kein Mensch verwirklicht das Ideal ganz. Viele aber bleiben so weit hinter ihm zurück, daß sie charakterlos genannt werden müssen. Zwischen jenem Ideale und dieser niedrigen Entwicklung aber liegt eine unendliche Reihe von Abstufungen, die als

„Wertdifferenzen"[196])

unter den Einzelnen unsere Aufmerksamkeit noch besonders verdienen.

Von ihnen soll daher jetzt die Rede sein.

Viele Menschen leben, wie es ihrem Temperamente, ihrer Stimmung, ihrer Neigung entspricht, und die Einflüsse der Gesammtheit machen sich in ihnen nur geltend, soweit sie durch Temperament, Stimmung und Neigung hindurchgegangen sind. Davon, daß der Einzelne sein Verhältnis zu dem Gesamtleben als Impuls mit in die Gestaltung seiner Lebensführung aufnehmen müsse, scheinen sie keine Ahnung zu haben oder doch nichts wissen zu wollen. Infolgedessen sind sie auch nicht imstande, irgend einen Einfluß von Belang auf die Gesammtheit auszuüben. Denn kräftige und dauernde Impulse können nur von denen ausgehen, die Charakter haben. Mit gutem Grunde sagen wir „können"; denn ob es wirklich geschieht, hängt nicht so sehr von ihnen ab als von dem Zustande der Gesammtheit. Je kleiner nämlich die Differenz zwischen den ausgezeichneten Naturen und dem Durchschnitte der Menge ist, desto geringer wird ihre Wirkung; je größer hingegen die Masse derer ist, die auf niedriger Entwicklungsstufe stehen, um so leichter werden Höherentwickelte zur Geltung kommen. Die Geschichte lehrt nun, daß in der regelmäßigen Entfaltung des Lebens der Unterschied zwischen den Einzelnen sich stetig vermindert. Wenn dann eine Stufe annähernder Gleichheit erreicht ist, so fällt es den Einzelnen gewöhnlich schwer, das frühere Verhältnis innerlich nachzubilden, um, was geschichtlich geworden ist, zu begreifen. Und doch ist es nicht anders: der Anstoß zur Fortbildung des Gesamtlebens ist gewöhnlich von Einzelpersönlichkeiten ausgegangen. Wohl in jedem Volke hat es solche Einzelne gegeben, Männer, in denen ein höheres Ziel der Gesammtheit derartig Gestalt gewann, daß sie als Einzige hoch über ihrem Volke standen und darum die Massen beherrschten. Und dergleichen Männer giebt es noch. Solch einem wird dann wohl möglich, eine ganz neue Lebensform in die Gesammtheit zu bringen, sodaß diese, wie von einem gewaltigen Sturme ergriffen, plötzlich in raschem, begeistertem Anlaufe eine Höhe erklimmt, die vorher niemand für erreichbar gehalten hätte. Die Gesammtheit, in der er wirkt, ist dann das Abbild seiner Größe, die nationale Eigentümlichkeit die Verkörperung seiner persönlichen[197]). „Einen solchen Einfluß auf die Masse auszuüben und dadurch dieselbe unter sich zu bringen, ist wirklich das Größeste, was man sich denken kann"[198]). Was wunder, daß die

---

praktische Vernunft vorschreiben könne, vermöchten das Leben nicht auszufüllen, ja sie ließen auch in ihrem Gebiete noch Wandlungen zu, die nach den Eigentümlichkeiten sich verschieden gestalten könnten. Die allgemeinen Formeln hätten hier gar nicht den Wert, den Kant ihnen beilege. Sie würden nicht rein gefunden und bestimmten nicht rein den Willen, sondern entständen erst durch die Reflexion über die Bestimmung des Willens und begleiteten den Willen. Wenn sie schon irgendwo vorausgehen erschienen, so sei es nur, weil durch das Gefühl eine Hemmung des gewöhnlichen Prozesses eintrete. Vergl. A 47.

196) A 63—64 unter der Überschrift „Stufenleiter der Vortrefflichkeit" und V. S. 230—247.

197) Wer dächte da nicht an Bismarck, den jüngsten Heros unseres Volkes, den „Urheber eines neuen Lebenstypus", der die Deutschen „zu einem wirklichen bürgerlichen Zustande zusammengefaßt" hat, den „Staatenbildner", durch den sie erst „zum Bewußtsein ihrer Zusammengehörigkeit gelangt" sind. Vergl. V. S. 232.

198) V. S. 235.

[illegible]

[illegible]

Zeitliche Differenzen der Einzelwesen.

Es ist dabei [illegible] der Wechsel von

Schlaf und Wachen[illegible])

zu besprechen.

[illegible]

Spiele[206]). Es ist bekannt, daß zur Nachtzeit alle Bewegungen der Natur vernehmlicher sind als am Tage, weil die willkürlichen aufhören. Gewisse Geräusche und Töne, die man am Tage nicht bemerkt, kommen jetzt zur Geltung. Ähnlich verhält es sich mit den Erregungen an den inneren Enden der Organe. Während sie tagsüber durch die äußeren Einwirkungen gänzlich zurückgedrängt werden, beeinflussen sie im Zustande der Ermüdung der Organisation die Seele stark und nachhaltig, unterstützt noch durch eine Menge unwillkürlicher organischer Bewegungen, wie des Blutumlaufs und anderer. Was im Wachen gänzlich verschwindet, das zaubert hier psychische Vorgänge seltsamster Gestalt hervor; man denke an das Alpdrücken und Ähnliches. Folglich ist es nicht richtig, zu sagen, daß alle Traumerscheinungen aus zurückliegenden Erinnerungen hervorgehen müssen, wenngleich zugegeben werden kann, daß unbedingt Neues niemand im Traume erlebt. Zu den Vorgängen seltsamer Art zählen namentlich das Reden im Schlafe und das Nachtwandeln. Beim Reden im Schlafe hat man es nicht mit der Äußerungsform einer eigentlichen Willensthätigkeit zu thun. Es handelt sich vielmehr um ein unwillkürliches inneres Sprechen, das zu einem äußeren nur wird, weil im gegebenen Falle die organische Miterregung eine außergewöhnlich starke ist. Ähnlichem begegnet man ja auch im wachen Zustande. Manche Menschen sprechen, ohne es im geringsten zu wollen, auf öffentlicher Straße laut vor sich hin. Stärker noch zeigt sich die gleiche Ursache beim Nachtwandeln. Es kommen da während des Schlafes sehr zusammengesetzte Handlungen zustande, aber doch nur solche, die längst in den Mechanismus eingegangen sind; daraus mag sich erklären, daß sie im Schlafe mit nicht geringerer Sicherheit vollzogen werden als im Wachen. Daß Mißgriffe in den Bewegungen nur selten vorkommen, „ist in der That nicht wunderbarer, als daß einer, der im Schlafe spricht, sich nicht öfter verspricht als im wachen Zustande“. Dagegen fällt es auf, daß man fast allgemein den Träumen große Aufmerksamkeit zuwendet. In ihr scheint der Gedanke an die Bedeutsamkeit der Träume zu schlummern, der allerdings so alt ist wie die Menschheit selbst. Namentlich giebt es viele Leute, die eine hohe Meinung von der prophetischen Kraft des Traumlebens haben[208]).

Wie läßt sich das erklären? Nahezu alles, was der Mensch träumt, ist ihm wenigstens den Bestandteilen nach zu irgend einer Zeit und an irgend einem Orte schon einmal begegnet, sei es an ihm selbst, sei es in der Gesamtheit, der er angehört. Bei weitem die meisten Traumvorstellungen stammen sonach aus dem Erfahrungskreise des Träumenden, wobei sie zeitlich weit zurückliegen können. Da nun im Traume die leitenden Willensimpulse sowie die alle Eindrücke überwachende und berichtigende Denkthätigkeit sehr gering, ja gleich Null sind, so ist es erklärlich, daß die Bilder, die dem allgemeinen Leben entstammen, ein Übergewicht über das Persönliche erlangen und dann in einer Weise mit dem eigenen Ich verbunden werden, die der Wirklichkeit nicht entspricht, sondern Richtiges und Falsches neben und durch einander laufen läßt. Eine Bestätigung findet diese Ansicht durch die Fieberphantasieen, die ihren psychischen Elementen nach mit dem Traume sehr nahe verwandt sind. Hier wie dort erscheint die Willensthätigkeit stark gehemmt, laufen Bilder und sonstige Erlebnisse in bunter Folge mechanisch durch einander. In derselben Richtung sind auch die Erscheinungen des Wahnsinns zu suchen, nur mit dem Unterschiede, daß, was im Traume als Vorübergehendes auftritt, hier als bleibende Constitution des psychischen Lebens sich ausweist. Es läßt sich sonach behaupten,

207) Die neuere Psychologie neigt der Ansicht zu, daß auch hier Anregungen von außen mitwirken. Man vergl. Wundts Ausführungen über das Traumleben in seiner *Psychologie* wie in seinen *Vorlesungen*.

208) V. S. [illegible]. Auch fehlt es nicht an Stimmen, die solchem Glauben einen moralischen Wert beilegen. In der That träumt man zuweilen, man thue etwas, was man im wachen Zustande gewissenhaft verabscheut, und daß man sich selbst in einer Verfassung für wirklich hält, die man im Wachen unbedingt von sich weisen würde. Wollen wir deshalb von einer Handlung sagen, daß sie uns ganz unmöglich ist, so kleiden wir das wohl in die Worte: „das fällt uns nicht im Traume ein“.

daß im Traumleben die Individualität verschwindet, die Universalität aber herrscht[209]). Daß nun alles, was sich von solchem Inhalte im Traume zeigt und weder in der Vergangenheit noch in der Gegenwart zu dem Individuum stimmen will, auf die Zukunft bezogen wird, ist begreiflich. Auch kennt die Menschheit diese Thatsache seit Jahrtausenden. Die Orakel der Alten mit ihrem künstlichen Schlafe haben darin ihren realen Grund. In solchem Zustande, wo der individuelle Wille ein Minimum ist, steht der Mensch gewissermaßen der Natur und ihrem unendlichen Entwicklungsprozesse näher als sonst, „und wie man überall die Natur unter dem göttlichen Willen schlummernd“, so geschieht dies auch mit dem Menschen in diesem Zustande. Selbst der Wahnsinn konnte daher als „Manifestation des göttlichen Einflusses“ betrachtet werden[210]). Von unserer Grundanschauung über den Traum aus erklärt sich ferner unschwer die Macht, die gewisse Persönlichkeiten auf andere, die sie künstlich in den magnetischen Schlaf versetzt haben, in diesem Zustande ausüben. Mit dem individuellen Personwillen hört eben für diese Zeit auch alle Widerstandsfähigkeit gegen Einflüsse auf, die von außen kommen. Die Willensthätigkeit und Vorstellungsbildung vollzieht dann der, der den Zustand hervorgebracht hat, für die Person, die sich darin befindet. Nicht minder leicht begreift sich die weitere Erscheinung, daß manche Menschen über ein auffälliges „Ahnungsvermögen“ verfügen, d. h. daß sie leicht Bilder von der Zukunft haben. An sich sind derartige Vorstellungen gar nichts Ungewöhnliches, da sie notwendig mit der Willensfreiheit des Menschen zusammenhängen. Ist doch jeder Zweckbegriff, jede Conception eines Kunstwerkes die Ahnung eines Künftigen. Wie weit freilich solche Ahnungen in Zukunft sich verwirklichen lassen, also „eintreffen“, hängt so sehr von der Gestaltung der Gesamtverhältnisse ab, daß sich nur schwer der Grad von Wahrheit abschätzen läßt, die ohne Zweifel in ihnen liegt. Jedenfalls ist nicht mehr Wahrheit in Ahnungen als Richtigkeit in dem Urteile über die wahrscheinliche Entwicklung der persönlichen wie der Verhältnisse der Gesamtheit. Für prophetisch aber wird gehalten, was sich später als Wahrheit erweist. Und so muß auch beim Traume stets erst die Zukunft entscheiden, was wahr darin war und was nicht[211]). Bei Somnambulen kommt hinzu, daß der, der den künstlichen Schlaf herbeigeführt hat, für jenen will, denkt und spricht und also das Quantum von Wahrheit nach Maßgabe seines eigenen Urteils entweder erhöht oder erniedrigt. Immer ist die Wahrheit in dergleichen Fällen etwas Zufälliges. Weit entfernt, derartige Zustände als erhöhte anzusehen, betrachten wir sie vielmehr als das directe Gegenteil, nämlich als herabgedrückte, als krankhafte; denn im gesunden Menschen ist der freie Wille lebendig und thätig; der aber widerstrebt solchen Zuständen. „Sowie man sich dächte, ein gesunder Mensch wollte sich einem anderen auf diese Weise hingeben und den künstlichen Schlaf in sich erregen lassen, um ein ungewisses Quantum von Wahrheit hervorzubringen, so wäre das eine gänzliche Verkehrtheit und ein wahrer Wahnsinn, weil es das Aufgeben der Freiheit wäre um eines Schattenbildes willen“[212]). Damit verlassen wir dieses Gebiet, um zur Betrachtung der Differenzen des Einzelnen in den verschiedenen Lebensaltern fortzugehen. Wir behandeln zuvörderst

209) Diese Behauptung steht offenbar im Widerspruch zu dem Satze, daß die Individualität am deutlichsten im freien Spiele der inneren Lebendigkeit zum Ausdruck komme. Der Widerspruch ist auch später nicht gelöst.

210) Man denke an das Sehertum.

211) Damit stellt sich Schl. auf einen Standpunkt, der ebenso weit entfernt ist von der Mystik der Romantiker wie von der phantastischen Theorie des modernen Spiritismus. Auf die vorstehenden Ausführungen fällt von da aus ein merkwürdiges Licht. Fast möchte man glauben, daß sie nicht ernst gemeint sind.

212) V. S. [illegible]. Eine Anschauung, die von allen besonneneren Psychologen geteilt wird.

Das kindliche Lebensalter

[illegible]

[illegible]

Das jugendliche Alter

[illegible]

zu bringen ist, da muss das Verhältnis zu der älteren Generation sehr bald das Gepräge der Unnatürlichkeit annehmen und daraus eine Opposition entspringen, die dahin führen kann, dass eine Reihe jugendlicher Seelen verloren geht. Die Neigung dazu ist ebenfalls eine Jugendkrankheit. Eine andere liegt in dem möglichen „Versenktsein der Seele in das Organische". Sie offenbart sich einerseits als Kraftbewusstsein, andrerseits als Wollust. Es wird jederzeit schwierig sein, die Richtung auf die Darstellung des Kraftgefühles in rechter Weise abzuschwächen[220]). Doch ist das immer noch leichter, als die Jugend vor den verderblichen Einflüssen der Wollust zu bewahren. Als kräftiges Gegengewicht gegen diese hat sich bislang nur die Gymnastik bewährt. Sie ist recht eigentlich das Gebiet, auf dem die sich entwickelnde Spontaneität der Jugend zur Darstellung treibt. Wo dieser Trieb fehlt, da ist entweder das Lebensbewusstsein des Einzelwesens überhaupt nicht stark, oder „krankhafte Antizipation späterer Lebensfunktionen" hat die Jugendkraft verschlungen. Kraft und Beweglichkeit zu zeigen, darauf richtet die gesunde männliche Jugend gern ihr Augenmerk. Das weibliche Geschlecht dagegen stellt lieber Ebenmass und Anmut dar. So auch auf dem Felde der Kunst, das mit Vorliebe von der Jugend bebaut wird. Nur trage man Sorge, dass nicht eine vorübergehende Jugendrichtung als dauernde Neigung zu einem bestimmten Berufe angesehen werde. Denn solche Täuschung, die ihren Grund zumeist in Eitelkeit hat, führt gar zu leicht zu dem Glauben, in einem Gebiete etwas Tüchtiges leisten zu können, was nur der Beruf Auserwählter ist. —

Mit der Begründung einer Familie und der selbständigen Ausübung eines bestimmten Berufs tritt der Mensch in

Das reifere Alter[221]).

In beiden Beziehungen begegnet man seltsamen Auffassungen, die für den ersten Blick allerdings ethischer Natur zu sein scheinen. So beobachtet man nicht selten ein Bestreben, sich durch das Leben zu bringen, ohne „zu dem Gesamtberuf der Naturbeherrschung" einen bestimmten Anteil zu nehmen[222]). Dann gesellt sich die Richtung, die Lebensthätigkeit auszuüben nicht um des Gesamtlebens willen, sondern lediglich mit Rücksicht auf die eigene Person oder höchstens auf den kleinen Kreis, der mit ihr eng verbunden ist. Viele übernehmen die Arbeit nur des Wohllebens wegen und entziehen sich ihr, sobald das Wohlleben auch ohne berufliche Thätigkeit möglich ist. Verwandtes zeigt sich auch auf dem anderen Gebiete, dem der Begründung einer Familie. Schon bei den Alten herrschte die Meinung vor, die Bildung eines bestimmten häuslichen Lebens sei eine Last, die man nur um des Gemeinwesens willen übernehme. Wie man den Beruf lediglich als Erwerbszweig ansieht, so betrachtet man die Ehe vielfach als Mittel, ihn besser ausüben zu können. Der Grund für diese Erscheinung dürfte zu suchen sein entweder in einer mangelhaften Entwicklung des Geschlechtsbewusstseins oder in einer krankhaften. Unverkennbar ist der Zusammenhang mit den Fehlern der Jugend. Wenn die Seele sich ganz in die organische Function versenkt, wie soll da das reine Geschlechtsverhältnis zur Ausbildung kommen? Dergleichen Fehler müssen ja „die Verkrüppelung der Richtung auf die Bildung des häuslichen Lebens"[223]) zur Folge haben. Doch ist ausserdem ein anderer, ein allgemeinerer Grund hier wirksam, dessen Erörterung uns gleichzeitig eine neue Seite des Geschlechtsverhältnisses erschliesst. Dieses Verhältnis ist nämlich durchaus nicht überall und zu allen Zeiten übereinstimmend entwickelt. In manchen Gemeinschaften werden die Geschlechter als einander gleich, in anderen als einander ungleich angesehen. Wo die Entwicklung unter der Form der Un-

220) Auch die Völlerei der Jugend entspringt dem überschäumenden Kraftgefühle.

221) A 67—71 unter der Überschrift: „Das männliche Alter". F. S. 656—658.

222) Es giebt Menschen, die durchaus meinen, alles verstehen und in allem tüchtig sein zu können. Sie kommen daher nie zu sich selbst, sondern geraten in eine leere Vielgeschäftigkeit. Von Meisterschaft kann bei ihnen keine Rede sein. 223) F. S. 658.

gleichheit vor sich geht, kann entweder das männliche oder das weibliche den vorherrschenden Einfluss ausüben. Als das Natürlichste erscheint die Unterordnung des weiblichen. Daher hat sich für dieses ein anderer Typus der Selbstdarstellung herausgebildet als für das männliche. Nicht alles, was Männern erlaubt ist, ziemt sich für Frauen. Niedergelegt sind diese „Manifestationen" in der Geschlechtssitte. In ihr spricht sich darum meist auch schon die Richtung auf den Endpunkt aus, nämlich auf die Verknüpfung zweier Individuen verschiedenen Geschlechts zu einem festen Lebensbunde. Wo diese Beschränkung der Neigung nicht eintritt, da ist Gefahr vorhanden. Denn die natürliche Zerstreuung, die sich beim männlichen Geschlechte als „Galanterie"[224]), beim weiblichen als „Koketterie" äussert und eine Zeit lang ganz harmlos erscheint, kann leicht zu bedenklichen Verirrungen führen. So führt die Koketterie das Weib zuweilen so tief abwärts, dass das männliche Geschlecht dessen Bestimmung nur im Physischen sieht. Verwandt damit ist die Sklaverei der Frauen. Auf dieser Stufe der Entwicklung des Geschlechtswertes erkennt der Mann im Weibe die geistige und sittliche Entwicklungsfähigkeit nicht an; es steht ihm nicht wesentlich höher als sein übriger Besitz. Wo solche Erscheinungen auftreten, da wird der Grund stets in einer geringen Entwicklung des Gattungsbewusstseins zu suchen sein und also in einer mangelhaften Entwicklung des Menschentums überhaupt. Für geradezu naturwidrig aber muss es erklärt werden, wenn die dauernde „Entfernung von dem Geschlechtsverhältnis" als etwas Heiliges angesehen wird. Der Einzelne hat die Pflicht, in jedem natürlichen Zustande sich der Gattung unterzuordnen. Was aber Gebot der Gattung ist, darf das als Verringerung des persönlichen Wertes angesehen werden? — Wie nun ein Naturwidriges selten allein ist, so gesellt sich auch hier zu dem einen das andere. Es findet sich in der krankhaften Entwicklung des Religiösen, indem man einen Gegensatz „zwischen dem Verhältnis des Einzelnen zum absoluten Sein und dem Verhältnis des Einzelnen zur Gattung"[225]) annimmt. Oder wäre es sonst möglich, dass eine natürliche und wesentliche Thätigkeit, die das Verhältnis zur Gattung vollenden hilft, als eine Störung der Beziehungen zum Absoluten angesehen werden könnte? Wo eine derartige Auffassung in grossen Massen auftritt, muss sie schädigend nach allen Richtungen der Menschheitsentwicklung wirken. — Sind Hausstand und Beruf begründet, so entwickelt sich von da aus das Leben sehr bedeutend weiter. Jedenfalls lässt sich der Einfluss einer geordneten Häuslichkeit und einer bestimmten Berufsthätigkeit niemals überschätzen. In ihnen liegt „ein starker Impuls zur inneren Ordnung selbst und zur Unterordnung alles Leidenschaftlichen unter die Forderungen eines regelmässigen Lebens"[226]). Das weibliche Geschlecht insbesondere hat in der Familie Gelegenheit, seine Begabung für die Pflege des Individuellen der höchsten Ausbildung entgegen zu führen, während der Mann in ernstem Pflichtbewusstsein die Übereinstimmung des häuslichen wie des Berufs-Lebens mit dem Gesetze der Allgemeinheit zu erstreben und aufrecht zu erhalten sucht. Alle zerstreuenden Elemente des jugendlichen Alters werden durch solche Thätigkeit zusammengefasst und geordnet. So nähert sich der Einzelne dem höchsten Punkte seiner Entwicklung: dem Zustande wahrer sittlicher Freiheit. Denn aus dem Familien- und dem Berufsleben entwickeln sich für beide Geschlechter ganze Reihen sittlich wertvoller Zweckbegriffe, die für das Handeln zu bestimmenden Impulsen werden. In ihnen liegt die Stärke des Wollens. Von hier aus bestimmt sich auch am sichersten und leichtesten das Verhältnis des Einzelnen zum Allgemeinen, ohne dass man freilich sagen möchte, es liesse sich die Art, wie das Einzelne und das Allgemeine auf einander wirken, in eine bestimmte Formel bringen. Jedenfalls ist es möglich, dass der Einzelne in seiner Entwicklung überwiegend unter der Macht der Gesamtheit steht; doch empfängt auch diese nicht selten kräftige Antriebe vom Einzelwesen. Gehen solche von Personen aus, deren ganzes Wirken sich auf eine mit dem Charakter des Gesamtlebens übereinstimmende Weise entwickelt,

224) Eine eigentümliche, ideal angehauchte Art von Galanterie findet sich geschichtlich im Rittertume.

225) F. S. 659. 226) F. S. 660.

[illegible] diesem vorauseilt, so wird kein Verständiger Anstoß daran nehmen, wenn diese Personen die hohe Stellung in der Gemeinschaft einnehmen, die ihren Fähigkeiten entspricht. Steht dagegen die Richtung eines Menschen auf die Beeinflussung des Ganzen im Widerspruche mit seinem geistigen Können, und zeigen sich dabei wohl gar Beweggründe selbstischer Art an ihm, so trägt sein Streben nach Macht das Gepräge der Herrschsucht, der entgegengesetzten Pflicht ist. Auf der anderen Seite wiederum giebt es solche, die Neigung haben, sich an eine Stelle zu setzen, die für ihr Kraftmaß viel zu bescheiden erscheint. Da hier die Ursache gewöhnlich im Mangel an Entschlossenheit liegt, so spricht man in solchen Fällen wohl nicht ganz mit Unrecht von Feigherzigkeit. Herrschsucht und Feigherzigkeit — überwuchernde Spontaneität und überstarke Receptivität —, das also wären die krankhaften Erscheinungen des reiferen Alters. Damit gelangt die Betrachtung wie von selbst dazu, einen Blick auf die Beziehung dieses Lebensalters zu den Temperamenten zu werfen. Der Kindheit schrieben wir das sanguinische, der Jugend das melancholische zu. Also bleibt hier, wie es scheint, nur die Wahl zwischen dem cholerischen und dem phlegmatischen. In der That finden sich im reiferen Alter beide deutlich ausgeprägt neben einander; das ist also nichts Auffälliges. Dagegen scheint man zu einem gar „wunderlichen Resultat" zu gelangen, wenn man die Eigentümlichkeit der Temperamente in Zusammenhang bringt mit dem Verhältnis, das zwischen dem Einzelnen und der Gesamtheit besteht. Da nämlich der überwiegende Einfluß des Einzelnen auf das Ganze in zahlreiche Momente zerfallen muß, so kann er nur da zustande kommen, wo große Momente der Spontaneität mit Nachhaltigkeit wirken, und da ferner gerade hierin die charakteristischen Merkmale des phlegmatischen Temperaments gegeben sind, so muß folglich diesem die Fähigkeit zugeschrieben werden, den stärksten Einfluß auf die Gesamtheit auszuüben. In das gerade Gegenteil verkehrt sich die Wirkung beim cholerischen Temperamente. Weil es nur kleine Momente der Spontaneität aufweist, so kann seine Einwirkung auf die Masse keine nachhaltige sein. Also: Nur das ruhige Ausharren in der einmal für gut erkannten Richtung ist imstande, in dem Gemeinleben große und dauernde Bewegungen hervorzubringen. Wie dem aber auch sei, keinesfalls darf der Mensch auf dieser Altersstufe sich an sein Temperament verlieren. Er hat vielmehr die Aufgabe, es in seiner vollen Entwicklung zum Organe des Charakters auszubilden. Gelingt das nicht, so gewinnt das Temperament die Herrschaft, und die Willenskraft wird zerstört. Es kommt dann leicht zur Auflösung der geistigen Lebenseinheit im Menschen, d. h. zur Verrückung. Je nach dem Temperamente, aus dem sie entspringt, nimmt sie verschiedene Form an. Der Tiefsinn, bei dem „die Herrschaft der Stimmungen gleichsam für permanent erklärt ist", zeigt die zerstörende Gewalt des melancholischen, die Wut oder Tobsucht die übermäßige Entfaltung des cholerischen; Wahnsinn im engeren Sinne heißt die Steigerung des sanguinischen Temperamentes bis zu dem Grade, daß die Anregungen der inneren Zustände der Organe völlig über die der äußeren herrschen, während im Blödsinn eine Form des phlegmatischen sich darstellt, bei der jedes Wollen aufgehoben und dauernde völlige Gleichgültigkeit gegen alle Eindrücke eingetreten ist. Mögen nun diese Erkrankungen durch Zustände des leiblichen Organismus oder rein psychisch verursacht sein, eins ist dabei unzweifelhaft: Jede Störung von gewisser Stärke in dem einen muß eine krankhafte Änderung auch in dem anderen hervorbringen. Doch wird man kaum fehlgehen, wenn man alle diese Formen der Verirrungen auf krankhafte Störungen psychischer Art zurückführt. Kommen doch selbst im gesunden Leben Zustände vor, die dem Wahnsinn nahe stehen. Demnach scheinen die organischen Veränderungen, die mit dem Wahnsinn verbunden zu sein pflegen, mehr Folgen als Ursachen desselben zu sein[227]).

227) Eine Behauptung, die sich schwerlich wird aufrecht erhalten lassen.

Das höhere Lebensalter[228])

setzt ein, wenn die Geschlechtsfunctionen aufhören[229]). Dann gesellen sich Veränderungen anderer Art. Die Sinne werden schwächer. Infolgedessen nimmt auch der Einfluß der äußeren Eindrücke ab, der des Innenlebens aber steigt. Allmählich verliert die ganze Organisation an Beweglichkeit, was abermals dazu beiträgt, die Einwirkungen von außen zu verringern. So kommt es, daß das Interesse an der Gegenwart zurück- und die Erinnerung mehr in den Vordergrund tritt. Das Alter lebt gern in der Vergangenheit. Doch gilt das im allgemeinen nur von denjenigen Thätigkeiten, die eng mit der Sinnlichkeit zusammenhängen. Auf Denken im engeren Sinne, auf Fühlen und Wollen übt das Alter weit weniger Einfluß aus. Stellt man zwei Greise neben einander, von denen der eine vorwiegend körperlich, der andere vorwiegend geistig thätig war, so erkennt man die Wahrheit dieser Behauptung leicht. Es bieten sich da zwei ganz verschiedene Formen des höheren Alters dar. Bei der einen Gebrechlichkeit und Entstellung des Körpers verbunden mit einer Geistesverkümmerung, die Beweis dafür zu sein scheint, daß das Psychische mit dem Organischen den Niedergang teile; auf der anderen eine geistige Frische, eine Teilnahme an Wissenschaft und Kunst, an kirchlichen und politischen Bestrebungen, die nach dem Zustande der Organe nicht zu erwarten ist und deswegen Erstaunen weckt. So konnten zwei Ansichten über das Ende des Lebens entstehen. Die erste erklärt das psychische Einzelwesen als ein besonderes Subject, „welches sich von dem Latitieren in den organischen Operationen allmählich bis zu einer Gewalt über das Organische entwickelt und, sobald es der Befreiung von demselben nahe kommt, in seiner ganzen Unabhängigkeit erscheint als ein solches, das keinen Grund zur Vergänglichkeit in sich trägt"[230]); die andere dagegen meint, daß das Einzelwesen so, wie es organisch entstehe und vergehe, auch seinen psychischen Thätigkeiten nach ganz und gar vergänglich und die Fortdauer des Geistes nur in der Allgemeinheit gegeben sei. Beide hätten in der Psychologie ihr gutes Recht. „Wir können also eben so gut sagen, die Seele verschwinde, als sie bleibe und sei nun geschickt, mit größerer Kraft in einen neuen Zustand überzugehen"[231]). Es läßt sich demnach eine zwiefache „Euthanasie" denken. Entweder glaubt der Mensch an den Sieg des Geistes über das Organische, und er hofft dann zuversichtlich auf ein persönliches Fortleben nach dem Tode, oder er fügt sich in Ergebung in die Auflösung des Einzelwesens, „was aber auch nichts anderes ist als die Stärke des Glaubens an die Ewigkeit des Geistes"[232]). Unglücklich wird das Alter nur dann genannt werden müssen, wenn sich in ihm Scheu und Furcht vor dem unvermeidlichen Tode zeigt. Offenbar hängt das mit dem Übergewichte des Persönlichen über das Gesamtbewußtsein zusammen, und das wär von Anfang an für einen krankhaften Zustand des Einzelwesens zu erklären. „Alles, was das richtige Verhältnis zwischen diesen beiden wesentlichen Bestandteilen unseres Selbstbewußtseins bewahren und die Unterordnung des Persönlichen unter das Große und Ganze befördern kann, ist die richtige Vorbereitung auf das glückliche Ende des Lebens"[233]). Recht vollkommen freilich ist das Ende des Menschen nur dann, wenn er sich auch über das Gattungsbewußtsein erhebt und unmittelbar das absolute Sein ergreift.

228) A 72—75, F. S. 462—465.

229) Obwohl es zumal bei dem weiblichen Geschlechte früher beginnt als beim männlichen, erreicht jenes doch durchschnittlich ein höheres Alter als dieses, was mit der verschiedenen Bestimmung der beiden Geschlechter zusammenhängen scheint (vergl. F. S. 462). 230) F. S. 464.

231) A 75. — Die Gründe zur Entscheidung für die eine oder die andere Ansicht freilich sind in der Psychologie nicht zu erörtern. Sie können gefunden werden entweder in der „Speculation", d. h. in der Metaphysik, oder „in der anderen Form, wie das absolute Sein sich dem Einzelnen einbildet, dem Religiösen, und überall nur in der Art, wie der Zusammenhang zwischen beiden aufgefaßt wird" (F. S. 464).

232) F. S. 465. Wie dieser Satz in die Psychologie kommt, von der Schl. doch alles Transcendente ausschließt, ist nicht recht verständlich. 233) F. S. 465.

III.

Schlufsbemerkungen.

[illegible]

[illegible]

[illegible]

340) Wundt, Vorlesungen. II. Aufl. S. 16.

[illegible]

341) V. 86. — Vergl. auch S. 17.

aufzunehmen und zu verarbeiten. Das Resultat eines Verfahrens, das auf Gewinnung einer allgemeinen mathematischen Formel abzielte, würde also aus einer unendlichen Menge von Gliedern bestehen. Solch ein Resultat aber ist so gut wie keines. Dazu kommt, daß bei der Gestaltung der Momente und ihrer Abfolge viele unbekannte Größen mit aufzunehmen wären, die gar nicht in bekannte aufgelöst werden können[342]). So richtig dies ist, so geht Schl. mit seiner Polemik doch über das rechte Maß hinaus. Die Frage ist nicht, ob alle Thatsachen der inneren Erfahrung sich auf „einen Calcul" zurückführen lassen, sondern ob es innerhalb desselben Gebiets giebt, die der Anwendung der Mathematik unüberwindliche Schwierigkeiten nicht entgegenstellen. Und diese Frage ist zu bejahen. Nur wird freilich jedesmal die größte Vorsicht und Besonnenheit notwendig sein, soll die Forschung dabei nicht auf Abwege geraten. Denn darin muß man Schl. unbedingt Recht geben, wenn er es für eine ganz irrige Ansicht erklärt, die da annimmt, daß immer nur ein Erlebnis das Bewußtsein fülle und erst, wenn dieses verschwunden sei, ein anderes an seine Stelle treten könne. Thatsächlich giebt es keine [illegible] Function, die eine andere bedingungslos ausschlösse. Niemals constituiert, wie Schl. ganz richtig bemerkt, eine elementare Thätigkeit einen einzelnen Moment. Vielmehr sind alle Thätigkeiten in jedem Moment, und jede Thätigkeit geht durch alle Momente hindurch. Aber allerdings erhalten viele Momente ihr Gepräge durch die Vorherrschaft einer Function[343]). Die Gründe, die Schl. für die Wahrheit dieser Behauptungen ins Feld führt, nimmt er in der Hauptsache von der [illegible] Continuität des psychischen Lebens her. „Wir können uns vorstellen", so führt er in B 33 aus, „einerlei Thätigkeit einen Moment erfüllend und dann einen anderen von anderer Thätigkeit erfüllten folgend. Dann aber tritt zwischen beide ein Nullpunkt, und die Einheit des Denkens hört auf. Dem wird nicht abgeholfen, wenn man sich das Übergehen als eine eigene Thätigkeit denkt, sondern nur, wenn man den Anfang der neuen schon in das Ende der alten aufnimmt. Aber es reicht nicht hin, wenn das nur zwischen zweien stattfindet, denn zwischen einer solchen Wechselreihe und einer anderen von anderem Doppelgehalt wäre dann wieder ein leeres." Damit freilich ist noch nicht erklärt, warum einzelne Functionen hervortreten, während andere „latitieren", und umgekehrt. Auch will uns das, was Schl. darüber sagt, weder recht deutlich noch überzeugend vorkommen. Offenbar hat man es hier lediglich mit Andeutungen zu thun, die auch dann unter dem Umstande [illegible] gelitten haben, daß Schl. bei der Nachschrift „meistens oder [illegible] Auseinandergesetzte" nicht mehr gegenwärtig hatte[344]). Wäre ihm Zeit geblieben, seine Psychologie für den Druck auszuarbeiten, würde er zweifelsohne die Lücke bemerkt und beseitigt haben. Uns soll sie jedoch nicht abhalten, anzuerkennen, daß Schl.s Ansicht von dem Wesen des Bewußtseinsgehalts, von der Constituierung der [illegible], deren Abfolge und der dadurch bedingten Continuität geeignet ist, die psychischen Erscheinungen im ganzen ausreichend zu erklären. Leider legt er keinerlei Wert auf die „Association" der Seeleninhalte. Von den sogenannten Reproductionsgesetzen bemerkt man in den Quellen kaum mehr als eine Andeutung. Sie findet sich in A 88 und lautet: „Man hat viel Versuche gemacht, das letzte Gebiet" — gemeint ist das freie Spiel der inneren Lebendigkeit — „für sich allein zu

342) Allerdings ließe sich einwerfen, es sei eine Erfahrungsthatsache, daß, sobald man ein Einzelleben in seiner Verknüpfung mit der Gesamtheit genau kenne, es nicht eben schwer halte, vorauszusagen, „wie es sich in einem gemeinschaftlichen Moment seine Lebenseinheit entwickeln und welches das Resultat sein wird". Doch übersieht man, daß es sich hierbei um nichts mehr und nichts weniger als um eine Art divinatorischen Verfahrens handelt, das nur der mit Erfolg anwendet, dem es gelingt, das Leben des anderen in lebendigem Mitgefühle gewissermaßen in sich aufzunehmen. Es ist das also kaum schwieriger, als wenn jemand die eigene Lebenseinheit im reinen Selbstbewußtsein erfaßt und [illegible] einen Blick in die Zukunft wirft, um künftige Momente seines Lebens vorzubilden. Mit einem dem mathematischen ähnlichen Schlußverfahren aber ist hierbei gar nichts auszufangen. Vergl. F. S. 591—597.

343) Siehe S. 16 und Anm. 44. 344) Vergl. S. 8.

verstehen und die sogenannten Gesetze der Ideenverbindung in dem freien Spiel zu entdecken, sie sind aber alle mißlungen und mußten mißlingen. Erklärung an ein paar Beispielen der Ähnlichkeit und der Ergänzung. Nach jedem dieser Gesetze müßte mir jedesmal mein ganzes voriges Bewußtsein einfallen, und das eigentliche Gesetz der Auswahl fehlt. Und wenn beide Gesetze wahr sind, fehlt noch die Erklärung, warum ich nach dem einen combiniere und nicht nach dem andern." Wie man sieht, hat er die Gesetze wohl gekannt, aber verschmäht, sich ihrer zu bemächtigen, sie zu verwerten und auszubauen, ein Fehler, der bei der Erklärung der Gedächtniserscheinungen sich empfindlich bemerkbar macht. So mag er denn gelangt sein, nach einer Begründung des Behaltens überhaupt nicht, sondern nur nach einer Erklärung des Vergessens zu fragen. Man wundere sich ja doch im Leben niemals darüber, daß man etwas behalten hat, sondern darüber, wie man es vergessen konnte. So richtig nun auch diese Anmerkung ist, so wenig zulässig will es uns dünken, sie als Entschuldigungsgrund für einen wissenschaftlichen Mangel vorzubringen. Übrigens hat Schl. wohl bald das Unzulängliche seines Standpunktes gefühlt; denn er giebt schließlich doch eine umfänglichere Auseinandersetzung über Behalten und Erinnern, die noch dazu recht wertvoll ist und zu dem Ergebnis kommt, daß der Mensch treu behält, der scharf auffaßt und dem aufzunehmenden Stoffe „Interesse" (Herbart!) zuwendet; ja, selbst einen physiologischen Träger der Gedächtniserscheinungen weiß er zu nennen: die Erregungen „der inneren Enden der Sinnesorgane", doch läßt er sich hierüber nicht näher aus. Man wird zugeben müssen, daß das, was Schl. damit bietet, richtig ist, daß also in der That die „Virtuosität der Sinne", wie er sich ausdrückt, und lebhaftes Interesse an dem Gegenstande unerläßliche Voraussetzungen für Dauer, Treue und Dienstbarkeit des Gedächtnisses sind. Nur sind es ganz gewiß nicht die einzigen Bedingungen. Wären sie es, so könnte man Schl. vielleicht Recht geben, wenn er sagt: „Wo man über Schwäche des Gedächtnisses klagt, da sollte man dies als einen Charakterfehler anerkennen"[345]). Allein nach unserer Erfahrung überschreitet eine solche Behauptung die zulässige Grenze um ein Beträchtliches. Es giebt auf diesem Gebiete Unterschiede zwischen den Menschen, die weder durch Mangel an Schärfe der Sinne noch durch fehlendes Interesse oder durch Schwäche des Willens ausreichend erklärt werden können. Und wissen wir nicht, daß Krankheiten, Ausschweifungen jeder Art u. dergl. das Gedächtnis aufs empfindlichste zu beeinflussen vermögen? Es wird also nichts übrig bleiben, als zu dem physiologischen Factor unsere Zuflucht zu nehmen, um das Fehlende zu ergänzen, und da reicht allerdings das Wenige, was Schl. zu sagen weiß, nicht aus. Dagegen billigen wir entschieden seinen Kampf gegen die Meinung, als sei das Gedächtnis eine besondere, hinter den Erscheinungen stehende Kraft, d. h. ein besonderes Seelenvermögen; selbst den hypothetischen Gebrauch eines solchen will er nicht zulassen. Er meint, man solle in Zukunft höchstens bei dem Vertrauen bleiben, wenn es sich darum handle, [illegible] Thätigkeiten zu bezeichnen[346]).

Nach diesen Erörterungen mehr allgemeiner Art wenden wir uns nunmehr Schl.s Einteilung der Psychologie zu. Er nimmt zwei Hauptteile an. Im ersten, dem „elementarischen", sollen vollständig und genau die einzelnen menschlichen Thätigkeiten zusammengestellt und in ihrer Zusammengehörigkeit, auch in ihrem Verhältnis zur „Totalität" so bestimmt wie möglich erkannt werden. Der zweite, der „constructive", dagegen will zeigen, wie die Einzelfunctionen auf verschiedene Art zusammentreten können, erstens, um ein einzelnes Leben, und zweitens, um große Massen, sofern sie wahre Einheiten bilden, zu „constituieren". Kurz ausgedrückt: Der erste Teil giebt ein allgemeines Bild des psychischen Lebens; der zweite bespricht die „Differenzen" (Einzelne und Massen). Gegen diese Teilung wird sich nicht eben viel einwenden lassen. Der Wissenschaft bleibt keine Wahl: sie muß absehen von allen individuellen Gestaltungen einerseits und zunächst einen Normalmenschen zum Gegenstande ihrer Untersuchung machen; sie muß trennen für die Betrachtung, was im Leben vereinigt, muß theoretisch sondern, was praktisch beisammen ist. Nur darf sie das „Leben" dabei nicht

345) Erziehungslehre S. 595. 346) F. 61.

aus dem Auge verlieren. Das Leben hat ihr Norm, Prüfstein und Ziel zu sein. Was im Allgemeinen gewonnen wird, muß im Besonderen sich bewähren, ohne daß dieses mit jenem identisch zu sein brauchte. Nun, Schl. hat darnach gehandelt. Alle Phantastik liegt ihm fern. Nirgends zeigt sich das mehr als in seinen Darlegungen des elementaren Teiles. Das gesamte Gebiet der psychischen Erscheinungen, die er in diesem erörtert, zerfällt ihm in zwei Hauptgruppen: Receptivität und Spontaneität, die Grundtypen der „Agilität". Alle Seelenthätigkeit erscheint demnach entweder als aufnehmende oder als ausströmende. Diesem Gegensatze fügt sich der zwischen objectivem und subjectivem Bewußtsein an. Das objective verhältet sich durch unsere Beziehungen zur Außenwelt, das subjective ist auf rein innere Erlebnisse beschränkt. So entsteht eine Vierheit von Functionen: eine Zweiheit in der Receptivität und eine andere auf seiten der Spontaneität. Jene wird gebildet durch Denken (Wahrnehmen) und Fühlen (Empfinden), diese durch Darstellen (Selbstmanifestation — Kunst im weiteren Sinne des Wortes) und Werkbilden (Naturbeherrschung: Selbsterhaltung, Besitzergreifung). In dieser Vierheit glaubt Schl. die Gesamtheit der psychischen Thätigkeiten umschlossen zu haben. Und gewiß, es wird sich schwerlich ein Seeleninhalt nennen lassen, dem hier nicht eine Unterkunft geboten wäre. Insofern ist alles in Ordnung. Auch würde man Schl. Unrecht thun, wollte man ihm entgegenhalten, daß eine strenge Scheidung zwischen diesen vier Grundthätigkeiten unmöglich ist. Denn eben eine solche Scheidung will er gar nicht. Vielmehr ist es charakteristisch für seine Auffassung, daß er absolute, schroffe Gegensätze nicht kennt, sondern nur relative, fließende. — Auf die Begründung dieser Anschauung können wir uns hier nicht einlassen. Wollten wir es, so müßten wir, um nicht oberflächlich zu sein, Schl.s Dialektik näheren ganz aufrollen, wie an dieser Stelle gewiß unstatthaft ist. Doch werden wir bei der Besprechung der „Eigentümlichkeit" diesen Punkt noch einmal zu berühren haben. — Unbedingt richtig an der Einteilung ist, daß Schl. Wahrnehmen und Denken in eine Reihe stellt. Beide entspringen derselben Wurzel, beide haben das gleiche Ziel. Sie sind durch die „Richtung des Geistes auf die Wahrheit" erzeugt und geben uns auf die Erkenntnis der Außenwelt. Auch was er sonst über diese Functionen sagt, ist im ganzen kaum anfechtbar. Im Gegenteile, seine Ausführungen über die einzelnen Sinnesthätigkeiten und deren Combination, über die Fortbildung der Wahrnehmungsworte in Denkvorgänge, über den Zusammenhang von Denken und Sprechen, über die Vergeistigung der Außenwelt wie über die letzten Ziele der Richtung auf die Wahrheit: sie zeugen von so tiefem Verständnis, von solcher Reife und Besonnenheit des Urteils, daß wir trotz unserer abweichenden Ansicht in Einzelheiten nicht anstehen, sie noch heute für überaus beachtenswert zu erklären; denn es ist ein hoher Geist, der aus ihnen spricht. Sollen wir etwas daran aussetzen, so ist es die Einseitigkeit, die schon in dem Ausdrucke Receptivität liegt. Schl. redet ja selbst wiederholt von der „Richtung", d. h. dem Triebe des Geistes, die damit führe, die Außenwelt als „Gestaltheit" wie als „Totalität" zu ergreifen und das Innere im Äußeren zu suchen. Also unterliegt es wohl keinem Zweifel, daß auch er jeden eigentlichen Denkvorgang als Art der Spontaneität, als Willensact faßt, daher er denn auch Ausdrücke wie „das Denken bildet sich zu einem bestimmten Willen" gebraucht; richtiger wäre freilich, zu sagen, das Wollen erscheine als Denken. Schon hier ist somit zu erkennen, daß die Grundeinteilung der seelischen Thätigkeiten nach Receptivität und Spontaneität für die wissenschaftliche Behandlung nicht glücklich ist. Sie muß zu fragmentarischer Betrachtung der einzelnen Thätigkeiten führen und kann, da der Vollständigkeit wegen bei Erörterung der Spontaneität die ganze receptive Seite wieder aufzuweisen sein würde, nur bei größter Umsicht ein vollständiges Bild der Einzelfunctionen vermitteln. Weniger deutlich macht sich der Fehler beim Fühlen bemerkbar, wiewohl bei diesem für den ersten Augenblick am unverständlichsten ist, wie Schl. dazu kommen konnte, es zu den aufnehmenden Thätigkeiten zu zählen. Die Sache erklärt sich aber folgendermaßen: Jeder Eindruck von außen erzeugt in uns ein psychisches Erlebnis, das entweder als Lebenshemmung oder als Lebensförderung, als Lust oder als Unlust empfunden wird. Aus diesen Grundgefühlen entwickelt sich die

Scala der selbstischen Gefühle, zu denen in gewissem Sinne auch die ästhetischen gehören. Was wir nun im Gefühle erleben, tragen wir gern auch in die erregenden Gegenstände der Außenwelt, die wir von da aus auch classificieren, sei es, indem wir Geschmack, Geruch und Getast oder Gehör und Gesicht zu Grunde legen. Eine andere Art sind die geselligen Gefühle. Sie entspringen aus dem Zusammenleben mit gleichgearteten Wesen. Auch sie führen zur Vergeistigung der Umgebung und dienen der Erkenntnis der Außenwelt. Die höchste Offenbarung des subjectiven Bewußtseins ist gegeben im religiösen Gefühle, durch das unser Geist die Gottheit ergreift. In ihm, dem Gefühle des Unendlichen, kommen wir zum Bewußtsein unserer „schlechthinigen Abhängigkeit" von Gott. Alle anderen Gefühle münden schließlich in dieses ein: die ästhetischen mit dem Erhabenen, die geselligen mit Ehrfurcht und Liebe. Und doch verblassen sie alle vor ihm, das mit unwiderstehlicher Allgewalt bald uns emporhebt zu dem sternbesäten Firmament, bald uns niederdrückt in den Staub, daß wir vergehen möchten vor Scham und Zerknirschung. So ist auch dieses Gefühl nach Schl. in gewissem Sinne Abbild eines Äußeren in uns und also receptive Thätigkeit. Freilich erhebt sich hier sogleich die andere Frage: Wenn das Fühlen kaum geringeren Anteil an der Erkenntnis bzw. Vergeistigung der Außenwelt hat als das Denken, wie soll denn dann die Unterscheidung zwischen objectivem und subjectivem Bewußtsein zu rechtfertigen sein? — Doch übergehen wir diese Frage. Werfen wir vielmehr einen Blick auf die Darstellung zurück, die Schl. von den Inhalten des subjectiven Bewußtseins giebt! Denn der ist in hohem Grade erfreuend. Ein Meisterstück namentlich ist die Art, wie Schl. den Zusammenhang zwischen dem Geselligen und dem Religiösen auf den verschiedensten Stufen der Entwicklung nachweist. Und was das religiöse Gefühl insbesondere anlangt, so wollen wir zwar nicht verschweigen, daß uns die metaphysische Begründung desselben durch Schl. keineswegs einwandfrei und die Betonung der schlechthinigen Abhängigkeit recht einseitig zu sein scheint, müssen aber doch mit Dilthey bekennen, daß Schl. das Grundverhältnis der Religion, das Verhältnis des Endlichen zum Unendlichen, als ein im Selbstbewußtsein des Menschen Erlebtes, mit origineller Tiefe erfaßt, aus diesem Grundverhältnis den geheimnisvoll zwiefach verschlungenen Zug in aller Religion, nämlich einerseits Erhebung des Individuums zu dem Unendlichen, andererseits Innewerden der Gegenwart des Unendlichen im Endlichen, Innewerden der dem Individuum dadurch gegebenen tieferen Bedeutung, zuerst wahrhaft verstanden und die psychologische Grundform entdeckt habe, die der persönlichen Erfahrung des religiösen Verhältnisses im unmittelbaren Selbstbewußtsein entspricht[257]. Sein Verdienst nach dieser Seite ist für alle Zeiten unantastbar.

Indem wir nunmehr zur Besprechung der Spontaneität übergehen, erinnern wir uns daran, daß seitens der Receptivität die Organisation als eine Art Eingangsthor benutzt wird. Hier nun würde man sie, um im Bilde zu bleiben, als Ausfallsthor bezeichnen können. Sie dient dem Geiste als [illegible], damit dieser der Außenwelt gegenüber sich manifestiere, von ihr Besitz ergreife und sich selbst erhalte. Diese Dreiteilung ist wiederum eine rein theoretische. Im Leben greift eine Thätigkeit in die andere über und zwar in dem Maße, daß sich oft nicht bestimmen läßt, ob man es mit besitzergreifender, darstellender oder der Selbsterhaltung dienender Thätigkeit zu thun hat. Wohl aber darf man zugestehen, daß sich die Spontaneität auf diese drei Grundformen zurückführen läßt, ohne daß Wesentliches übergangen wird. Nur übersehe man nicht, daß überall die Receptivität mitzusehen ist. Liest man die Ausführungen dieses Teiles unbefangen, so fällt einem auf, daß nirgends vom Wollen und dessen Vorstufen direct die Rede zu sein scheint. Aber der Schein trügt. Denn erstens ist nach Schl. das Wesen des Geistes Thätigkeit. Thätigkeit und Wollen sind aber [illegible] dasselbe. Zweitens spricht er häufig von der „Richtung des Geistes auf" etc., was offenbar nichts anderes bedeutet als Trieb, Begehren, Wollen. Drittens redet er wiederholt und mit Betonung von Wahrnehmen-, Denken-, Fühlen-, Sichselbsterhalten-, Sichmanifestieren- und Besitzergreifen-wollen.

257) Dilthey a. a. O. S. 276.

Viertens trennt er „das freie Spiel der inneren Lebendigkeit", „gewußtes Wollen" und Vorstellungsbewegungen „gegen unseren Willen", eine Unterscheidung, die es natürlich direct mit Willensvorgängen zu thun hat. Und wenn er fünftens die „Freiheit als das Wesen des Geistes" und im Zusammenhange damit das Wollen als die eigentliche Offenbarung dieses Wesens erklärt, was anderes kann er dann beabsichtigt haben, als auszusprechen: Weil der Mensch will, d. h. sein Thun von innen heraus zu bestimmen vermag, darum ist er frei. Und umgekehrt: Weil wir uns als freie Wesen fühlen, darum kommt uns zu, was anderen irdischen Wesen abgeht, nämlich: Wollen. „Mich kann ich nur als Freiheit anerkennen", sagt Schl. in den Monologen, „was notwendig ist, ist nicht mein Thun, es ist sein Widerschein, es sind die Elemente der Welt, die in der fröhlichen Gemeinschaft mit allem ich anzuschauen heiße." Und in der Dialektik heißt es auf Seite 150: Sofern ein Sein frei ist, „können wir nur noch sagen, es sei ein wollendes". Allerdings dürfte sich hieraus ein vollständiges und klares Bild davon, wie er sich die Entwicklung des Wollens und insbesondere das Verhältnis von Freiheit und Notwendigkeit im Menschengeiste denkt, nicht gewinnen lassen. Es wird sich erst ergeben, wenn wir uns die beiden Begriffe klar machen, ohne die Schl.s Ansicht von der Fortbildung des Seelenlebens zu höheren Bewußtseinsinhalten nicht zu begreifen ist. Diese Begriffe sind „Eigentümlichkeit" und „Gattungsbewußtsein". Schl. gilt vielfach als Entdecker der Eigentümlichkeit. Wenn das nun auch nicht der geschichtlichen Wahrheit entspricht[248]), so ist doch sicher, daß dieser Gedanke von niemand vor Schl. so tief gefaßt und so folgerichtig verwertet worden ist wie durch ihn. Auch ist es nach seinen eigenen Worten gerade dieser Gedanke, der ihn am meisten erhoben und gefördert hat. „Mir wollte es nicht genügen, daß die Menschheit nur da sein sollte als eine gleichförmige Masse, die zwar äußerlich zerstückelt erschiene, doch so, daß alles innerlich dasselbe sei. Es schien mich wenig, daß die besondere geistige Gestalt des Menschen ganz ohne inneren Grund auf äußere Weise nur durch Reibung und Berührung sich sollte zur zusammengehaltenen Einheit der vorübergehenden Erscheinungen bilden. So ist mir aufgegangen, was seitdem mich am meisten erhebt; es ist mir klar geworden, daß jeder Mensch auf eigene Art die Menschheit darstellen soll, in eigener Mischung ihrer Elemente, damit auf jede Weise sie sich offenbare und alles wirklich werde in der Fülle des Raumes und der Zeit, was irgend Verschiedenes aus ihrem Schoße hervorgehen kann"[249]). Worin nun liegt der Ursprung der Eigentümlichkeit; worin besteht ihr Wesen, und wie entwickelt sie sich? Sie ist nach Schl. im Menschen vom ersten Augenblicke des Lebens an vorhanden, d. h. zugleich mit dem Gattungsmäßigen in der Anlage gegeben. Die einzelnen Menschen sind demnach „ursprünglich, begriffsmäßig von einander verschieden"[250]). Sie äußert sich am deutlichsten im freien Spiele der inneren Lebendigkeit und hat ihre tiefste Wurzel im Gefühle. Da nun dieses als „Indifferenz" von Denken und Wollen sich später in diese Functionen spaltet und sie bei allen ihren Operationen begleitet, sich an sie hängt, so kommt die Eigentümlichkeit bis zu einem gewissen Grade zur Erscheinung auch im Denken (Sinnesthätigkeiten, Wahrnehmen) und Wollen. Ihr Werden ist somit gegeben in jedem Augenblicke des Lebens. Wir beobachten sie erstens als Differenz der Einzelnen hinsichtlich des aufnehmenden und des rückwirkenden Verhaltens dem Allgemeinen gegenüber; zweitens in Ansehung der Abfolge der Momente, die rasch oder langsam, gleichförmig oder ungleichförmig an einander sich reihen; drittens hinsichtlich der Verschiedenheit des Ortes, an den das Maximum der mittleren Verhältnisse zu stehen kommt; viertens als Neigung und Talent; fünftens als Geschlechtsdifferenz; sechstens als Temperamentsverschiedenheit; siebentens als „nationale Constitution" und achtens als Rassencharakter. Die letzten vier kommen, wie natürlich, nach „ausserordentlich" vor. Schl. gebührt das Verdienst, darauf besonders hingewiesen zu haben. Verstehen läßt sich die Eigentümlichkeit bis zu gewissem Grade aus der Verschiedenheit der Umgebung, der organischen Bestimmung

248) Vergl. hierzu Anm. 4 und Frohne a. a. O. S. 9–[illegible]. 249) Monol. II.

250) Philosophische Ethik, herausg. d. Schweizer, § 180.

der Erziehung, [illegible] erklären aber nicht. Schl. denkt sich die „ursprüngliche" Anlage als ein „quantitatives" Verhältnis jener geistigen Functionen, ein Verhältnis, das schon in den ersten Anfängen determiniert sei. Ob diese Erklärung zutreffend ist, ob nicht, läßt sich schwer entscheiden. Offenbar steckt hier ein großes Problem, das noch der Lösung harrt. Doch hat, wie uns dünken will, Schl. die Frage richtig gestellt, auf ihre unabsehbare Bedeutung hingewiesen und eine erste gründliche Beantwortung versucht. Man will sich freilich von ihr nicht recht befriedigt fühlen. Sigwart, der, wie oben bemerkt ist, die Ausscheidungsversuchungen in der Psychologie nicht erkannt hat, äußert Bedenken, auch Frohne thut es; doch wissen beide nichts Besseres vorzuschlagen. Man fordert wohl, daß Schl. hätte erklären sollen, woher die ursprüngliche Anlage rührt. Allein man überlegt dabei, wie wir meinen, nicht recht, was man damit verlangt. Dann hätte Schl. also erklären müssen, weshalb aus einem Generationsact ein solches Individuum wird und aus einem anderen ein anderes. Ja glaubt man denn aber, daß es für den Menschen keine Grenze des Erkennens giebt? Man sollte doch die großen Männer ein wenig auch am eigenen Unvermögen messen. Den weiteren Einwand, der sich gegen das „quantitative Verhältnis" richtet, berühren wir zweckmäßig erst, wenn wir uns kurz noch vergegenwärtigt haben, was Schl. über das Gattungsbewußtsein ausführt. Jeder Mensch ist zwar ein eigentümlicher; aber er ist als solcher doch ein Werk der Gattung, wie schon die Zeugung lehrt. Niemand wird deshalb seine Eigentümlichkeit begreifen, der sein Verhältnis zur Gattung nicht erkennt. Die Gattung ist in jedem mitgesetzt. Jeder ist, wie Schl. sagt, „ein Compendium der Menschheit". Sein Einzeldasein „umfaßt in einem gewissen Sinne die menschliche Natur". Individualität und Gattungsbewußtsein: das sind die beiden Angelpunkte, um die sich die menschliche Entwicklung dreht. Bei aller Verschiedenheit sind die Menschen wesentlich identisch. Den Hauptzügen nach stimmen sie also auch in ihren Sinnesthätigkeiten, ihrem Denken, Fühlen und Wollen überein. Wohnt nicht auch in allen der Trieb zur Wahrheit, die Richtung auf das Wissen? Und wie im Wissen, so im Wollen. Das ewige Soll ist für alle dasselbe, so verschieden auch die Stufen seiner Verwirklichung sind[251]). Der Einzelne kann nur im Ganzen gedeihen, und das Ganze kommt nur in den Einzelnen zur Erscheinung. Mit dieser seiner Überzeugung hat Schl. in der Psychologie Ernst gemacht. Bei allen Functionen, die er erörtert, kehrt der Gedichtspunkt wieder. Und mit Recht. Denn keine Thätigkeit vermag höhere Inhalte ohne Einwirkung des Gattungsbewußtseins zu entwickeln[252]). Von hier aus wird es nun begreiflich, warum Schl. die individuelle Anlage als Quantitätsverhältnis, als eigentümliche Mischung der Elemente gattungslicher Functionen faßt. Aus ihr entwickelt sich, nach seiner Meinung, erst allmählich, was uns später als qualitative Bestimmtheit erscheint. Da er aber eine solche im Grunde nicht zugiebt, hat man ihm vorgeworfen, daß er das Wesen der Persönlichkeit nicht begriffen habe. Und der Vorwurf ist bis zu einem gewissen Grade berechtigt, sobald man sich auf einen dem Schleiermacherschen entgegengesetzten Standpunkt stellt. Allein auch dieser läßt keine bessere Erklärung der Thatsachen des Einzelbewußtseins zu, als sie Schl. bietet. Wohl aber erwachsen für einen solchen Standpunkt Schwierigkeiten anderer Art. Sie liegen einmal in der Unmöglichkeit, eine auch nur annähernd einheitliche Erklärung des menschlichen Seelenlebens zu geben; denn sind die Menschen qualitativ verschieden, so müssen sich so viel Geisteswissenschaften nötig, als Menschen leben. Es entstünde dann eine Art von Individualpsychologie, von der wir keinen Begriff haben. Doch wäre das noch der geringste Schaden. Wie aber will man von diesem Standpunkte aus die Thatsachen

251) Freilich hat diese Übereinstimmung nach Schl. einen noch tieferen Grund. Wer den Gegensatz des Individuellen und des Identischen ganz verstehen will, muß sich erst den des Realen und Idealen klar machen. Dieser aber wäre nichts als ein „leeres Mysterium", wenn man ihn nicht auf das „Eine Sein" zurückführen dürfte, das ihn und mit ihm alle anderen Gegensätze entwickelt. Näheres hierüber findet sich in der Dialektik.

252) Wir versäumen nicht, an dieser Stelle auf die treffliche Auseinandersetzung zu verweisen, die Lang a. a. O. S. 45–53 über das Gattungsbewußtsein in Schl.s Psychologie giebt.

[illegible] des Gattungsbewußtseins erklären? Hier liegt die Achillesferse des reinen Individualismus. Denn für den, dem die „Idiosynkrasie“ mehr ist als eine aus quantitativen Verschiedenheiten hervorgehende Erscheinung, giebt es theoretisch nur einen Ausweg: die Skepsis. So stehen wir nicht an, es Schl. hoch anzurechnen, daß er trotz des großen Wertes, den er der Individualität beimißt, sich davor gehütet hat, die andere, nicht minder wesentliche Seite aller menschlichen Erfahrung, die im Gattungsbewußtsein sich offenbart, hintanzusetzen. Geht man der Sache auf den Grund, so sind es Idealismus und Realismus, die in seiner Psychologie zu einer schönen Einheit verwoben sind. Und nun können wir auch die Frage beantworten, wie Schl. das Verhältnis von Freiheit und Notwendigkeit sich denkt. In der Freiheit sieht er das Wesen des Geistes; doch ist sie nach ihm nichts weniger als Willkür. Jedes Sein ist frei, sofern man es als Kraft setzt, aber der Notwendigkeit unterworfen, sofern es im Zusammenhange mit anderen betrachtet wird. Die Notwendigkeit hat ihren Grund in der Gattung, dann in der Welt als Totalität. Sie kommt zum Ausdrucke in der Sitte und im Gesetze. Ihre Schranke aber ist gegeben in der Individualität. So erscheint „das Gesetz in der menschlichen Natur differentiiert, doch so, daß die absolute Identität durchbricht“[252]. Jeder Mensch hat also die Aufgabe, auf seine Weise das Ideal der Menschheit darzustellen und zur Geltung zu bringen. Wer das Wollen der Gattung, der Welt, im letzten Grunde: der Gottheit in seinem Personwillen aufnimmt und nach Maßgabe seiner eigentümlichen Begabung mit Nachdruck und Ausdauer zur Geltung zu bringen sucht: der ist frei. So ist Schleiermachers, so auch unsere Meinung. —

Wesentlich kürzer als der erste ist der zweite, der „constructive“ Teil, behandelt. Er sollte zeigen, wie die Elemente „auf verschiedene Art zusammenwirken können, einmal um ein einzelnes Leben zu constituieren, abgesehen von den großen Massen und Gruppen der Völker, und dann zweitens die Charaktere dieser großen Massen, insofern sie wahre Einheiten bilden, was nur dann der Fall sein kann, wenn feststeht, daß derselbe nationale Charakter und dasselbe Maß in den auf einander folgenden Geschlechtern sich wiederholt“[253]. Und was bringt er? Erörterungen über die Geschlechtsdifferenz, über Temperamente und Charakter, über Wertdifferenzen unter den Einzelnen und zeitliche Differenzen des Einzelwesens, nämlich Schlaf und Wachen, bzw. Traum, und die vier Lebensalter. Was zunächst erwartet werden mußte und was auch zuerst vermißt wird, ist eine zusammenhängende Erörterung über das Individuum als solches; denn was sollte das einzelne Leben, von dem in der Ankündigung der Rede ist, sonst sein? Nach unserer Meinung hätte es Schl. nicht eben schwer fallen können, die im elementaren Teile zerstreuten Bemerkungen über die Individualität im constructiven zu vereinigen und so ein Gesamtbild zu entwerfen. Möglicherweise hat er es unterlassen, um sich, da alles Wesentliche gelegentlich erörtert war, nicht zu wiederholen; vielleicht auch aus Mangel an Zeit. Auch die „Massen“ sind nicht als solche und vor allem nicht im Zusammenhange behandelt, sodaß man hier das zerstreute Material zusammensuchen muß, um ein Bild von dem zu erhalten, was Schl. darüber gedacht hat[254]. Die reichste Ausbeute ergiebt der Abschnitt über die „Wertdifferenzen“. Unserem Urteile über den hier gebotenen Stoff (siehe S. 66) haben wir nichts hinzuzufügen. — Was Schl. sonst im zweiten Teile behandelt, kann zwar auch nicht Anspruch auf Vollständigkeit machen, ist aber durchaus anregend und gediegen. Er läßt sich dabei angelegen sein, die gefundene Vierteilung auf die „Differenzen“ anzuwenden, d. h. er unterscheidet [illegible]. Die sind nun zwar nicht immer glücklich, führen im ganzen aber doch zu Ergebnissen, die mit dem Leben übereinstimmen. Einigermaßen einseitig erörtert ist die Geschlechtsdifferenz. Zwar will er auch hier wie „überall von dem Zusammensein des Geistigen und Leiblichen ausgehen“[255], um sich nicht von Anfang an in Abstractionen zu verlieren; was er aber thatsächlich darüber sagt, ist gleich Null. Außerdem wendet er nahezu die ganze Aufmerksamkeit dem weiblichen

252) Ebend. S. 447. 253) P. S. [illegible] u. [illegible]. 254) Vergl. S. 65. 255) P. S. [illegible].

Geschlechte zu, was vielleicht nicht zufällig ist, während er das männliche mit wenig Bemerkungen abthut[257]. Jenes ist allerdings ausführlich und im allgemeinen gut gezeichnet. Namentlich billigen wir, daß ihm Schl. vorwiegende Subjectivität und kleine Momente zuschreibt. Dagegen scheint uns der Unterschied der Geschlechter hinsichtlich des Gegensatzes zwischen Receptivität, die vorherrschend im weiblichen, und Spontaneität, die überwiegend im männlichen vertreten sein soll, nicht durchgreifend zu sein. Wir meinen, daß es nicht weniger Männer als Frauen giebt, die in ihrer Sphäre sich receptiv verhalten, und umgekehrt. Aber allerdings ist die Spontaneität der Frauen mehr auf das Kleine, Niedliche, Häusliche gerichtet, während die der Männer dem Berufs- und öffentlichen Leben zugewandt erscheint. In der Besorgung ihrer häuslichen Angelegenheiten entfaltet ein Weib nicht weniger Thatkraft und Ausdauer als der Mann in seinem Wirkungskreise. Damit aber wird auch die Anwendung der Temperamentsdifferenz auf die Geschlechter in dem Sinne, daß auch hierdurch ein wesentlicher Unterschied sich feststellen ließe, hinfällig. Am besten abgerundet erscheint das Capitel über die Temperamente. Wie Schl. hier die Vierheit gewinnt, das ist ein geradezu klassisches Beispiel für seine Methode der Anwendung gewonnener Gegensätze[258]. Insbesondere ist es der zwischen Spontaneität und Receptivität, den er consequent durchführt, wenn sich dann auch die Unterscheidung eines Verlaufes der inneren Vorgänge in großen von einer Abfolge in kleinen Momenten gesellt. Was Schl. durch geschickte Combination dieser Gegensätze erschließt, ist überraschend und zumeist auch überzeugend. Ein wenig freilich müssen sich die Temperamente nach seiner Construction richten. — Anregend und interessant ist ferner, wie er den Wechsel in Schlaf und Wachen, Träume, Nachtwandel und Sinnestäuschungen bespricht, wenngleich naturgemäß gerade bei diesen Erscheinungen, auf die physiologische Verhältnisse einen großen Einfluß ausüben, manches von seinen Ausführungen veraltet sein muß. Wertvoller noch wollen uns die Erörterungen über die „Wertdifferenzen“ und die vier „Lebensalter“ erscheinen. Die letzteren zumal sind trefflich gezeichnet, wiewohl recht knapp. Bei dieser Gelegenheit sei es uns verstattet, darauf hinzuweisen, daß gerade die psychologische Erforschung der ersten Altersstufen sehr wertvoll und verdienstlich ist, namentlich im Hinblicke auf die Aufgaben der Erziehung. Die Jugend der Nation mit Einsicht und Kraft planmäßig den höchsten Zielen zuführen zu helfen, das sah auch Schl. als eine Arbeit an, für die der Schweiß der Edelsten nicht zu kostbar ist. Niemals verlor er über der Wissenschaft das Leben aus den Augen. Daher sind seine Schriften voll treffender Bemerkungen, erhebender Ausblicke, weiser Ratschläge. Auch seiner Psychologie merkt man es an, daß ein gewaltiger Ethiker sie verfaßt hat, dem seines Volkes Heil am Herzen lag.

Wir schließen unsere Bemerkungen, indem wir in Kürze noch einmal zusammenstellen, was uns an der Psychologie Schl.s von besonderer Wichtigkeit zu sein scheint. Es ist Folgendes:

1. Schl. geht in seinen Erörterungen vom täglichen Leben aus und mißt ihre Ergebnisse an der Erfahrung. Statistik und Experiment sind ihm als Hilfsmittel psychologischer Forschung fremd.
2. Das Wesen der Seele erscheint ihm als „Agilität“. Dieser Begriff bietet ihm die Möglichkeit, alle Thatsachen des psychischen Lebens widerspruchslos und einheitlich zusammenzufassen.
3. Er begrenzt das Gebiet in einer Weise, der auch die moderne Geistesforschung zustimmen kann. Tier- und Völkerpsychologie müssen ihm Beiträge liefern, und von der Physiologie erwartet er bedeutsame Aufschlüsse für die Zukunft.
4. Er bekämpft die Vermögens- und die Spurentheorie sowie die Anwendung der Mathematik auf die Psychologie, geht aber, was das letzte anlangt, über die zulässige Grenze.

257) P. S. [illegible]. 258) Vergl. S. [illegible].

5. Er betont mit Entschiedenheit die Zusammengehörigkeit von Leib und Seele, hebt die Bedeutung des äußeren wie des inneren Factors hervor und erblickt in der Wechselwirkung zwischen beiden die Bedingung für die Entfaltung des geistigen Lebens sowie die Ursache für die Spaltung der Agilität in Receptivität und Spontaneität.
6. Die wichtigsten Bedingungen für die Continuität des Seelenlebens dagegen sieht er im Zusammensein aller Functionen im „Moment“, ohne zu verkennen, daß dieser in der Regel durch die Vorherrschaft einer Thätigkeit sein Gepräge erhält, und in der Dauer des einmal bestimmt gewesenen Bewußtseins. Doch unterschätzt er gänzlich die Bedeutung der Association der Seeleninhalte.
7. Seine Einteilung der Psychologie ist nicht zweckmäßig. Sie führt zu fragmentarischer Behandlung der Einzelfunctionen und zerreißt auch sonst an vielen Stellen, was zusammengehört. Der Versuch, die Psychologie unter einen neuen „Schematismus“ zu stellen, ist indes anerkennenswert.
8. Wahrnehmen und Denken sind im ganzen richtig gezeichnet. Doch vermißt man ungern eine Erörterung über den wichtigen Begriff der „Apperception“. Was Schl. über „gewußtes“ Wollen sagt, füllt diese Lücke nicht aus. Gut auseinandergesetzt ist dagegen das Verhältnis von Denken und Sprechen.
9. Für original und tief halten wir die Auffassung des Gefühlslebens, insbesondere die des religiösen Bewußtseins; doch ist letzteres zu einseitig bestimmt und in seiner metaphysischen Begründung anfechtbar.
10. Weniger gründlich erscheint das Wollen behandelt. Es fehlt hier eine sorgfältige Erörterung des Verlaufes der Trieb- und Willenshandlungen, auch eine klare Auseinandersetzung über Gefühls- und Zweckmotive.
11. Sehr wertvoll sind die in fast allen Capiteln sich findenden Darlegungen über „Eigentümlichkeit“ und „Gattungsbewußtsein“. Mit Recht betont Schl., daß von deren Zusammenwirken die Entfaltung der höheren Bewußtseinsinhalte in erster Linie abhänge. Diese Erörterungen vornehmlich sind es, die — neben dem Schematismus — der Schleiermacherschen Psychologie ein charakteristisches Gepräge aufdrücken.
12. Zutreffend dargestellt ist auch das Verhältnis von Freiheit und Notwendigkeit. Ein besonderes Capitel darüber sucht man freilich vergebens — eine Folge des Schematismus.
13. Den Constructionsversuchen des 2. Teiles können wir einen großen wissenschaftlichen Wert nicht beimessen. Doch ist auch dieser Teil höchst lesenswert, namentlich wegen der Fülle treffender Bemerkungen, die er enthält.
14. Schließlich geben wir unserem Bedauern darüber Ausdruck, daß Schl. nicht Zeit gefunden hat, die Psychologie für den Druck zu bearbeiten. Aber auch in der Form, wie sie vorliegt, ist sie — wir wiederholen es — ein Werk so tief und bewußt in der Auffassung, so gründlich und scharf in der Beobachtung, so klar und warm in der Darstellung, daß sie es wert ist, der Vergessenheit entrissen zu werden.

Könnte die vorliegende Arbeit diesen Zweck erreichen helfen, fühlte ihr Verfasser sich reichlich belohnt.

Schulnachrichten.

I.

Chronik.

Montag den 2. April 1894 ward mit der zweiten Aufnahmeprüfung das neue Schuljahr eröffnet. Kurz vorher hatte mit Gottes Hilfe der Berichterstatter wieder die Geschäfte übernehmen können, nachdem ihn ernste Krankheit den ganzen Winter durch vom Amte fern gehalten hatte. Dem treuen Mitarbeiter, Konrektor Prof. Dr. *Schneider*, muß für seine unermüdliche, umsichtige und wohlwollende Vertretungsthätigkeit auch an dieser Stelle der herzliche Dank der Schule ausgesprochen werden, und auch den hilfsbereiten Kollegen, die sich in die Unterrichtsstunden des Rektors geteilt hatten.

Die Schule begann ihr neues Jahr zum ersten Male seit langer Zeit mit achtzehn Klassen. Denn die Schülerzahl in den Oberprimen war bis hart an die gesetzliche Maximalgrenze, die in den Unterprimen und Obersekunden beträchtlich darüber hinaus gestiegen, so daß ein Zusammenlegen der jahrelang getrennt gewesenen Klassen ohne erhebliche Nachteile gerade für die Abiturienten nicht gut möglich war. Diesen Erwägungen mochte sich die Kultusbehörde in ihrem überzeugtesten Wohlwollen umsoweniger verschließen, als ähnliche Schülerzahlen auch für die nächsten Jahre zu erwarten waren. Der entstandene Mehrbedarf an Unterricht ward vorläufig gedeckt, teils durch etliche Kombinationen, teils durch Neubeschäftigung zweier junger Herren Kandidaten, von denen dann noch weiter zu berichten sein wird: Dr. phil. *Friedrich Zöllner* und Dr. phil. *Eugen Platen* (damals noch cand. prob. an der Schule).

Noch unter dem frohen Eindrucke des Einzugs Ihrer Königl. Hoheit der *Prinzessin Marie Isabella* von Württemberg und Ihrer Vermählung mit Sr. Königl. Hoheit dem *Prinzen Johann Georg* (zu der auch die Realgymnasien des Landes durch eine Abordnung ehrerbietigen Glückwunsch darbringen durften) feierten wir diesmal den Geburtstag Sr. Majestät unsres allverehrten *Königs Albert*. Es wechselten Gesänge des Schülerchors und gemeinsamer Gesang, deutsche, englische und französische Schülervorträge; Festredner war Prof. Dr. *Vogt*, er

gedachte der Verehrung, die Sr. Majestät dem König Albert im engern und weitern Vaterlande entgegengebracht wird; alsdann sprach er über die geistige Bewegung im Ausgange des vorigen Jahrhunderts.

Am 4. Mai, dem Freitage nach Himmelfahrt, beehrte uns Herr Oberkonsistorialrat Dr. theol. Schmidt mit seinem Besuche, um von dem Religionsunterricht der Schule Kenntnis zu nehmen. Er wohnte dem Unterrichte all unsrer Religionslehrer, auf sechs verschiedenen Klassenstufen und in den verschiedensten religiösen Gegenständen, bei und ergriff auch wiederholt selbst das Wort.

Der letzte Schulmorgen vor den Pfingstferien, Freitag, den 11. Mai, gestaltete sich zu einer einfachen häuslichen Feier. Angesichts der bekränzten Bilder der drei früheren Leiter der Schule, *Vogel*, *Wagner*, *Ginzel*, erinnerte der Rektor an den 5. Mai 1834, wo vor 60 Jahren die Schule eröffnet ward, und zugleich daran, daß sie nun gerade seit einem Jahrzehnt als Realgymnasium wirke. Diesem Gedenktage hatte auch, ganz aus freien Stücken, die Verlagshandlung B. G. Teubner

Beerdigung geschenkt, deren einem Teilhaber, Herrn *Alfr. Ackermann*, wir zu unseren alten Abiturienten zählen. Mit den freundlichsten Grüßen widmete sie der Schule ein ansehnliches Büchergeschenk aus ihrem Verlage, für 300 M., die Wahl der Werke uns überlassend. Wolle die hochgeschätzte Firma auch hier unseren aufrichtigen Dank annehmen für dieses gütige Geschenk!

Als am 9. und 10. Juni die Schwesteranstalt zu Döbeln, Königl. Realgymnasium mit landwirtschaftlicher Abteilung, ihr 25jähriges Bestehen feierte, schickten wir herzlich teilnehmende Grüße, sowohl brieflich als auch durch unseren Abgesandten, Herr. Prof. Dr. *Schuster*; dieser erzählte nach seiner Rückkehr erfreut von dem schönen und wohlgelungenen Verlaufe des Festes.

Im Juni gab eine Umfrage des Königlichen Ministeriums nach den an den Realgymnasien eingeführten Lehr- und Übungsbüchern willkommenen Anlaß, die an unserer Schule gebrauchten einer erneuten Besprechung zu unterziehen. Ein gleiches geschah später mit den Werken zur französischen und englischen Lektüre.

Am 22. Juni, bei gutem Wetter, unternahmen sämtliche Klassen, teils einzeln, teils in Gruppen, fröhliche Klassenausflüge mit ihren Lehrern nach allen vier Winden. Die Oberprimaner, das Lehrreiche mit dem Angenehmen verbindend, besichtigten in Merseburg den alten Bischofssitz, die Dürrenberger Saline und etliche chemische Fabriken; die Kleinsten blieben in der nähern Umgebung; alle aber kehrten befriedigt heim.

Während der großen Ferien (die leider der Rektor für seine Person, einer verordneten Kur wegen, zwei Wochen früher beginnen mußte) ward zweimal die uns anvertraute Jugend an den Ernst des Todes gemahnt durch den Verlust zweier lieber Kameraden. Es starb *Richard Ackermann* aus 5[b], wenige Wochen zuvor schon krank von unserer Schule abgegangen, und völlig unerwartet in blühendem Alter der Untersekundaner *Alfred Hendrich*. Den tiefbekümmerten Eltern, deren Hoffnung und Freude er war, konnte ich nur aus der Ferne das innige Beileid ausdrücken; aber dem kräftigen Eingreifen des in Leipzig anwesenden Oberl. Dr. *Wilke* gelang es, mehrere Lehrer und Schüler zu versammeln, um dem Heimgegangenen das letzte Geleite zu geben. Nach den Ferien ward bei der Morgenandacht beiden Schülern ein herzlicher Nachruf gewidmet.

Am 1. September erlitt das Lehrerkollegium dadurch eine eingreifende Veränderung, daß Herr Oberlehrer Dr. *Georg Gerisch* nicht nur uns und die Schule verließ, sondern sich einem ganz neuen Berufe zuwandte, auf den ihn Neigung und gewiß auch eine besondere Begabung hinwies: er ward betraut mit der Oberleitung der neugegründeten „Deutschen Tageszeitung" in Berlin. Um dem beiderseitigen Bedürfnisse des Abschiednehmens zu genügen, kehrte er noch auf einen Tag zu uns zurück und nahm teil am [illegible] zum Schlusse des Sommerhalbjahres. Die Schule bleibt ihm allezeit dankbar für die feste, erziehliche Einwirkung, die er auf die Schüler, vor allem im Ordinariate, sichtbar geübt hat, für die lebhafte und anschauliche Art seines Unterrichts. Ein einfaches kollegiales Mahl vereinigte am Abende des Tages die Amtsgenossen noch einmal um den Scheidenden.

Nicht gering waren die Schwierigkeiten für einen geordneten Unterrichtsbetrieb in der nächstfolgenden Zeit; sie wurden aber — dank der großen Bereitwilligkeit der Kollegen und dem Entgegenkommen der [illegible] — alle überwunden. Denn abgesehen von dem plötzlichen Weggange Dr. Gerischs fehlte uns Dr. ph. *Platen*, der noch dabei war, eine Offizierübung abzuleisten, und [illegible] erkrankte Turnlehrer *Wortmann* bedauerlicherweise an einer schweren [illegible] mit [illegible] Anfällen. In seiner Vertretung wies der Rat der Stadt jetzt — und auch einmal später im November — den geprüften Turnlehrer Herrn *Berggraf* an, dem für seine willige und geschickte Hilfe bestens gedankt sei.

Die neue Stellenbesetzung (um dies hier vorweg zu nehmen) harrt zwar noch ihrer endgültigen Regelung — im Zusammenhange mit einer geplanten, etwas veränderten Gehaltsordnung an den drei städtischen Gymnasien; inzwischen ward zu Michaelis vom Rate der Stadt der bisherige Hilfslehrer *Oskar Grafe* zum ständigen und vom Hohen Ministerium zum Oberlehrer gemacht, die Doktoren *Höllner* und *Platen* rückten als Hilfslehrer ein, und mehrere noch zu besetzende Stunden wurden Herrn Dr. ph. *Hermann Berge* übertragen.

Dr. phil. *Friedrich Höllner*, geb. 10. Febr. 1870 zu Dresden, ev.-luth., Sohn des zu Chemnitz verstorbenen Professors an den Techn. Staatslehranstalten, ward vorgebildet auf

dem Königl. Gymnasium zu Chemnitz und studierte in Leipzig. Ostern 1892 promovierte er hier auf eine Quellenuntersuchung „Analecta Ovidiana" und erwarb zu Pfingsten 1893 ebenda das Oberlehrer-Zeugnis. Sein Pfingsten 1893 am Thomasgymnasium begonnenes Probejahr ward vom Hohen Ministerium Ostern 1894 für beendet erklärt.

Dr. phil. *Eugen Adolf Platen* aus Elberfeld in der Rheinprovinz, evang., geb. 28. Juli 1868, verließ Ostern 1888 das Realgymnasium zu Gotha mit dem Zeugnis der Reife und studierte Ostern 1888 bis Michaelis 1893 an den Universitäten Leipzig, Berlin, Leipzig, Genf, sowie im Genfer Ferien-Kurs pour les Étrangers, erwarb im März 1890 mit seinen „Syntaktischen Untersuchungen zu Rabelais" in Leipzig die Doktorwürde und ebenda im Juni 1893 das Oberlehrer-Zeugnis. Sein Probejahr am hiesigen Realgymnasium lief von Michaelis 1893 bis Michaelis 1894.

Bei der Vorfeier des Sedantages, den 1. September, die u. a. verschönt ward durch den Vortrag zweier altniederländischer Kriegslieder (das eine für gemischten Chor von Prof. *Rich. Müller* eingerichtet), hielt Oberlehrer Dr. *Jaeger* einen eingehenden historischen Vortrag über die deutsche Kriegslyrik; durch Lieder aus den Jahren 1870/71, von Schülern deklamiert, wurde der Vortrag illustriert. Auch diesmal wurde der Tag ausgezeichnet durch Verteilung von Bücherprämien, gütig gestiftet vom Rate der Stadt. Prämien erhielten:

Ekkehard Schröter (U 3[a]; Uhland, Ged. und Dramen) — *Köhler* (U 3[a]; Deutsche Vaterlandslieder) — *Geyer* (U 3[a]; Körners Werke) — *Voigt* (U 3[b]; Archenholz, Der 7jähr. Krieg) — *Grosskopf* (U 3[c]; Schillers Werke) — *Urban* (O 3[a]; Emanuel Geibel, Heroldsrufe und Deutsche Ostern v. Gerok) — *Hesse* (O 3[a]; Das Buch vom deutschen Heere) — *Alfred Schröter* (O 3[b]; Schillers Werke) — *Ehrlich* (U 2[a]; Deutschlands Einigungskriege und die Kriegsliedersammlung von uns. früheren Kollegen Dr. Gerisch) — *Schmidt* (U 2[a]; Adami, Königin Luise) — *Müller* (U 2[b]; Goethes Gedichte und Dramen) — *Hahn* (U 2[b]; Deutsches Balladenbuch) — *Hartmann* (O 2[a]; Georg Erler, Wanderungen und Stimmungen) — *Sätter* (O 2[a]; Lessings Werke) — *Schulz* (O 2[b]; Gust. Freytag, Aus dem Jahrh. der Reformation) — *Leonhardt* (O 2[b]; Viehoff, Schillers Leben, Geistesentwicklung u. W.) — *Gräber* (U 1[a]; Köstlin, Luthers Leben) — *Lange* (U 1[a]; Gust. Freytag, Bilder aus neuerer Zeit) — *Weigel* (U 1[b]; 300 Bildnisse u. Lebensabrisse ber. deutsch. Männer) — *Kaufmann-Hahn* (U 1[b]; [illegible], Gründung des deutschen Reichs) — *Bruner* (O 1[a]; Georg Erler, Deutsche Geschichte im Ausgang des spät. Mittelalters) — *Strigel* (O 1[a]; Lewes, Goethes Leben und Werke) — *Köhler* (O 1[b]; Bismarck-Gedenkbuch, v. Kohl) — *Scholz* (O 1[b]; Goethe in der Epoche seiner Vollendung, v. Harnack).

Am 10. September wurden in der Aula von den Herren Hofrat Dr. *Blaß* und Dr. *Schellenberg* 36 Schüler geimpft, davon 34 mit Erfolg, und alle ohne den geringsten Zwischenfall.

9. 11. 12. September schriftliche Michaelisprüfung; 21. Schluß der Schule.

Das Winterhalbjahr, und zugleich die ruhigsten beiden Arbeitsmonate im Jahre, begannen am 1. Oktober mit der Aufnahmeprüfung.

Durch die Huld des Königs erhielt Kollege Oberlehrer *Langwitz* Professortitel und Hofrang. Herr Stadtrat *Itter*, der Deputierte des Rates für unsere Schule, der an all ihrem Leid und Freud unausgesetzt den innigsten Anteil nimmt, überreichte im Rektoratszimmer mit herzlichem Glückwunsch das königliche Dekret (vom 20. Oktober), das zum ersten Male eigenhändig von Sr. Majestät vollzogen ist.

Am 5. Dezember, dem ersten Mittwoch im Advent, ward von 181 Abendmahlsgenossen (34 Lehrern mit Angehörigen und 147 konfirmierten Schülern) am Altar der Peterskirche das heilige Mahl gefeiert, nachdem tags zuvor Kollege *Gelbert* die vorbereitende Andacht gehalten und über Glaube, Hoffnung, Liebe gesprochen hatte. Die Beichtrede (Richtet den Weg des Herrn; Joh. 1, 23) hielt Herr Diakonus *Eckert*; wir schulden ihm für seine Güte vielen Dank.

Das Andenken König *Gustav Adolfs*, dessen Geburtstag zum 300. Male wiederkehrte, ward bei der Morgenandacht Montag den 9. Dezember (gemäß einer Abrede unter den höheren Schulen der Stadt) den Schülern nahe gebracht. Oberlehrer *Gelbert* entrollte ein Lebensbild des glaubensmutigen Helden und Staatsmannes, der den Protestantismus in Deutschland gerettet hat; je eine Strophe des

Trauliedes von der „Festen Burg“ ging voran und folgte. (Den nichtevangelischen Schülern war die Teilnahme freigestellt worden.) Danach ward Unterricht gehalten. Schon in der Woche vorher war durch das dankenswerte Entgegenkommen der Stadttheater-Direktion, sowie des Herrn Pastor D. Kaiser, der Besuch von dessen Gustav-Adolf-Festspiele den Schülern gegen mäßige Eintrittsgelder ermöglicht worden.

Als Sonnabend den 22. Dezember die Schule schloß, hatten wir eine Zeit bedauerlicher Erkrankungen im Kollegium hinter uns, die auch im neuen Jahre 1895 noch nicht gleich endete. Drei unsere Kollegen, Obl. Dr. Wilke, Prof. Müller und Obl. Dr. Herrmann, mußten um längeren Urlaub nachsuchen, sind andre auf kürzere Zeit fehlen. Erst im März begann eine erfreulichere gesunde Zeit.

Am Abend zu Kaisers Geburtstag, begangen am Montag den 28. Januar, schilderte Oberlehrer Dr. Horn das Leben und bedeutende Wirken Werners v. Siemens; Schülervorträge und Gesänge fehlten nicht.

9. Februar begann die schriftliche Reifeprüfung und dauerte bis zum 16.; 4. März war die erste Aufnahmeprüfung; 8. bis 9. März die mündliche Reifeprüfung, an der der Rektor für diesmal mit dem königlichen Kommissariate betraut war und über deren Erfolg unter VI. zu berichten sein wird; 6. bis 14. März schriftliche Klassenprüfungen. Die mündlichen werden, so Gott will, am 3. und 4. April stattfinden, dann die Schule am 5. geschlossen und Montag den 22. mit der zweiten Aufnahmeprüfung wieder angefangen werden.

Am Sonntage den 17. März berieten im Rektorzimmer die Mitglieder der „Jubiläums-Stiftung“, die Herren Amtshauptmann Altendorf (Vors.), Kfm. Pfitzenreiter und Kfm. Martin Schröder, mit Rektor und Konrektor, über die diesjährige Stipendienvergebung. Es kamen an würdige und bedürftige Schüler 460 Mark zur Verteilung, in Spenden von 60, 40 und 20 Mark.

Von den Verordnungen des Königlichen Ministeriums des Kultus und öffentlichen Unterrichts ist eine, die auch weitere Kreise unmittelbar angeht. Diese Generalverordnung vom 20. Februar 1895 — 236 B — regelt die Ferien an den höheren Schulen folgendermaßen:

1.

„Der Schulschluß findet vor den Weihnachtsferien in der Regel am 22. Dezember, vor allen übrigen Ferien am Freitag, und zwar im Sommerhalbjahr um 11 Uhr vormittags, im Winterhalbjahr um 12 Uhr mittags statt, der Wiederanfang der Schule dagegen nach den Weihnachtsferien in der Regel am 7. Januar, nach den übrigen Ferien am Montag, beziehentlich nach Beendigung der Aufnahmeprüfung mit Beginn des planmäßigen Unterrichts.“

2.

„Fällt der 22. Dezember auf Sonntag oder Montag, so ist die Schule am vorausgehenden Sonnabend zu schließen. Fällt der 7. Januar auf Sonnabend oder Sonntag, so hat der Unterricht am darauf folgenden Montag wieder zu beginnen. Im übrigen gilt auch hier das unter 1. Festgesetzte.“

Zum Schlusse will ich einer nicht unwichtigen Maßregel im städtischen Schulleben gedenken, über die man vielleicht an dieser Stelle eine Äußerung erwarten mag. Ich meine die für nächste Ostern in Neustadt-Dresden geplante Schuleinrichtung mit „lateinlosem Unterbau“ nach Altonaer Muster. So lebhaft das Interesse ist, mit dem man den Anfang und den Fortgang dieser Unternehmung verfolgen muß, so darf doch ja nicht unbeachtet bleiben, daß die geplante Verschmelzung der drei Unterklassen einer Realschule mit denen eines Realgymnasiums zu einem guten Teile aus rein örtlichen Gründen gewünscht wird, weil nämlich Dresden-Neustadt keine öffentliche Realschule besitzt. Diese Gründe treffen für Leipzig, das sich schon seit langer Zeit eines kräftig entwickelten Realschulwesens erfreut, in keiner Weise zu. Daher liegt für das Leipziger Realgymnasium zur Zeit kein Anlaß vor, an der Organisation seiner drei Unterklassen mit Lateinunterricht etwas zu ändern, da auch für jeden, der des Lateins nicht bedarf, in unserer Stadt treffliche Bildungsstätten vorhanden sind.

II.

Das Lehrer-Kollegium

gegen Ostern 1895.

Rektor: Professor Dr. phil. *Johannes Eduard Böttcher.*
Konrektor: Professor Dr. phil. *Friedrich Moritz Schuster.*

Oberlehrer Professor *Claude Firmin Dravenand*, Dolmetscher am Königl. Land- und Amtsgericht.
Oberlehrer Professor *Richard Welck.*
Oberlehrer Professor *Karl Moritz Bruther.*
Oberlehrer Professor *Gottlob Oskar Langwitz.*
Oberlehrer Dr. phil. *Andreas Hermann Graham.*
Oberlehrer Dr. phil. *Emil Alexis Leisker.*
Oberlehrer *Johann Heinrich Hermann Trebe.*
Oberlehrer Dr. phil. *Franz Martin Schröter.*
Oberlehrer Dr. phil. *Karl Friedrich Edmund Wilke.*
Oberlehrer Dr. phil. *August Wilhelm Wolf*, Hauptmann der Landwehr, Sachverständiger am Königl. Land- und Amtsgericht für Rechnungs- und Versicherungswesen.
Oberlehrer Cand. rer. nat. *Oskar Clemens Theodor Richter.*
Oberlehrer Dr. phil. *Heinrich Albin Sange.*
Oberlehrer Cand. theol. *Bruno Fürchtegott Gebert.*
Oberlehrer *Otto Geyer.*
Oberlehrer Dr. phil. *Friedrich Theodor Horn.*
Oberlehrer Dr. phil. *Eugen Mogk*, a. o. Professor an der Universität.
Oberlehrer Dr. phil. *Bernhard Oskar Herrmann.*
Oberlehrer *Ludwig Karl Hermann Johannes Hochmeister.*
Oberlehrer Dr. phil. *Paul Moritz Fischer.*
Oberlehrer *Karl Georg Bernhard Fleter.*
Oberlehrer *Hans Oskar Grofse.*

Ständige Fachlehrer:

Oberlehrer *Fedor Alexis Flinzer*, Inspektor des Städtischen Zeichenunterrichts.
Professor *Richard Müller*, Ritter des Königl. Sächs. Albrechts-Ordens I. Kl., Gesanglehrer.
Johann Heinrich Wortmann, Turnlehrer.
Alexander Friedrich Gustav Mühlbach, Zeichenlehrer.

Hilfslehrer:

Dr. phil. *Gotthilf Schramm.* Dr. phil. *Friedrich Zöllner.* Dr. phil. *Eugen Platen.*

Außerdem an der Schule thätig:

Dr. phil. *Hugo Brehme.* Cand. prob. Dr. phil. *Hermann Bergs.*

III.

Schülerbestand.

Am 16. Februar 1895 hatte die Schule 614 Schüler. Von ihnen gingen zu Ostern 52 Schüler ab; nämlich:

mit Reifezeugnis:

Louis Albers, Leopold Beckh, Leopold Carlstädt, Paul König, Günther Enderlein, Albert Gärtner, Arthur Hartkopf, Arthur Hentzschel, Willy Höpping, Alfred Karlstein, Kurt [illegible], *Paul Lange*, *Hans Lombard*, *Erich Münch*, *Karl [illegible]*, *Hugo [illegible]*, *Hans Thomas*, *Ferdinand Thile*, *Franz [illegible]* . . . . . 19 Sch.

ohne Reifezeugnis:

aus Unterprima: *Max Koch* . . . . . 1 „

aus Obersekunda: *Kurt Fritzsche* . . . . . 1 „

aus Untersekunda: *Bruno [illegible]*, *Otto Braun*, *Hans [illegible]*, *Leopold [illegible]*, *Arthur Kohl*, *Alexander Krah*, *Werner [illegible]*, *Alfred [illegible]*, *Richard [illegible]*, *Georg [illegible]*, *Arthur Braun*, *Rudolf [illegible]*, *Leo [illegible]*, *Alfred Pohl*, *Wilhelm [illegible]*, *Wilhelm [illegible]*, *Erich [illegible]* . . . . . 17 „

aus Obertertia: *Georg Bach* . . . . . 1 „

aus Untertertia: *Hermann [illegible]*, *Hans [illegible]*, *Wolfgang [illegible]*, *Paul [illegible]*, *Wilhelm [illegible]* . . . . . 5 „

aus Quarta: *[illegible]*, *Willy [illegible]*, *Paul [illegible]* . . . . . 3 „

aus Sexta: *Hans aus'm Werth*, *Rudolf Reiter*, *Alfred [illegible]*, *Paul Leibiger*, *Fritz Philipp* . . . . . 5 „

53 Sch.

[illegible] wie oben 52 Schüler. Demnach blieben 392.

Am 3. April 1894 wurden 87 Schüler aufgenommen, so daß das Schuljahr mit 479 eröffnet wurde. Ihre Verteilung und den späteren Ab- und Zugang zeigt folgende Übersicht:

	Ostern 1894	später aufgenommen	also im ganzen	abgegangen	am 16. Februar 1895
O Ia	12	—	12	—	12 Schüler
O Ib	15	—	15	—	15 „
U Ia	19	—	19	—	19 „
U Ib	16	—	16	—	16 „
O IIa	22	1	23	1	22 „
O IIb	23	—	23	2	21 „
U IIa	[illegible]	1	[illegible]	2	27 „
U IIb	[illegible]	—	[illegible]	2 1)	[illegible] „
O IIIa	31	—	31	2	[illegible] „
O IIIb	[illegible]	1	[illegible]	1	31 „
U IIIa	[illegible]	1	[illegible]	—	[illegible] „
U IIIb	[illegible]	1	[illegible]	3	24 „
IV a	[illegible]	1	27	—	27 „
IV b	27	2	[illegible]	2	27 „
V a	[illegible]	2	[illegible]	5	[illegible] „
V b	[illegible]	2	[illegible]	2	[illegible] „
VI a	[illegible]	1	[illegible]	—	[illegible] „
VI b	[illegible]	2	[illegible]	1	[illegible] „
	479	17	496	31 1)	465 Schüler

1) einschließlich des [illegible] *Alfred [illegible]*. — Ein Schüler der Quinta A [illegible] in die [illegible] Klasse versetzt werden; er ist hier beim Abgang aus der einen und beim Zugang zur anderen Klasse mitgezählt worden.

Schülerverzeichnis.

* bezeichnet die zu Ostern 1894 aufgenommenen,
** die im Laufe des Schuljahres eingetretenen,
† die im Laufe des Schuljahres abgegangenen Schüler.

Oberprima A. Ordinarius: Konrektor Prof. Dr. Schuster.

Nr.	Namen der Schüler.	Geburtstag und -ort (jetziger Wohnort)			Stand des Vaters.
1	Bahn, Theodor	20. Juni	1874	Klein-[illegible]	Privatmann.
2	Bock, Paul	13. August	75	[illegible]	Bürgermeister.
3	Böing, Wilhelm	12. Septbr.	75	Leipzig	Privatmann.
4	Brauer, [illegible]	6. Februar	75	Leipzig	[illegible]
5	Damm, Wilhelm	7. Januar	74	[illegible] (Leipzig)	[illegible]
6	Hadra, Paul	2. März	75	Leipzig	†[illegible]
7	Hänsel, Kurt	23. Februar	77	Leipzig-Gohlis	[illegible]
8	Jay, Arthur	14. Septbr.	76	[illegible] (Leipzig)	Privatmann.
9	Lodig, Fritz	16. Oktbr.	75	Leipzig	Kaufmann.
10	Schmidt, Gerhard	6. Mai	75	Leipzig	Dr. med., prakt. Arzt.
11	Striegel, Arno	12. Juni	75	Leipzig	Kaufmann.
12	Zeitlin, Leon	22. Februar	76	[illegible] (Leipzig)	Privatmann.

Oberprima B. Ordinarius: Konrektor Prof. Dr. Schuster.

Nr.	Namen der Schüler.	Geburtstag und -ort (jetziger Wohnort)			Stand des Vaters.
1	Enderlein, Walther	8. Novbr.	1874	Leipzig	† Lehrer.
2	Helmrich, Paul	4. Dezbr.	74	Leipzig	Kaufmann.
3	Häthig, Otto	12. Oktbr.	75	[illegible]	Kaufmann.
4	Käufler, Arthur	24. Mai	75	Dresden ([illegible])	[illegible]
5	Kindt, Alfred	12. Oktbr.	74	Leipzig	[illegible]
6	Martini, Ottomar	26. Februar	75	Hagen i. Westf. (Leipzig)	Ingenieur.
7	Müller, Bernhard	19. April	74	[illegible] i. B.	Privatmann.
8	Ritter-Grohse, Ernst	4. Novbr.	74	Gera ([illegible])	[illegible]
9	Schurloch, Paul	21. Dezbr.	74	Leipzig	[illegible]
10	Schauer, Arthur	8. Novbr.	75	Leipzig	†Kaufmann.
11	Schulz, Hermann	14. März	75	Leipzig	[illegible]
12	Taeschner, Walther	22. Mai	76	Leipzig	Dr. jur., Rechtsanwalt.
13	Wagner, Robert	18. Novbr.	74	Leipzig	†[illegible]
14	Weber, Paul	13. Januar	75	[illegible] i. Erzgeb. (Leipzig)	[illegible] a. D.
15	Wolfersborn, Adolf	17. Juli	77	[illegible] (Leipzig)	† Kaufmann.

Unterprima A. Ordinarius: Prof. Dörrwand.

Nr.	Namen der Schüler.	Geburtstag und -ort (jetziger Wohnort)			Stand des Vaters.
1	Bachhaus, Leo	22. Juli	1876	Leipzig	[illegible]
2	Danecki, Friedrich	23. Septbr.	75	Leipzig	[illegible]
3	Eleasser, Paul	2. Juni	75	Leipzig	[illegible]
4	Engler, Kurt	22. August	75	[illegible]	[illegible]
5	Geßler, Willy	5. Septbr.	75	Leipzig	Architekt.
6	Gutfreund, Felix	22. März	75	Leipzig	Kaufmann.
7	Horner, Kurt	24. August	76	Leipzig	[illegible] (Univers.
8	His, Ernst	24. Septbr.	76	Leipzig	Geh. Med.-Rat u. Prof. a. d.
9	Hofmann, Fritz	15. Novbr.	76	Leipzig	[illegible] a. d. [illegible]
10	Junge, Friedrich	22. Juli	77	Leipzig	Privatmann.
11	Klepper, Emil	22. Mai	77	[illegible] (Leipzig)	†Kaufmann.
12	Lange, Johannes	31. Januar	77	Leipzig	[illegible]
13	Richter, Georg	4. Juli	76	Leipzig	†[illegible] a. D.
14	Roge, Wilhelm	1. Juli	76	Leipzig	Universitäts-[illegible]

Nr.	Namen der Schüler	Geburtstag und -ort (heutige Heimat)			Stand des Vaters
15	Scheller, Kurt	28. Dezbr.	1876	Leipzig	Kaufmann.
16	Weber, Paul	21. Juni	77	Leipzig	Privatmann.
17	Weidlich, Hermann	8. April	73	[illegible] (Leipzig-Gohlis)	† Rittergutspächter.
18	Winser, Otto	14. Juni	76	[illegible]	[illegible]
19	Wittig, Alfred	11. Septbr.	74	Dresden	[illegible]

Unterprima B. Ordinarius: Prof. Walch.

Nr.	Namen der Schüler	Geburtstag und -ort (heutige Heimat)			Stand des Vaters
1	Büchner, Emil	24. März	1877	Leipzig	† [illegible]
2	Dölitzsch, Paul	11. Septbr.	76	Leipzig	† Kaufmann.
3	Herbst, Alfred	1. Juni	77	[illegible] b. Crimmitschau	Fabrikbesitzer.
4	Kaufmann gen. Hahn, Gustav	12. Oktbr.	76	Leipzig	† [illegible]
5	Kettembeil, Wilhelm	8. Oktbr.	76	Leipzig	Kaufmann.
6	Klinkhardt, Victor	12. März	78	Leipzig	Buchdruckereibesitzer.
7	Kuhn, Oskar	12. Februar	78	[illegible] (Leipzig)	[illegible]
8	Remtsch, Emil	2. Novbr.	76	Leipzig	† Fabrikbesitzer.
9	Richter, Ernst	26. Juli	78	Leipzig	† [illegible]
10	Schlegel, Ferdinand	28. Dezbr.	76	Leipzig	Privatmann.
11	Schöpff, Walther	12. Mai	78	Leipzig-Reudnitz	[illegible]
12	Stein, Hermann	2. Juli	76	Leipzig	[illegible]
13	Steyer, Eduard	4. Dezbr.	76	Leipzig-Plagwitz	[illegible]
14	Weigel, Oskar	26. August	78	Leipzig	Verlagsbuchhändler.
15	Wolfram, Kurt	8. Juni	76	[illegible] (Leipzig)	Kaufmann.
16	Zabe, Albert	22. Oktbr.	78	Leipzig (Oetzsch)	[illegible]

Oberprima A. Ordinarius: Prof. Beuther.

Nr.	Namen der Schüler	Geburtstag und -ort (heutige Heimat)			Stand des Vaters
1	Bohne, Richard	28. April	1878	[illegible] i. S.	Fabrikant.
2	*de Ulhôa-Cintra, Armando	2. Septbr.	76	S. Paulo in Brasilien	Dr. jur., Rechtsanwalt und [illegible]
3	*de Ulhôa-Cintra, Delphino	24. Septbr.	77	S. Paulo in Brasilien	
4	Dursch, Johannes	28. August	76	Leipzig	Kaufmann.
5	*Gruber, Hermann	22. Novbr.	76	[illegible] (Leipzig)	Rechtsanwalt und Notar.
6	Hartmann, Alfred	4. Septbr.	78	Leipzig	[illegible]
7	Heimbrodt, Friedrich	12. August	77	[illegible] (Leipzig)	[illegible]
8	Kirchner, Ferdinand	11. April	77	[illegible] (Leipzig)	[illegible]
9	Meyer, Walter	11. Juni	78	Leipzig	† [illegible]
10	Mielsch, Emil	2. Mai	76	Leipzig	[illegible]
11	Oertel, Alfred	1. März	79	Leipzig	[illegible]
12	Petzold, Albert	1. Mai	77	[illegible] i. S. (Leipzig)	† Kaufmann.
13	Richter, Rudolf	7. Dezbr.	77	[illegible] (Leipzig)	Kaufmann.
14	Ritter-Grefe, Kurt	24. Dezbr.	77	[illegible] ([illegible] b. Gera)	[illegible]
15	Rosen, Alfred	22. Dezbr.	77	Leipzig	Kaufmann.
16	Schmiel, Otto	22. Oktbr.	78	Leipzig-Gohlis	Fabrikant.
17	Schröter, Walter	14. August	78	[illegible] (Leipzig)	Kaufmann.
18	Schulze, Paul	27. Juni	77	Leipzig	Kaufmann.
19	*Siebert, Gotthard	6. Novbr.	78	[illegible]	[illegible]
20	Stöhr, Johannes	4. Oktbr.	77	[illegible] (Leipzig-Plagwitz)	Fabrikbesitzer.
21	Weber, Emil	21. Dezbr.	78	Magdeburg-[illegible] (Leipzig)	[illegible] a. D.
22	Weidner, Paul	26. Juli	77	Dresden (Leipzig)	Kgl. [illegible]
23	Wolf, Albert	7. März	76	[illegible] b. [illegible]	Fabrikbesitzer.

Oberprima B. Ordinarius: Oberlehrer Dr. Wolf.

Nr.	Namen der Schüler	Geburtstag und -ort (heutige Heimat)			Stand des Vaters
1	Bauß, Alfred	7. Juni	1878	Leipzig	Kaufmann.
2	Berger, Karl	14. April	78	Leipzig	Kaufmann.
3	Gierhardt, Fritz	9. Oktbr.	78	Leipzig	Kaufmann.
4	Glaeckner, Curt	28. Juli	77	Leipzig	Kaufmann.
5	Gutschlag, Alfred	28. Dezbr.	78	Leipzig	Kaufmann, K. S. [illegible]
6	Göschen, Alfred	12. Novbr.	78	[illegible] b. Dresden (Leipzig)	Kaufmann.

Nr.	Namen der Schüler	Geburtstag und -ort (heutige Heimat)			Stand des Vaters
7	Graue, Curt	12. Febr.	1877	[illegible] (Leipzig)	Kaufmann.
8	Helbig, Paul	7. Septbr.	78	Leipzig	Kaufmann u. [illegible]
9	Klinkhardt, Curt	22. Septbr.	75	Leipzig	Buchh. u. Buchdruckerei-Bes.
10	Korschelt, Oskar	12. April	79	Tokio in Japan (Leipzig)	Chemiker.
11	Krentz, Richard	16. Juni	78	Leipzig-Reudnitz (Leipzig)	† Kaufmann.
12	Kühne, Martin	4. April	78	Leipzig	† Kaufmann.
13	Lehmann, Gerhard	22. Januar	78	Leipzig	Direktor der VII. Bürgerschule
14	Leonhardt, Paul	21. Novbr.	77	Leipzig	† Redakteur.
15	Meischeider, Emil	2. Dezbr.	78	[illegible] i. Hannover (Leipzig)	Reichsgerichtsrat.
16	Müller, Hugo	15. Oktbr.	78	Leipzig	Registrator.
17	Neuring, Leopold	8. Novbr.	77	[illegible] (Leipzig-Anger)	[illegible]
18	Pusch, Friedrich	14. Mai	77	Leipzig [illegible] (Leipzig)	Kaufmann.
19	Schoen, Johannes	27. Oktbr.	78	[illegible], Kreis Oh[illegible]	† Pfarrer.
20	Schalber, Bruno	12. Juni	77	Leipzig-Lindenau	† Fabrikbesitzer.
21	Scholze, Johannes	13. Februar	78	Leipzig-Connewitz	Uhrmacher.
22	*Stavenhagen, Arthur	11. Septbr.	76	[illegible] (Halle a./S.)	Ingenieur u. Fabrikbes.
23	*Strübig, Hans	18. August	77	[illegible], Reg.-Bez. Königsberg (Leipzig)	Buchhändler.

Untersekunda A. Ordinarius: Oberlehrer Dr. Schröter.

Nr.	Namen der Schüler	Geburtstag und -ort (heutige Heimat)			Stand des Vaters
1	Baterean, Alfred	29. Novbr.	1879	Berlin (Leipzig-Plagwitz)	Postdirektor.
2	Beyer, Willy	2. Mai	77	[illegible]	[illegible]
3	*Biefefeldt, Hermann	14. Juni	78	[illegible]	Kaufmann u. Fabrikant.
4	Böhme, Alfred	17. Oktbr.	77	[illegible] b. Leipzig	Gutsbesitzer.
5	Böhme, Arthur	17. Oktbr.	77	[illegible] b. Leipzig	
6	Caminer, Hans	22. Februar	79	Berlin (Leipzig)	Kaufmann.
7	Dietrich, Hermann	5. Septbr.	77	Leipzig	Kaufmann.
8	Ehrlich, Arwed	22. Dezbr.	79	Leipzig	Prokurist.
9	Erler, Hugo	19. Juni	78	Leipzig [b. Oderan i. S.	Kaufmann.
10	Erler, Otto	17. Juli	78	Leipzig-Plagwitz (Breitenau	Kaufmann.
11	*Friedel, Richard	7. August	78	Leipzig	Buchhändler.
12	Grünbaum, Leon	23. Novbr.	77	[illegible] b. Tarnopol	Kaufmann.
13	Happach, Paul	17. Februar	78	Chemnitz (Leipzig)	[illegible] d. K. S. St.-
14	Häußemann, Arno	18. Jan.	77	[illegible] (Leipzig-Plagwitz)	Kaufmann. [E. Leipzig I.
15	Hoffmann, Willy	22. Jan.	78	[illegible]	† [illegible]
16	Jaeckel, Willy	2. August	77	[illegible] (Leipzig)	Kaufmann u. [illegible]
17	Krüger, Adalbert	22. Dezbr.	78	[illegible] ([illegible])	[illegible] [bes.
18	Meyer, [illegible]	10. Septbr.	78	Gotha (Leipzig)	Kaufmann.
19	Mosch, Richard	14. Novbr.	78	Charlottenburg (Leipzig)	Universitäts-[illegible]
20	Pagel, Hans	10. Mai	78	[illegible] (Leipzig)	Buchhändler.
21	Raven, Louis	16. August	78	Leipzig	Ingenieur.
22	Reinholt, Walter	8. April	78	Altenburg i. Erzg. (Leipzig)	Kaufmann.
23	Schmidt, Alfred	20. März	78	[illegible] (Leipzig) [burg	[illegible]
24	Schneider, Albert	8. Novbr.	78	[illegible], Reg.-Bz. Merse-	Fleischermeister.
25	Schönig, Hans	22. Juni	78	Leipzig [witz)	Kaufmann.
26	Schulze, Alfred	26. Dezbr.	77	[illegible] (Leipzig-Plag-	Privatmann.
27	*Voigtländer, Walter	2. Juni	78	Berlin (Leipzig)	† [illegible]
28	Warnecke, Hermann	14. August	78	Leipzig	Kaufmann.
29	Weicholt, Curt	2. Juli	79	Leipzig-Lindenau [illegible]	[illegible]
30	*Witte, Karl	24. März	77	St.-[illegible] i. Hannover (St. Pe-	Techn. Direktor.

Untersekunda B. Ordinarius: Oberlehrer Trebs.

Nr.	Namen der Schüler	Geburtstag und -ort (heutige Heimat)			Stand des Vaters
1	Bully, Martin	4. Januar	1877	Belgrad	Bankier.
2	*Dörbig, Kurt	14. August	78	Leipzig-Gohlis	Kaufmann.
3	Hahn, Martin	16. Juli	79	Leipzig-Reudnitz	Buchhändler.
4	Hering, Curt	10. Juni	78	Leipzig-Reudnitz	[illegible]
5	Honold, Walter	17. Mai	76	Leipzig	Kaufmann.
6	Immecke, Karl	18. April	79	Wurzen i. S.	Kaufmann.
7	Jahn, Karl	9. Februar	77	[illegible] (Leipzig)	† Gutsbesitzer.
8	Janssen, Hans	22. Dezbr.	77	Leipzig	Kaufmann.
9	Kettembeil, Ludwig	12. April	78	Leipzig	Kaufmann.

Nr.	Namen der Schüler.	Geburtstag und -ort [illegible]			Stand des Vaters.
10	Kretzschmar, Paul	12. Juli	1878	Leipzig	[illegible]
11	Loewe, Hermann	11. Januar	79	Leipzig	Kaufmann.
12	Kotzner, Karl	13. Oktbr.	78	[illegible] (Sachsen)	†Direktor einer Zuckerfabrik.
13	Möbius, Hans	20. April	79	Leipzig	[illegible]
14	Müller, Harry	7. März	79	Leipzig	[illegible]
15	Müller, Robert	27. Juli	78	Leipzig-Connewitz	Postsekretär. [Studien-
16	Müller, Wilhelm	14. März	79	Leipzig-Reudnitz	[illegible] u. [illegible]-
17	Nuscholt, Alfred	20. Juli	78	Leipzig-Lindenau	[illegible]
18	Peinert, Paul	29. März	78	Lützen (Leipzig)	†Kaufmann.
19	Richter, Julius	22. April	78	Eilenburg	Lehrer.
20	Sachsmann, Richard	7. Mai	77	Leipzig	†[illegible]
21	Seelmann, Ernst	28. Juli	78	Leipzig-Connewitz (Leipzig)	Kaufmann.
22	Simon, Johannes	23. März	79	Halle a. S. (Leipzig)	Kaufmann.
23	Stephani, Erich	20. Januar	79	Waldkirchen b. [illegible]	[illegible]
24	Steuer, Hugo	15. Juli	78	Leipzig [(Leipzig)	[illegible]
25	Teichler, Arthur	24. Januar	78	[illegible] i. d. N. Lausitz	†[illegible]
26	Winkler, Franz	22. März	78	Leipzig	[illegible]-Besitzer.
27	Wittig, Rudolf	23. Septbr.	77	Dresden (Leipzig)	[illegible]
28	Wälzholz, Karl	6. Juni	77	[illegible] b. [illegible]	[illegible]

Obertertia A. Ordinarius: Oberlehrer Dr. Wilke.

Nr.	Namen der Schüler.	Geburtstag und -ort			Stand des Vaters.
1	Bleichert, Hans	20. Septbr.	1879	Leipzig-Gohlis	Ingenieur u. Fabrikbesitzer.
2	Brümme, Karl	14. Mai	80	Leipzig-Lindenau	[illegible]
3	Burmeister, Fritz	2. Oktbr.	79	Leipzig	Kaufmann. [Kommerz.
4	Dorenberg, Karl	27. Oktbr.	79	[illegible] in [illegible] (Leipzig)	Kaufmann und Kgl. Belg.
5	Engst, Walter	4. Septbr.	80	Döbeln i. S.	[illegible]
6	Frilasche, Wilhelm	1. März	80	Leipzig	Kaufmann u. Fabrikbesitzer.
7	Giesecke, Friedrich	16. Septbr.	79	Leipzig	[illegible]-Besitzer.
8	Grambach, Adolf	10. Juni	80	Leipzig	Kaufmann.
9	Hahnemann, Walter	6. Mai	79	Annaberg i. S. (Leipzig)	†[illegible]
10	Heine, Fritz	7. März	79	Leipzig	Kaufmann.
11	Hergt, Paul	12. Mai	80	Leipzig	Versicherungs-Inspektor.
12	Hüllmer, Georg	29. Oktbr.	79	Leipzig [(Plagwitz)	Architekt.
13	Jemer, Gustav	8. Februar	79	Wermsdorf i. [illegible] (Leipzig)	Kgl. Zolleinnehmer.
14	Kälmedel, Karl	20. Novbr.	79	Leipzig	Fabrikant.
15	Kind, Richard	1. Januar	80	Leipzig	[illegible]
16	Kirchner, Otto	1. Februar	79	Frankfurt a. M. (Leipzig)	[illegible]
17	Kohl, [illegible]	20. Juli	79	Leipzig	Kaufmann.
18	Kohlmann, Kurt	2. Mai	77	Leipzig-Reudnitz	Apotheker.
19	Kolbe, Georg	4. August	78	[illegible]	Kaufmann.
20	Kühler v. Lilienstern, Alex.	22. Februar	79	[illegible] (Leipzig)	Betriebs-Inspektor d. Kgl.
21	Kühler v. Lilienstern, Erich	25. Mai	80	Wilkau b. Zwickau (Leipzig)	S. Staatsbahnen.
22	Moritz, Walther	20. Juli	79	Leipzig	†[illegible]
23	Münch, Walter	27. Oktbr.	77	Leipzig	Kaufmann.
24	Prochnow, Johannes	4. Februar	81	Berlin (Leipzig)	†Buchhändler.
25	*Riemer, Georg	18. August	80	Großenhain	Restaurateur.
26	Roth, Martin	3. August	77	Lengenfeld i. V.	Kaufmann.
27	Schaarschmidt, Paul	17. Septbr.	77	Glauchau (Leipzig)	Obertelegraphensekretär.
28	Schirmer, Wilhelm	28. Mai	80	Leipzig-Connewitz	Kaufmann.
29	Troitzsch, Otto	22. Novbr.	79	Leipzig	Kaufmann.
30	Urban, Walter	15. Dezbr.	79	Wurzen i. S. (Leipzig)	Prokurist.
31	Zehrfeld, Arthur	22. Januar	80	[illegible] b. [illegible] (Leipzig)	†[illegible]

Obertertia B. Ordinarius: Oberlehrer Richter.

Nr.	Namen der Schüler.	Geburtstag und -ort			Stand des Vaters.
1	Arnecke, Friedrich	14. Juni	1880	Leipzig	[illegible]
2	Bösenberg, Wilhelm	26. Juli	79	Leipzig	Architekt.
3	Brandstetter, Walter	27. Juni	77	[illegible] (Leipzig)	Buchhändler.
4	Credner, Karl	15. April	79	[illegible] b. Lützen	Amtsverwalter u. Rittergutsbes.
5	Dolz, Kurt	9. Dezbr.	79	Leipzig	†[illegible] [prakt. Arzt.]
6	Ecke, Konrad	11. April	80	Wurzen (Leipzig)	Buchhändler.

Nr.	Namen der Schüler.	Geburtstag und -ort [illegible]			Stand des Vaters.
7	Findeisen, Ernst	14. Juni	1879	Nürnberg (Leipzig)	[illegible]
8	Foster, Richard	12. August	79	Kempten i. Bayr. (Leipzig)	Ingenieur.
9	Göldner, Rudolf	11. Oktbr.	80	Wurzen (Leipzig)	Fabrikbesitzer.
10	Hager, Georg	12. Juni	80	Limbach i. S. (Leipzig)	Dr. med. u. prakt. Arzt.
11	Halberstadt, Joseph	1. August	78	Odessa (Russland)	Kaufmann.
12	Händel, Fritz	14. Juli	79	Crimmitschau	Bankier.
13	Hartung, Valentin	29. Mai	79	Leipzig	Bildhauer und Steinmetzm.
14	Lauer, Erich	9. Januar	80	Leipzig	Kaufmann.
15	*Lehmann, Arno	20. Septbr.	79	[illegible] (Leipzig)	[illegible]
16	Lilienfeld, Erich	21. Juli	79	Leipzig	[illegible]
17	Münzel, Walter	4. Septbr.	78	[illegible] i. S. (Leipzig)	[illegible]
18	v. Mangsbach, Albert	25. Oktbr.	77	[illegible] b. [illegible] (Leipzig)	†Rittergutsbesitzer.
19	Meyer, Fritz	2. August	77	[illegible] b. [illegible] a. Spr.	Ingenieur.
20	Mosch, Albert	9. August	80	Leipzig [(Leipzig-Plagwitz)]	Universitäts-Bauinspektor.
21	**Müller, Paul	27. April	79	[illegible] i. S. (Leipzig)	Lehrer emer.
22	Pilscher, Karl	2. Januar	80	Crimmitschau [Reichenbach b.	Kaufmann.
23	**Preller, Burkhard	1. April	80	Leipzig [(Crimmitschau)]	Privatmann.
24	Schröter, Alfred	15. Oktbr.	77	Leipzig	[illegible] und [illegible]
25	Schröter, Richard	26. Novbr.	78	Leipzig	[illegible]-Fabrikant.
26	Schulze, Alexander	16. Juli	79	Leipzig	Dr. phil. u. Lehrer a. d. I. höh. Bürgerschule.
27	Seifert, Georg	21. Novbr.	78	Leipzig	Ober-Postsekretär.
28	Tasch, Arthur	20. April	78	Leipzig	Kaufmann.
29	Teusig, Hugo	10. Oktbr.	79	Offenburg i. Bad. (Leipzig)	[illegible]
30	Trenkel, Karl	21. Septbr.	79	Leipzig	[illegible]
31	Wasserstrom, [illegible]	10. Juni	79	Leipzig	[illegible]-Inspektor.

Untertertia A. Ordinarius: Oberlehrer Dr. [illegible].

Nr.	Namen der Schüler.	Geburtstag und -ort			Stand des Vaters.
1	André, Eugen	4. Novbr.	1879	Leipzig	[illegible]
2	Beillicke, Kurt	12. Mai	80	Leipzig	Kaufmann.
3	Dorn, Rudolf	16. Novbr.	80	Frankfurt a. M. (Leipzig)	Kaufmann.
4	Dreissner, Kurt	9. August	80	Leipzig	[illegible]
5	Frank, Rudolf	27. April	80	Leipzig	Kaufmann.
6	Franke, Paul	4. Septbr.	80	Leipzig	Kaufmann.
7	Franke, Kurt	2. Novbr.	80	[illegible] (Leipzig)	[illegible] [Instituts-
8	Glöcke, Ernst	24. April	78	Leipzig	Oberlehrer a. [illegible]
9	Halberstadt, [illegible]	18. Febr.	80	[illegible]	Kaufmann.
10	*Hentschel, Erich	11. Mai	80	Grimma	Fabrikbesitzer.
11	**Heym, Wolfgang	16. Februar	80	Leipzig	Civilingenieur.
12	Hirse, Alexander	22. Januar	80	[illegible] (Leipzig)	[illegible]-Telegraphen-[illegible]
13	Hofselbarth, Walter	4. Juni	81	Limbach i. S.	Kaufmann.
14	Jäckel, Rudolf	12. April	79	Genua (Leipzig)	†Ingenieur.
15	Jahn, Leo	26. Septbr.	78	[illegible] (Leipzig)	†[illegible]
16	Kleemann, Wilhelm	27. Mai	80	Leipzig-Plagwitz	†Privatmann.
17	Kutzleb, Leopold	21. Juni	81	Louisville (New-York)	Musikdirektor.
18	Mädge, Wilhelm	3./17. Septbr.	81	[illegible] b. [illegible] i. Russ. Pol. (Neustadt b. [illegible] a. Harz)	Gutsinspektor.
19	Mach, Oskar	22. Mai	81	Leipzig	Kaufmann.
20	Rackmann, Kurt	25. März	81	Leipzig	Kaufmann.
21	*Quellmalz, Karl	10. Juli	80	Leipzig	Kaufmann.
22	Schröter, [illegible]	4. Juli	81	Leipzig	Dr. ph. u. Oberlehrer.
23	Schröter, Walter	11. März	80	Leipzig-Reudnitz	Kaufmann.
24	Sening, Alfred	1. April	80	Leipzig	Fabrikant.
25	Simon, Kurt	20. Juni	81	Leipzig	Kaufmann.
26	Zöllner, Kurt	2. Septbr.	80	Leipzig	Kaufmann.

Untertertia B. Ordinarius: Oberlehrer Gellert.

Nr.	Namen der Schüler.	Geburtstag und -ort			Stand des Vaters.
1	*Abnert, Alfred	26. Mai	1879	[illegible]	[illegible]
2	Berger, Alfred	11. Januar	81	Leipzig [illegible]	Kaufmann.
3	*Berger, Kurt	5. Januar	79	[illegible] b. [illegible] i. S. (Leip-	Privatmann.

Nr.	Namen der Schüler.	Geburtstag und -ort (jetziger Wohnort).			Stand des Vaters.
4	Evers, Alfred	14. Juli	1879	Stuttgart (Leipzig-Reudnitz)	Redakteur.
5	Freitag, Paul	24. Septbr.	79	Annaberg i. S. (Leipzig)	[illegible]-Inspektor.
6	*Friedländer, Hans	3. August	80	[illegible] b. [illegible] ((Leipzig)	Kaufmann.
7	Geyer, Hans	11. Novbr.	80	Leipzig	Kaufmann.
8	Graf, Martin	22. April	81	Leipzig	Postschaffner.
9	Hanck?, Walther	14. März	80	Leipzig	Kaufmann.
10	Heidel, Walter	7. Juni	81	Leipzig	Klempnermeister.
11	Herrmann, Fritz	1. Dezbr.	80	Leipzig	[illegible].
12	Hauie?, Arthur	12. August	80	Trachenberg i. Schl. (Leipzig)	Musiklehrer.
13	Hohrsen?, Erich	4. Mai	79	Leipzig	[illegible].
14	Käpsche?, Willi	29. Januar	79	Leipzig	Kaufmann u. Stadtrat.
15	*Kopp, Moritz	12. Dezbr.	80	[illegible]	Maurermeister.
16	Kornagel, Georg	21. Juni	81	Leipzig	Ober-Postschaffner.
17	Lenner?, Walter	19. Dezbr.	80	Leipzig	Kaufmann.
18	Liebetrau, Max	11. Novbr.	77	Eisenach (Leipzig)	[illegible] [K. Staatsb.
19	Kunert?, Georg	30. Januar	80	Leipzig	Stations-Aufseher b. d. Kgl.
20	Müller, Fritz	22. Februar	81	[illegible] b. Bahnhof [illegible] ((Leipzig)	[illegible]meister.
21	**Poppe, Kurt	2. Mai	80	Leipzig	Versicherungs-Inspektor.
22	*Seemann, Richard	23. Septbr.	78	[illegible] b. Görlitz (Leipzig)	Postsekretär.
23	Schreyer, Kurt	4. Januar	81	Leipzig	Expedient.
24	Schulze, Johannes	7. Dezbr.	80	Leipzig-Lindenau (Leipzig)	Färbereibesitzer.
25	Seidel, Paul	8. Septbr.	80	Leipzig	Buchhändler.
26	*Stauffer, Arthur	17. April	80	Leipzig	Privatmann.
27	Voigt, Friedrich	18. Oktbr.	78	Leipzig-Plagwitz	

Quarta A. Ordinarius: i. S. Oberlehrer Dr. Oertel, i. W. Dr. Zöllner.

Nr.	Namen der Schüler.	Geburtstag und -ort (jetziger Wohnort).			Stand des Vaters.
1	Berner, Georg	22. Novbr.	1880	Leipzig	[illegible].
2	Bielchert?, Willy	19. Novbr.	81	Leipzig-Gohlis	Ingenieur u. Fabrikbesitzer.
3	Braun, Walter	22. Oktbr.	80	Leipzig	†Schneidermeister.
4	*Dehler?, Fritz	14. April	79	Wurzen i. S. (Leipzig)	†Dr. med.
5	Engelmann, Otto	13. April	79	Leipzig-Reudnitz (Leipzig)	Kaufmann.
6	Geidel, Martin	1. Mai	80	[illegible] (Leipzig)	Kaufmann.
7	Giesecke, Albert	9. Juli	81	Leipzig	Schriftgiesserei-Besitzer.
8	Greger, Friedrich	17. Juli	80	Leipzig	†Kaufmann.
9	Hennig, Gustav	28. Novbr.	81	[illegible] ([illegible])	Apotheker.
10	Hoffmann, Julius	19. August	81	Leipzig	Baumeister.
11	*Heyer, Max	9. August	81	Schkeuditz	†Lehrer.
12	Jäger, Kurt	14. Novbr.	81	Leipzig	Buchhändler.
13	Kotnisch?, Johannes	28. Dezbr.	79	[illegible] b. Leipzig ([illegible])	Kaufmann und Fabrikant.
14	Krause, Arthur	25. Januar	80	Leipzig	Buchbinder.
15	Kühne, Willy	6. Juni	80	Schkeuditz	Mühlenbesitzer.
16	**Kumberg, Paul	27. Apr./9. Mai	80	St. Petersburg (Leipzig)	Kais. Russ. Konsul.
17	Lieberoth-Leden, Hans	28. Januar	82	Leipzig	Kaufmann.
18	Langwitz?, Max	27. August	81	Leipzig	[illegible].
19	Nathan, Erich	17. Mai	82	Leipzig	Kaufmann.
20	Nöckel?, Georg	28. Mai	80	[illegible] (Leipzig-Reudnitz)	Kaufmann.
21	Roth, Arthur	28. Januar	81	Leipzig-Kleinzschocher ((Leipzig)	Kaufmann.
22	*Rucker?, Georg	17. Mai	82	Gohlis	Kaufmann.
23	Finne?, Kurt	8. August	80	Lützen	Architekt.
24	Fecher?, Fritz	12. Juli	82	Leipzig-Reudnitz (Leipzig)	Kaufmann.
25	Reichelt, Willy	14. Septbr.	80	Annaberg i. Erzgeb. (Leipzig)	Kaufmann.
26	Schmidt, Georg	2. August	80	[illegible] (Taucha)	Maurermeister.
27	Schomburgk, Wilhelm	1. März	82	Leipzig	Kaufmann.
28	Seyfert, Johannes	14. März	81	Leipzig	Städt. [illegible].
29	Seyfferth, Erich	19. Mai	81	Leipzig	†Kaufmann u. Juwelier.
30	Siegel, Paul	19. Juni	81	Dresden (Leipzig)	Landgerichts-Direktor.
31	Stoeber?, Robert	15. Septbr.	81	[illegible] (Leipzig)	[illegible].
32	Stoll, Fritz	8. August	81	[illegible]	Kaufmann.
33	Strähle?, Willy	27. Septbr.	81	Königsberg i. Pr. (Leipzig)	Buchhändler.
34	Trommlitz, Willy	18. Oktbr.	80	Leipzig	Klempnermeister.
35	Walther, Martin	2. Oktbr.	81	Leipzig	[illegible] u. Bes. d. Café [Hennersdorf.
36	Werner, Robert	1. Oktbr.	81	Burg b. Magdeburg (Leipzig)	Kaufmann.
37	Zöllner, Georg	17. März	80	Leipzig	Kaufmann.

Quarta B. Ordinarius: Oberlehrer Geyer.

Nr.	Namen der Schüler.	Geburtstag und -ort (jetziger Wohnort).			Stand des Vaters.
1	Alban?, Julius	5. Januar	1881	Leipzig (Plagwitz)	Kaufmann.
2	Berger, Richard	28. Dezbr.	80	Leipzig-Lindenau (Leipzig	[illegible].
3	Brömme, Walter	22. Dezbr.	81	Leipzig-Lindenau	[illegible].
4	**Cohn, Leo	17. Juli	80	Breslau	Kaufmann.
5	Damm, Gustav	10. Novbr.	81	Leipzig-Reudnitz	Architekt u. Steinmetzmeister.
6	Dietrich, Erich	8. Septbr.	81	Leipzig	Kaufmann.
7	Eckardt, Karl	11. Dezbr.	81	Leipzig	†Buchhalter.
8	Genthe?, Alfred	29. Januar	81	Leipzig	Privatmann.
9	Göldner, Karl	10. August	82	Werdau ([illegible])	Fabrik[illegible].
10	Göttel, Oskar	18. Septbr.	81	Leipzig-Eutritzsch (Leipzig)	Buchdruckereibesitzer.
11	Hetler?, Oskar	17. Mai	82	[illegible] (Leipzig-Plagwitz)	†Apotheker.
12	Hothorn?, Fritz	21. Juli	78	Leipzig	Kaufmann.
13	Jacobsohn, Arnold	18. Septbr.	81	Leipzig	Kantor u. Lehrer b. d. israel. Gemeinde.
14	Kessler, Wilhelm	22. Februar	82	Leipzig	†Eisenbahn-Assistent.
15	Kretschmann, Herbert	22. Juni	80	Leipzig-Plagw. ([illegible] i. S.)	Fabrikinspektor.
16	Kühn, Hans	3. Oktbr.	81	Leipzig	[illegible].
17	Leinert?, Arthur	18. April	81	Leipzig	Lehrer.
18	Lindner, Walter	1. Oktbr.	80	Leipzig	Kaufmann.
19	Löwe, Emil	19. Oktbr.	80	Leipzig	Apothekenbesitzer.
20	*Ludwig, Kurt	10. Juni	81	[illegible] (Schkeuditz)	Gerichts-Sekretär.
21	Lüder, Arno	10. Septbr.	81	Cöthen i. Anh. (Leipzig)	†Kaufmann.
22	Meech?, Johannes	24. Juni	80	Leipzig	Universitäts-Bauinspektor.
23	Nadel, Leon	28. Oktbr.	81	Leipzig	Kaufmann.
24	**Niemholst?, Karl	1. Februar	80	Leipzig	Dr. jur., Rechtsanwalt.
25	*Opetz, Alexander	7. April	80	Leipzig	Buchhändler.
26	Pirusch?, Johannes	21. Dezbr.	80	Leipzig	Maurermeister.
27	*Rafsmann?, Wilhelm	17. Januar	82	Löbau i. S. (Leipzig-Reudnitz)	Ingenieur.
28	Röhle?, Arthur	11. August	81	Leipzig	[illegible].
29	*Schwerdt, Willy	6. Oktbr.	81	Schkeuditz	Ober-Post-Assistent.
30	Seyferth, Otto	18. Mai	81	[illegible] b. Pegau	Mühlenbesitzer.
31	Steven, Robert	7/19. Dezbr.	79	Moskau (Leipzig)	†Kaufmann.
32	Thierfelder, Max	18. Septbr.	80	Leipzig	Kaufmann.
33	Trunkel?, Hans	3. Januar	81	Leipzig	[illegible].
34	Weber, Fritz	20. April	81	Leipzig	Kaufmann.
35	Weber, Richard	19. Mai	81	Leipzig	Prokurist.
36	Weigel, Willy	22. Novbr.	81	Leipzig	Kaufmann. [Ingenieur,
37	Wetzel, Paul	2. Novbr.	81	Leipzig-Reudnitz (Leipzig)	Maschinen-Fabrikant und
38	*Zeisecke?, Emil	18. Januar	79	Leipzig	Destillateur.

Quinta A. Ordinarius: Oberlehrer Dr. Herrmann.

Nr.	Namen der Schüler.	Geburtstag und -ort (jetziger Wohnort).			Stand des Vaters.
1	Barthel, Ernst	12. Oktbr.	1881	Leipzig-Gohlis (Leipzig)	Kaufmann.
2	Bentmann?, Johannes	25. Juni	82	Leipzig	Kaufmann.
3	Berch?, Arthur	19. April	82	Leipzig	Kaufmann.
4	**Cohn, James	8. Novbr.	82	Breslau	Bankier.
5	Eisert, Walter	9. Septbr.	81	Leipzig-Lindenau	[illegible]meister.
6	Fischer, Eduard	22. Januar	82	Halle a./S. (Leipzig)	Tischlermeister.
7	Fürstenberg, Walter	12. Januar	82	Leipzig	Polizei-Oberwachtmeister.
8	Frey, Walter	8. Januar	82	Leipzig	Kaufmann.
9	Geissler, Waldemar	22. Januar	82	Leipzig-Lindenau (Leipzig)	Bureau-Vorstand.
10	*Giesecke, Richard	3. Juli	82	Leipzig	Schriftgiesserei-Besitzer.
11	Hager, Albert	28. Oktbr.	82	[illegible] i. S. (Leipzig)	Dr. med. u. prakt. Arzt.
12	Jähne, Eduard	29. März	82	Leipzig	[illegible].
13	Höfer, Fritz	22. Juli	82	Leipzig	Architekt. [werkbesitzer,
14	Kröber, Fritz	22. August	81	[illegible]	[illegible] u. Fabr-
15	*Kumberg, Harry	12./24. Juni	81	St. Petersburg (Leipzig)	Kaiserl. Russ. Konsul.
16	Kupferstein, Karl	17. Septbr.	80	[illegible] (Leipzig)	Kaufmann.
17	Lagatz?, Karl	14. Septbr.	81	[illegible] (Leipzig)	Apotheker.
18	Leisher?, Johannes	22. August	81	Leipzig	Dr. phil. u. [illegible].

Nr.	Namen der Schüler	Geburtstag und -ort (jetziger Wohnort)			Stand des Vaters
19	**Moorbach, Albert	5. Juni	1892	Langensalza i. Th. (Leipzig)	General-Agent.
20	Mirus, Leo	12. August	91	Leipzig	Kaufmann.
21	Müller, Adolf	4. Oktbr.	93	Leipzig	† Kaufmann.
22	*Müller, Albert	10. Januar	93	Wilkau	Rittergutsbesitzer.
23	Munkelt, Arno	29. April	92	Leipzig-Plagwitz (Leipzig)	Musiker.
24	Nitzsche, Fritz	5. Februar	93	Leipzig	Kaufmann.
25	Ostwald, Wolfgang	15. Mai	83	Riga (Leipzig)	Dr. ph. Prof. der Chemie.
26	Poppe, Max	21. März	93	Großzschocher (Leipzig-Lindenau)	Buchhändler.
27	Raabe, Eduard	21. März	93	Berlin (Leipzig)	Buchhändler.
28	Rother, Paul	24. Januar	92	Pirna i. S. (Leipzig)	Kgl. Betriebs-Inspektor.
29	*Schirmer, Max	5./17. Novbr.	92	Moskau	† Fabrikant.
30	Schmedding, Hermann	20. August	93	Dresden (Leipzig) (Gonsdorf)	Kais. Post-Baurat.
31	Schmidt, Richard	27. März	93	Schmalkalden (Dessau b.	† Architekt.
32	Schneider, Fritz	14. Januar	93	Leipzig-Reudnitz (Leipzig)	Postsekretär.
33	Serber, Willy	17. Mai	93	Leipzig	Kaufmann.
34	Steinbach, Kurt	16. Dezbr.	93	Markranstädt (Leipzig)	Fabrikbesitzer.
35	Stöhr, Max	9. Novbr.	93	Leipzig-Plagwitz	Fabrikbesitzer.
36	Trautscholdt, Max	5. März	93	Berlin (Leipzig)	Lokalrichter.
37	Weber, Konrad	19. Oktbr.	92	Mockau (Leipzig)	† Rittergutspächter u. Amtm.
38	Werner, Fritz	26. Oktbr.	93	Leipzig	Kaufmann.
39	Wiegner, Georg	28. April	93	Leipzig	Gastwirt.
40	Buchholz, Ernst	28. Januar	93	Leipzig	Kaufmann.

Quinta B. Ordinarius: Oberlehrer Ficker.

Nr.	Namen der Schüler	Geburtstag und -ort (jetziger Wohnort)			Stand des Vaters
1	Ackermann, Richard	26. Febr.	1893	Langgrün (Leipzig)	Kaufmann.
2	Arnecke, Ernst	25. Mai	93	Leipzig	Bäckerobermeister.
3	Böhmer, Hans	22. Dezbr.	93	Leipzig-Reudnitz (Leipzig)	Kartograph.
4	Dannehl, Wilhelm	1. August	93	Leipzig	Obertelegraphen-Assistent.
5	Ebisch, Walter	27. April	93	Leipzig	Kaufmann.
6	Enger, Walter	14. Juni	93	Schönebeck b. Magdeburg (Leipzig)	Kaufmann.
7	Fischer, Walter	2. März	93	Leipzig-Connewitz (Leipzig)	Fabrikbesitzer.
8	Geissler, Walter	6. März	93	Glauchau i. S. (Leipzig)	Kaufmann.
9	Gerber, Arno	12. März	93	Leipzig	Lehrer a. d. II. höh. Bürgersch.
10	Gleichmann, Fritz	16. Januar	93	Leipzig	† Produktist.
11	Goldschmidt, Arthur	17. Juni	93	Leipzig	Kaufmann.
12	Haupt, Arthur	18. Septbr.	91	Leipzig-Lindenau	Gastwirt.
13	Hercher, Johannes	20. Novbr.	93	Leipzig	Kaufmann.
14	Herrmann, Paul	9. Dezbr.	93	Leipzig	Klempnermeister.
15	Hoffmann, Adolf	27. August	93	Köln a./Rh. (Leipz.-Lindenau)	Chemiker.
16	*Hörselmann, Fritz	28. Januar	93	Leipzig	Kaufmann.
17	**Hubert, Georg	5. August	94	Magdeburg (Leipzig)	Kaufmann.
18	*Hübschmann, Oskar	27. Juli	93	Rosslau b. Oschatz (Stenitz)	Fleischermeister.
19	Kürschner, Kurt	1. Februar	93	Leipzig	Metallgießerei-Besitzer.
20	Krieger, Reinhold	24. Juli	93	Leipzig	† Kaufmann.
21	Kühne, Robert	27. Februar	93	Leipzig	† Kaufmann.
22	Kunze, Walter	16. August	93	Leipzig	Schankwirt.
23	Leine, Willy	18. August	93	Leipzig	Tischlermeister.
24	Lenner, Max	18. Oktbr.	93	Leipzig	Ober-Postsekretär.
25	Meyer, Johannes	7. Juli	93	Leipzig-Gohlis (Leipzig)	Kaufmann.
26	Naumann, Kurt	12. Mai	93	Leipzig	Kaufmann.
27	Nobel, Reinhard	27. Oktbr.	91	Leipzig	Architekt.
28	Peter, Friedrich	7. Mai	93	Leipzig	Kaufmann.
29	Rennefeld, Hans	5. Juli	93	Thale a./Harz (Leipzig)	Hotel-Direktor.
30	Schimpf, Walter	15. Septbr.	91	Riesa a./Elbe (Leipzig)	Kaufmann.
31	Schwarz, Felix	2. Dezbr.	93	Blasewitz b. Dresden (Leipzig)	Ober-Postsekretär.
32	**Schwaskow, Hans	4. Februar	91	Teufen b. St. Gallen (Leipzig)	Feuerversicherungs-Inspektor.
33	Starke, Alfred	20. April	93	Leipzig	Kaufmann.
34	Steyer, Emil	6. Februar	93	Leipz.-Neuschönefeld (Leipzig-Plagwitz)	Steuersekretär.
35	*Teske, Egon	16. März	93	Leipzig	Oberlehrer a. d. höh. Sch. f. Mädchen.
36	Thierfelder, Hans	8. März	93	Leipzig	Kaufmann.
37	Wehner, Fritz	19. Januar	93	Leipzig	Kaufmann.
38	Wehner, Hans	28. April	93	Leipzig	Ober-Telegraphenassistent.
39	Wetherow, Paul	5. Juli	93	Leipzig	Kaufmann.

Nr.	Namen der Schüler	Geburtstag und -ort (jetziger Wohnort)			Stand des Vaters

Sexta A. Ordinarius: Oberlehrer Buchmeister.

Nr.	Namen der Schüler	Geburtstag und -ort (jetziger Wohnort)			Stand des Vaters
1	*Bär, Erich	27. Novbr.	1893	Nerchau (Leipzig)	Kaufmann.
2	*Beckmann, Hermann	22. Septbr.	93	Leipzig	Kaufmann.
3	*Brückner, Gottfried	16. August	93	Leipzig	Kaufmann.
4	**Eilenberger, Harry	12. Mai	93	Chicago	Baugewerke.
5	*Erler, Hans	19. Dezbr.	93	Leipzig	Kaufmann.
6	*Franke, Paul	22. Juni	93	Leipzig	Stations-Assistent.
7	*Gebauer, Walther	7. Januar	94	Friedersdorf (Leipzig-Volkmarsdorf)	Heilgehilfe.
8	*Glöckel, Ernst	20. Dezbr.	93	Markranstädt	Kaufmann.
9	*Goldammer, Fritz	21. August	94	Leisnig (Leipzig)	General-Agent.
10	*Grohmann, Fritz	5. April	94	Leipzig	Kaufmann.
11	*Grundmann, Fritz	29. Mai	94	Lindenau N. (Leipzig)	Kaufmann.
12	*Hendler, Fritz	10. Juni	93	Leipzig	† Kaufmann.
13	*Hofmann, Hans	22. Septbr.	93	Leipzig	Lehrer a. d. IV. Bürgerschule.
14	*Horn, Walter	5. Juli	93	Leipzig	Fleischermeister.
15	*Iffland, Fritz	21. Novbr.	93	Leipzig	Schankwirt.
16	*Jacobi, Adolf	13. Mai	94	Leipzig	Architekt.
17	*Kober, Heinrich	11. März	94	Leipzig	Hotelier.
18	*Kraft, Erwin	22. April	94	Leipzig	Kaufmann.
19	*Krause, Werner	10. Oktbr.	93	Stralsund (Leipzig)	Kaufmann.
20	Kuhn, Rudolf	9. Mai	93	Leipzig-Plagwitz	† Rentier.
21	Nathan, Alfred	7. Juni	93	Leipzig	Kaufmann.
22	*Oemisch, Walter	20. Dezbr.	93	Leipzig	Kaufmann.
23	*Roppe, Erich	4. Juli	93	Leipzig	Schneidermeister.
24	*Sauer, Kurt	2. Oktbr.	93	Leipzig	Kunstgärtner & Kaufmann.
25	*Schauer, Hugo	12. Juni	94	Leipzig	Kaufmann.
26	*Seyferth, Walter	30. Novbr.	93	Audigast b. Pegau	Mühlengrundstücksbesitzer.
27	*Staub, Alexander	28. Juli	93	Leipzig	Kaufmann u. Fabrikant.
28	*Tauch, Rudolf	23. August	93	Leipzig	Kaufmann.
29	*Zeigner, Fritz	29. Oktbr.	93	Erfurt (Leipzig)	Kaufmann.
30	Eschoch, Paul	23. März	93	Leipzig	Kaufmann.

Sexta B. Ordinarius: Oberlehrer Große.

Nr.	Namen der Schüler	Geburtstag und -ort (jetziger Wohnort)			Stand des Vaters
1	*Arenhold, Franz	28. April	1894	Leipzig-Neuschönefeld	Kaufmann.
2	*Brandstetter, Justus	15. März	94	Leipzig	Kaufmann.
3	*Dörfer, Ernst	10. Mai	94	Leipzig	Oberlehrer.
4	*Dorn, Emil	9. Februar	94	Leipzig-Neuschönefeld	Kaufmann.
5	**Drude, Heinz	11. Juni	97	Braunschweig (Leipzig)	Kaufmann.
6	*v. Eberstein, Arnold	23. Mai	93	Berlin (Leipzig)	† Privatier.
7	*Edler, Kurt	1. Dezbr.	93	Leipzig-Reudnitz	Xylograph.
8	*Frederking, Adolf	10. Mai	94	Leipzig	Civilingenieur u. Fabrikbes.
9	**Girbardt, Paul	17. Juli	93	Leipzig	Kaufmann.
10	*Göpfert, Kurt	5. Februar	94	Leipzig (Leipzig-Reudnitz)	Kaufmann.
11	*Grafe, Hans	27. April	94	Leipzig-Anger-Crottendorf	Zimmermeister.
12	*Hager, Rudolf	5. Juni	94	Lindenau i. S. (Leipzig)	Dr. med. u. prakt. Arzt.
13	*Hahn, Martin	8. Novbr.	93	Cassel (Leipzig)	Kaufmann.
14	*Hasenberg, Walter	4. Januar	94	Leipzig	Kaufmann.
15	*Heinold, Willy	11. April	94	Leipzig	Stellmachermeister.
16	*Klingner, Arthur	31. Januar	94	Leipzig	Bäckermeister.
17	*Kleberg, Reinhard	12. Novbr.	93	Leipzig	Kaufmann.
18	*Kretschmer, Fritz	6. März	94	Freiberg i. S. (Leipzig)	Kgl. Brand-Versich.-Inspekt.
19	*Lippmann, Hugo	23. April	94	Reichenbach b. Torgau (Leipzig)	pens. Bahnbeamter.
20	*Ludwig, Kurt	4. Mai	94	Leipzig	Architekt.
21	*Mörlins, Wolfgang	20. April	93	Altona (Leipzig)	Maler.
22	*Müller, Walter	22. Februar	93	Leipzig	Postsekretär.
23	*Oertel, Georg	24. August	93	Leipzig	Dr. phil. u. Oberlehrer.
24	*Schick, Max	12./24. April	94	Moskau (Leipzig)	Kaufmann.
25	*Schimpf, Hans	13. Oktbr.	93	Leipzig	Lehrer.
26	*Schneider, Hans	12. März	94	Leipzig	Bureau-Assistent b. d. K. Ober-Post-Direkt.
27	*Sonntag, Karl	21. Juli	93	Leipzig	Kaufmann.
28	*Thiele, Willy	4. Juli	93	Leipzig	Kaufmann.
29	*Walther, Kurt	16. Januar	94	Leipzig	Gastwirt.
30	*Winkelmann, Karl	5. Mai	94	Leipzig	† Handelsrichter.

IV.

Unterrichts-Übersicht.

Sexta.

A.

Ordinarius: Oberlehrer *Hackmeister*.

Religion. 3 St. wöch. — Erklärung des I. Hauptstücks. — Bibl. Geschichte des Alten Testaments und Geographie von Palästina. — Bibelsprüche und Kirchenlieder. — *Hackmeister*.

Deutsch. 4 St. wöch. — Übungen im Lesen. Wiedererzählen von mündlich Vorerzähltem. — Besprechung von Lesestücken. — Der einfache Satz. — Wortarten. — Biegung der Nomina und Verba. — Orthographie und Interpunktion. — Erklärung ausgewählter Gedichte. — Übungen im mündlichen Vortrag. — Wöchentlich abwechselnd Aufsatz oder Diktat. — *Grafe*.

Latein. 8 St. wöch. — Die regelmäßigen Deklinationen, Komparation der Adjectiva, Pronomina, Cardinalia, Ordinalia. — Die vier Konjugationen ohne Deponentia. — Vokabeln. — Übersetzen aus dem Lateinischen ins Deutsche und umgekehrt nach Ostermann. — Wöchentlich abwechselnd Scriptum oder Extemporale. — *Hackmeister*.

Geographie. 2 St. wöch. — Entwickelung der geographischen Grundbegriffe an der Hand der Orts- und Heimatskunde. — Sachsen in ausführlicher, Deutschland in übersichtlicher Darstellung. — Überblick über Europa und das Erdganze. — Prof. *Lamprecht*.

Geschichte. 1 St. wöch. — Geschichtsbilder aus der alten Geschichte. — *Hackmeister*.

Naturkunde. 2 St. wöch. — Ausbildung der botanischen Grundbegriffe durch Anschauung und Beschreibung bekannter lebender Pflanzen (S.). — Vertreter aus sämtlichen Klassen der Wirbeltiere (W.). — Prof. *Lamprecht*.

Rechnen. 5 St. wöch. — Die vier Species in unbenannten und benannten Zahlen. — Das Decimalsystem in Münzen, Maßen und Gewichten. — Übungen über teilbare und unteilbare Zahlen. — Schlußrechnung. — Dr. *Leisler*.

Schreiben. 2 St. wöch. — Besprechen und Üben der Hauptteile der Schrift. — Die Alphabete in Kurrent- und Kursivschrift. — Ziffern. — Dr. *Leisler*.

B.

Ordinarius: Oberlehrer *Grafe*.

Religion. 3 St. wöch. — Wie in A. — Dr. *Leisler*.

Deutsch. 4 St. wöch. — Wie in A. — *Grafe*.

Latein. 8 St. wöch. — Wie in A. — *Grafe*.

Geographie. 2 St. wöch. — Wie in A. — *Grafe*.

Geschichte. 1 St. wöch. — Wie in A. — *Grafe*.

Naturkunde. 2 St. wöch. — Wie in A. — Dr. *Graben*.

Rechnen. 5 St. wöch. — Wie in A. — Dr. *Fischer*.

Schreiben. 2 St. wöch. — Wie in A. — Dr. *Leisler*.

Zeichnen. 2 St. wöch. — Die elementaren Gesetze des Sehens und Zeichnens, entwickelt aus den einfachen regelmäßigen Polygonen. — Quadrat, gleichseitiges Dreieck, regelmäßiges Sechs- und Achteck. — Kreis und Fünfeck (aus dem Kreise entwickelt). Massenunterricht. — *Mühlbach*.

Zeichnen. 2 St. wöch. — wie in A. — *Fliner*.

Quinta.

A.

Ordinarius: Oberlehrer Dr. *Herrmann*.

Religion. 2 St. wöch. — Wiederholung des I. Hauptstücks, Erklären und Lernen des II. — Bibelsprüche und Kirchenlieder. — Biblische Geschichte des Neuen Testaments. — *Geyer*.

Deutsch. 4 St. wöch. — Lesen und Besprechen ausgewählter Prosastücke und Gedichte aus dem Dübecker Lesebuche, II. Teil. — Wiederholung des grammatischen Lernstoffes der Sexta; die Lehre vom einfachen Satze. Vortrag einiger Gedichte. — Wöchentlich abwechselnd eine häusliche Arbeit oder ein Diktat. Im S. Dr. *Oertel*, im W. Dr. *Berger*.

Latein. 8 St. wöch. — Wiederholung und Befestigung der regelmäßigen Formenlehre; neben Substantiv und Verbum wurden die Pronomina, Numeralia, Komparation, Präpositionen, Adverbia, Konjunktionen, Konstruktion der Städtenamen behandelt. — Übersetzungen aus Ostermann für Quinta. — Wöchentlich eine schriftliche Arbeit, abwechselnd Exercitium oder Extemporale. — *Richter*.

Französisch. 4 St. wöch. — Ploetz-Kares, Elementarbuch (Ausg. A), Kap. 1—21. Im Anschlusse daran Sprechübungen. — Wöchentlich eine schriftliche Arbeit, abwechselnd Exercitien und Extemporalien oder Diktate. — *Fischer*.

Geographie. 2 St. wöch. — Erweiterung der Grundbegriffe. — Die außerdeutschen Länder Europas. — Dr. *Herrmann*.

Geschichte. 1 St. wöch. — Geschichtsbilder aus der mittleren und neueren Geschichte. Im S. Dr. *Oertel*, im W. Dr. *Berger*.

Naturkunde. 2 St. wöch. — Im S. Botanik: Erweiterungen der in Sexta gewonnenen morphologischen Kenntnisse. Einführung in das Linnésche System. — Im W. Zoologie: Erweiterung des Pensums der Sexta durch eine ausführlichere Behandlung der Wirbeltiere. — Prof. *Lamprecht*.

Rechnen. 4 St. wöch. — Die vier Species mit Decimalbrüchen und gemeinen Brüchen nebst einfachen Anwendungen. — Dr. *Herrmann*.

B.

Ordinarius: Oberlehrer *Fischer*.

Religion. 2 St. wöch. — Wie in A. — Dr. *Leisler*.

Deutsch. 4 St. wöch. — Wie in A. — *Fischer*.

Latein. 8 St. wöch. — Wie in A. — Prof. Dr. *Hoph*.

Französisch. 4 St. wöch. — Wie in A. — *Fischer*.

Geographie. 2 St. wöch. — Wie in A. — Dr. *Leisler*.

Geschichte. 1 St. wöch. — Wie in A. — *Fischer*.

Naturkunde. 2 St. wöch. — Wie in A. — Dr. *Fischer*.

Rechnen. 4 St. wöch. — Wie in A. — Dr. *Fischer*.

Schreiben. 1 St. wöch. — Kurrent- und Kursivschrift. — Dr. *Leider.*

Zeichnen. 2 St. wöch. — Übergang zu den unregelmäßigen Figuren der Ebene: Ellipse, Spirale, Schneckenlinie, Palmette-Blattform. Zusammenstellungen der letzteren mit den vorhergenannten Grundlinien. Massenunterricht. — *Plinzer.*

Schreiben. 1 St. wöch. — Wie in A. — Dr. *Leider.*

Zeichnen. 2 St. wöch. — Wie in A. — *Mühlbach.*

Quarta.

A.

Ordinarius: Dr. *Oertel* bis 1. Sept., dann Dr. *Zillmer.*

Religion. 3 St. wöch. — Erklärung des III., IV. u. V. Hauptstücks. Gelernt wurden die zugehörigen biblischen Beweisstellen und einige Kirchenlieder. Wiederholung der biblischen Geschichte des Alten und Neuen Testaments. — *Hackemeister.*

Deutsch. 3 St. wöch. — Lesen und Besprechen mehrerer Gedichte von Schiller, Goethe und Schwab, sowie prosaischer und poetischer Stücke aus dem „Deutschen Lesebuche", Teil III. — Besprechung der Satzverbindung und der zugehörigen Konjunktionen. Diktate nach Bedarf. Deklamierübungen. Alle drei Wochen eine schriftliche Arbeit. — Erst Dr. *Oertel*, dann Dr. *Zillmer.*

Latein. 6 St. wöch. — Wiederholung der Formenlehre. — Verba anomala. — Die wichtigsten Regeln der Syntax, Accus. c. Inf., Partic. coni. und Ablat. absol. — Einübung der Regeln nach Ostermanns Übungsbuche, Teil II. — Wöchentlich eine schriftliche Arbeit, Specimen und Extemporale abwechselnd. — Lektüre zusammenhängender Abschnitte aus der griech. und röm. Geschichte nach Ostermann. — Erst Dr. *Oertel*, dann Dr. *Zillmer.*

Französisch. 5 St. wöch. — Ploetz-Kares, Elementarbuch Kap. 25—51. — Gelesen wurden die Stücke des Anhanges. Recitation kleiner Prosastücke und Gedichte. — Wöchentlich eine schriftliche Arbeit (Exercitium abwechselnd mit Extemporale oder Diktat). — *Trebe.*

Geographie. 2 St. wöch. — Die außereuropäischen Erdteile. Vorher die nötigen Erklärungen aus der physischen Geographie. — Dr. *Scheurer.*

Geschichte. 2 St. wöch. — Griechische und römische Geschichte. — *Hackemeister.*

Naturkunde. 2 St. wöch. — Im S.: Übungen im Bestimmen der Pflanzen; natürliche Klassen. — Vergleichende Übersicht über die Pflanzenorgane. — Im W.: Rückblick auf die Wirbeltiere. — Vertreter aus sämtlichen Klassen der Wirbellosen. — Dr. *Fischer.*

Rechnen. 3 St. wöch. — Wiederholung und Erweiterung der Bruchrechnung. — Einfache und zusammengesetzte Regeldetri. — Dr. *Fischer.*

Geometrische Formenlehre. 2 St. wöch. — Gewinnung der elementaren stereometrischen und planimetrischen Grundbegriffe aus der Anschauung. — Einleitung in die Planimetrie bis zu den Kongruenzsätzen. — Dr. *Scheurer.*

Zeichnen. 2 St. wöch. — Körperzeichnen in Kontur, nach Eisenstab- und Vollkörpermodellen. Würfel. Tetraeder, Oktaeder und andere aus dem Würfel abzuleitende Formen, Zusammenstellungen von Würfeln, Pyramide, Kreis in Verkürzung, Walze und andere drehrunde Körper. Massenunterricht. — *Plinzer.*

B.

Ordinarius: Oberlehrer *Geyer.*

Religion. 3 St. wöch. — Wie in A. — *Geyer.*

Deutsch. 3 St. wöch. — Wie in A. — *Geyer.*

Latein. 6 St. wöch. — Wie in A. — Dr. *Zillmer.*

Französisch. 5 St. wöch. — Wie in A. — *Fischer.*

Geographie. 2 St. wöch. — Wie in A. — *Geyer.*

Geschichte. 2 St. wöch. — Wie in A. — *Geyer.*

Naturkunde. 2 St. wöch. — Wie in A. — Prof. *Langwitz.*

Rechnen. 3 St. wöch. — Wie in A. — Dr. *Scheurer.*

Geometrische Formenlehre. 2 St. wöch. — Wie in A. — Dr. *Scheurer.*

Zeichnen. 2 St. wöch. — Wie in A. — *Mühlbach.*

Untertertia.

A.

Ordinarius: Oberlehrer Dr. *Seupe.*

Religion. 2 St. wöch. — Kurze Wiederholung des I. und II. Hauptstücks. — Einleitung in die Bücher des Alten Testaments. Lesen und Erklären ausgewählter Stellen desselben, besonders einer größeren Anzahl Psalmen. — Dr. *Seupe.*

Deutsch. 3 St. wöch. — Gelesen und erklärt wurden ausgewählte Gedichte von Goethe, Schiller, Uhland. — Besprechung prosaischer Musterstücke nach dem Döbeiner Lesebuch IV, 1. — Lehre von der Satzverbindung. — Übungen im Deklamieren. — Alle drei Wochen ein Aufsatz. — Im S.: Dr. *Oertel*, im W.: Dr. *Seupe.*

Latein. 6 St. wöch. — Die Kasuslehre und die wichtigsten Regeln vom Gebrauche der Konjunktionen. Wöchentlich abwechselnd Exercitia und Extemporalia. — Gelesen wurden Cornelius Nepos: Miltiades, Themistocles, Aristides, Epaminondas und Hannibal. — Dr. *Seupe.*

Französisch. 4 St. wöch. — Ploetz, Schulgrammatik, Lekt. 1—28. — Lektüre: Im S. ausgewählte Stücke aus Ploetz, „Lectures choisies", Sektion II; im W.: Hommes célèbres de l'histoire romaine nach Duruy. — Wöchentlich eine schriftliche Arbeit (abwechselnd Exercitium und Extemporale oder Diktat). — Im S.: Dr. *Wilke*, im W.: Dr. *Platen.*

B.

Ordinarius: Oberlehrer *Gellert.*

Religion. 2 St. wöch. — Wie in A. — *Gellert.*

Deutsch. 3 St. wöch. — Erklärt und gelernt wurden ausgewählte Gedichte von Schiller, Goethe und Uhland; gelesen und besprochen prosaische Musterstücke aus dem Lesebuche. — Lehre von der Satzverbindung und dem Satzgefüge. — Übungen im Deklamieren. — Alle drei Wochen ein Aufsatz. — *Gellert.*

Latein. 6 St. wöch. — Wie in A. — *Gellert.*

Französisch. 4 St. wöch. — Wie in A. — Im S.: *Trebe*, im W.: Dr. *Platen.*

Englisch. 3 St. wöch. — Wilke, Einführung in die englische Sprache. I. Teil. II. Teil, Abschn. I—IV. — Wöchentlich eine schriftliche Arbeit im Anschluß an die behandelten Lesestücke (Exercitium und Extemporale abwechselnd). — Besprechung des Frühlingsbildes und des Sommerbildes von Hölzel. — Dr. *Wilke*.

Geographie. 2 St. wöch. — Deutschland, physisch und politisch. — *Grafe*.

Geschichte. 2 St. wöch. — Geschichte des Mittelalters. Im S.: Dr. *Gertel*. Im W.: Dr. *Berger*.

Naturkunde. 2 St. wöch. — Im S.: Bestimmen von Pflanzen. Das natürliche System. — Im W.: Bau und Leben des Menschen. Vergleichende Rückblicke auf den Tierkörper. — Prof. *Lamprecht*.

Rechnen. 2 St. wöch. — Prozent-, Zins- und Verteilungsrechnung. — Dr. *Schwarz*.

Mathematik. 4 St. wöch. — Die vier Spezies mit allgemeinen Größen. Einfache lineare Gleichungen mit einer Unbekannten. — Anwendung der Kongruenzsätze. — Flächengleichheit bis zum Pythagoreischen Lehrsatz. — Dr. *Schwarz*.

Zeichnen. 2 St. wöch. — Übergang zur Belehrung über die Licht- und Schattengesetze auf Grund unmittelbarer Anschauung. — Kugel, Walze, Ring (cylind. Ausschnitt), Schattieren von einfachen ornamentalen Blatt-, Rosetten- und Knaufformen nach gegebenem Grund- und Aufriß. Rosenverzierung. — *Mühlbach*.

Englisch. 3 St. wöch. — Wilke, Einführung in die englische Sprache. I. Teil. II. Teil, Abschn. I—IV. — Wöchentlich eine schriftliche Arbeit im Anschluß an die behandelten Lesestücke (abwechselnd Exercitium und Extemporale, bzw. Diktat). — *Fischer*.

Geographie. 2 St. wöch. — Deutschland, physisch und politisch. — Kartenzeichnen. — *Gellert*.

Geschichte. 2 St. wöch. — Geschichte des Mittelalters. — *Gellert*.

Naturkunde. 2 St. wöch. — Wie in A. — Dr. *Fischer*.

Rechnen. 2 St. wöch. — Wie in A. — Dr. *Schwarz*.

Mathematik. 4 St. wöch. — Wie in A. — Richter.

Zeichnen. 2 St. wöch. — Wie in A. — *Plümer*.

Obertertia.

A.

Ordinarius: Oberlehrer Dr. *Wilke*.

Religion. 2 St. wöch. — Einleitung in die Bücher des Neuen Testaments; Lesen und Erklären ausgewählter Stellen derselben. — Wiederholung des III., IV. und V. Hauptstücks und einer Anzahl Kirchenlieder. — *Gellert*.

Deutsch. 3 St. wöch. — Abschluß der Satzlehre. — Erklärung ausgewählter Gedichte von Arndt, Körner, Rückert, Schenkendorf und Schiller, sowie prosaischer Stücke aus dem Lesebuche. — Elemente der Metrik und Poetik. — Privatim wurden gelesen einige Gesänge der Odyssee (in der Vossischen Übersetzung). — Übungen im Deklamieren und Disponieren. Monatlich ein Aufsatz. — Dr. *Wilke*.

Latein. 6 St. wöch. — Wiederholung der grammatischen Pensen der Untertertia. Die Kon-

B.

Ordinarius: Oberlehrer *Richter*.

Religion. 2 St. wöch. — Wie in A. — *Richter*.

Deutsch. 3 St. wöch. — Wie in A. — *Geyer*.

Latein. 6 St. wöch. — Wie in A. — *Richter*.

gruenz des Relativpronomens, der Konjunktiv in Relativsätzen, die indirekten Fragesätze, Gerundium und Gerundivum. Wöchentlich abwechselnd Exercitia und Extemporalia. — Lektüre: Caes. de bello Gall. II, III, IV; privatim: Cornelius Nepos: Cimon, Conon, Lysander, Pelopidas. — Dr. *Senge*.

Französisch. 4 St. wöch. — Schulgrammatik von Ploetz L. 29—49. — Lektüre: Ploetz, „Lectures choisies", Sect. III et IV. Biographies historiques von D'Hombres und Monod. Zwei Gedichte wurden auswendig gelernt. — Mündliche Übungen im Anschluß an die Lektüre, außerdem Besprechung einiger Bilder von Hölzel. — Wöchentlich eine schriftliche Arbeit. — Dr. *Wilke*.

Englisch. 3 St. wöch. — Zimmermann, Lehrbuch der engl. Sprache. II. Teil, Lektion 1—28 (vorher Wilkes Einführung etc. Abschn. V—IX). — Lektüre: Ausgewählte Stücke aus Herrigs Reading Book (S.) und Old Jolliffe von Mackarness (W.). — Sprechübungen nach Wilkes Einführung in die englische Sprache und im Anschluß an die übrige Lektüre. — Wöchentlich eine schriftliche Arbeit (Exercitium oder Extemporale, bzw. Diktat). — Dr. *Wilke*.

Geographie. 2 St. wöch. — Das außerdeutsche Europa, physisch und politisch. — Dr. *Schröter*.

Geschichte. 2 St. wöch. — Deutsche Geschichte seit der Reformation. — Im S. Dr. *Gertel*, im W. Dr. *Wilke*.

Naturkunde. 2 St. wöch. — Im S.: Sporenpflanzen. — Das Wichtigste aus der Anatomie und Physiologie der Pflanzen. — Im W.: Mineralogie mit besonderer Berücksichtigung der Krystallographie. — Dr. *Fischer*.

Physik. 2 St. wöch. — Überblick über die einfachsten Erscheinungen aus allen physikalischen Gebieten. — Allgemeine Eigenschaften der Körper. — Gleichgewicht fester, flüssiger und gasiger Körper. — Dr. *Horn*.

Mathematik. a) Algebra. 2 St. wöch. — Wiederholung der vier Spezies mit allgemeinen Größen. Gleichungen ersten Grades mit einer oder zwei Unbekannten. Proportionen, Potenzsätze. — b) Geometrie. 2 St. wöch. — Kreislehre, Flächenmessung, Ähnlichkeitslehre. — Dr. *Herrmann*.

Zeichnen. 2 St. wöch. — Schattierungen nach gegebenem Grund- und Aufriß an zusammengesetzten Körpern, später nach Modellen. — *Plümer*.

Französisch. 4 St. wöch. — Schulgrammatik von Ploetz L. 29—49. — Lektüre: Ploetz, „Lectures choisies", Sect. III und IV (S.). Biographies historiques von D'Hombres und Monod (W.). Zwei Gedichte wurden auswendig gelernt. — Sprechübungen im Anschluß an die Lektüre. — Wöchentlich eine schriftliche Arbeit (Exercitium und Extemporale). — Im S. Prof. *Düvergand*, im W. Dr. *Platen*.

Englisch. 3 St. wöch. — Wie in A. — *Treiber*.

Geographie. 2 St. wöch. — Wie in A. — *Geyer*.

Geschichte. 2 St. wöch. — Wie in A. — *Geyer*.

Naturkunde. 2 St. wöch. — Wie in A. — Prof. *Lamprecht*.

Physik. 2 St. wöch. — Wie in A. — Dr. *Horn*.

Mathematik. Wie in A. — Dr. *Wolf*.

Zeichnen. 2 St. wöch. — Wie in A. — *Mühlbach*.

Untersekunda.

A.

Ordinarius: Oberlehrer Dr. *Schröter*.

Religion. 2 St. wöch. — Die Anschauung der Bibel. — Das Leben des Herrn. — Pflanzung und Entwickelung der christlichen Kirche bis 325. — Gelesen und besprochen wurde die Apostelgeschichte. — *Gager*.

Deutsch. 3 St. wöch. — Lektüre und Besprechung von Schillers „Wilhelm Tell", Lessings „Minna v. Barnhelm", Goethes „Hermann und Dorothea" mit litteraturgeschichtlicher Einleitung. — Die hauptsächlichsten Dichtungsarten und Grundzüge der Metrik. — Alle fünf Wochen ein Aufsatz. — Freie Vorträge. — Übung im Disponieren. — Privatim gelesen wurden Schillers „Jungfrau von Orleans", „Maria Stuart", Abschnitte aus der „Geschichte des dreißigjährigen Krieges". — Dr. *Leineke*.

Latein. 5 St. wöch. — Lektüre: Caes. de b. Gall. I, VII, VI teilweise. — Auswahl aus Ovids Metamorphosen. — Kasuslehre, Lehre vom Infinitiv und Participium coniunctum. — Wöchentlich eine schriftliche Arbeit, Exercitien und Extemporalien abwechselnd. — Dr. *Schröter*.

Französisch. 4 St. wöch. — Ploetz, Schulgrammatik, Lekt. 50—69. — Lektüre: Sekt. V, VI, VII der „Lectures choisies" von Ploetz (S.). — Rollin, „Histoire de la seconde guerre punique" (W.). Dazu Deklamation und Sprechübungen. — Wöchentlich eine schriftliche Arbeit (Exercitium abwechselnd mit Extemporale). — Prof. *Dinerwand*.

Englisch. 3 St. wöch. — Aus Zimmermanns Lehrbuch der englischen Sprache: Systematischer Kursus, L. 30—44. — Lektüre ausgewählter Stücke aus Herrigs Reading Book (S.). Tales of the Alhambra von Irving (W.). — Wöchentlich eine schriftliche Arbeit. — Dr. *Währ*.

Geographie. 2 St. wöch. — Die außereuropäischen Erdteile in ausführlicher Darstellung. — Dr. *Schröter*.

Geschichte. 2 St. wöch. — Alte Geschichte. — Dr. *Schröter*.

Naturkunde. 2 St. wöch. — Mineralogie und Geologie. Gelegentlich der Paläontologie Wiederholungen aus den Gebieten der Zoologie und Botanik. — Prof. *Lamprecht*.

B.

Ordinarius: Oberlehrer *Trebe*.

Religion. 2 St. wöch. — Einleitung in die Geschichte der christlichen Kirche; ihre Vorbereitung durch den Alten Bund. — Das Leben Jesu. — Pflanzung und Entwickelung der christlichen Kirche bis zum Jahre 323. — Lesen und Erklären der Apostelgeschichte. — *Gelbert*.

Deutsch. 3 St. wöch. — Gelesen und besprochen wurden Lessings „Minna v. Barnhelm", Schillers „Wilhelm Tell" und Goethes „Hermann und Dorothea". Litteraturgeschichtliche Einleitungen. — Die hauptsächlichsten Dichtungsarten und Grundzüge der Metrik. — Freie Vorträge. — Alle fünf Wochen ein Aufsatz. — Privatim wurden gelesen Schillers „Jungfrau von Orleans", einige Gesänge aus Homers „Ilias" und ausgewählte Kapitel aus Immermanns „Oberhof". — Prof. Dr. *Mogk*.

Latein. 5 St. wöch. — Kasuslehre, Lehre vom Infinitiv und Partic. coni. — Einübung der Regeln nach Ostermanns Übungsbuche, Teil IV. — Specimina und Extemporalia wöchentlich abwechselnd. — Lektüre: Caesar de b. Gall. I und VII, Stücke aus Ovids Metamorphosen. — Dr. *Zöllner*.

Französisch. 4 St. wöch. — Wie in A. — *Trebe*.

Englisch. 3 St. wöch. — Wie in A. — *Trebe*.

Geographie. 2 St. wöch. — Wie in A. — *Trebe*.

Geschichte. 2 St. wöch. — Wie in A. — Dr. *Zöllner*.

Naturkunde. 2 St. wöch. — Wie in A. — Prof. *Lamprecht*.

A.

Physik. 2 St. wöch. — Lehre vom Magnetismus und der Elektricität mit Hinweis auf ihre praktischen Anwendungen. — Dr. *Horn*.

Mathematik. 5 St. wöch. — a) Potenz- und Wurzellehre. Einfachere lineare Systeme. Quadratische Gleichungen mit einer Unbekannten. — b) Ähnlichkeit und Anwendung derselben. Cyklometrie. — c) Geometrisches Zeichnen: Konstruktionen über Gerade, Kreis und Kegelschnitte. — Dr. *Herrmann*.

Zeichnen. 2 St. wöch. — Zeichnen und Aquarellieren nach Gipsabgüssen, Kunst- und Naturmodellen. — *Pfänner*.

B.

Physik. 2 St. wöch. — Wie in A. — Dr. *Horn*.

Mathematik. 5 St. wöch. — Wie in A. — Dr. *Scheerer*.

Zeichnen. 2 St. wöch. — Wie in A. — *Pfänner*.

Obersekunda.

A.

Ordinarius: Professor *Reuther*.

Religion. 2 St. wöch. — Geschichte der christlichen Kirche von Konstantin d. Gr. bis zur Reformation. — Lesen und Erklären des Evangeliums Marci. — *Richter*.

Deutsch. 3 St. wöch. — Lektüre: Schillers Spaziergang. Ausgewählte Stücke aus dem Nibelungenliede. Lieder und Sprüche Walthers von der Vogelweide. — Litteraturgeschichte des Mittelalters. — Freie Vorträge. — Alle sechs Wochen ein Aufsatz. — Prof. *Reuther*.

Latein. 5 St. wöch. — Lektüre: Sallust, de bello Iugurthino. 2 St. Dr. *Brehme*. — Ovid. Ausgewählte Stücke aus den Metamorphosen. — Grammatik: Gerundium, Gerundivum und Supinum; Tempus- und Moduslehre; Oratio obliqua. Mündliche und schriftliche Übersetzungen aus dem Deutschen ins Lateinische. Specimina und Extemporalia abwechselnd aller 14 Tage. — Prof. *Reuther*.

Französisch. 4 St. wöch. — Lektion 70—79 der Schulgrammatik von Ploetz, dann Wiederholung. — Gelesen: Ploetz, „Manuel de la littérature française", Fragmente aus den Werken von Corneille, Racine, Molière, Sévigné, Maintenon, Bossuet, Fénelon, Fléchier. Im Winterhalbjahre: A. Thierry, Guillaume le Conquérant. Im Anschluß an Racines „Athalie" Grundzüge der Verslehre. — Wöchentl. Übersetzungen, Extemporal- und Nacherzählungen abwechselnd. — Prof. *Dinerwand*.

Englisch. 3 St. wöch. — Aus J. Schmidts Grammatik der englischen Sprache II. T. Syntax § 69—144. Außerdem Wiederholung aus der Formenlehre. — Lektüre: Stücke aus Herrigs „Clas-

B.

Ordinarius: Oberlehrer Dr. *Wolf*.

Religion. 2 St. wöch. — Geschichte der christlichen Kirche im Mittelalter. — Lesen und Erklären des Evangeliums Marci. — Dr. *Sumpe*.

Deutsch. 3 St. wöch. — Wie in A. — Prof. Dr. *Mogk*.

Latein. 5 St. wöch. — Wie in A. — *Hechsnider*.

Französisch. 4 St. wöch. — Wie in A. — Dr. *Platen*.

Englisch. 3 St. wöch. — Wie in A. — Dr. *Platen*.

deal Authors" (S.), dann Irving, English Sketches. — Wöchentlich eine schriftliche Arbeit (Exercitium, Extemporale). — Im S.: Prof. Walsh, im W.: Dr. Fischer.

Geographie. 2 St. wöch. — Allgemeine Geographie und Wiederholung aus der politischen. — Prof. Dr. *Schuster*.

Geschichte. 2 St. wöch. — Geschichte des Mittelalters. — Prof. *Brasser*.

Physik. 2 St. wöch. — Die Lehre von dem Lichte und der Wärme in wesentlich experimenteller Behandlung. — Dr. *Horn*.

Chemie. 2 St. wöch. — Einleitung in das Verständnis chemischer Prozesse. — Elemente der Stöchiometrie. — Übersicht der wichtigsten Elemente. — Dr. *Fischer*.

Mathematik. 5 St. wöch. — a) Logarithmen. Theorie der quadratischen Gleichungen. Quadratische Systeme. — b) Trigonometrie. — c) Einführung in die Stereometrie. — Dr. *Herrmann*.

Projektionslehre. 2 St. wöch. — Projektion einfacher Körper in Grund- und Aufriß bei verschiedenen Lagen. Darstellung von Punkten, Strecken und begrenzten Ebenenstücken. — Dr. *Herrmann*.

Geographie. 2 St. wöch. — Wie in A. — Prof. Dr. *Schuster*.

Geschichte. 2 St. wöch. — Wie in A. — Prof. Dr. *Mayd*.

Physik. 2 St. wöch. — Wie in A. — Dr. *Graham*.

Chemie. 2 St. wöch. — Wie in A. — Dr. *Graham*.

Mathematik. 5 St. wöch. — Wie in A. — Dr. *Wolf*.

Projektionslehre. 2 St. wöch. — Wie in A. — Dr. *Wolf*.

Unterprima.

A.

Ordinarius: Professor *Dinerwand*.

Religion. 2 St. wöch. — Geschichte der christlichen Kirche von der Reformation bis zur Gegenwart. — Lesen und Erklären der Briefe Pauli an die Epheser und Galater; im Anschluß daran die Hauptpunkte der christlichen Sittenlehre. — *Gellert*.

Deutsch. 3 St. wöch. — Gelesen und eingehend erklärt wurden: Herders „Cid", Goethes „Götz von Berlichingen" und „Iphigenie auf Tauris". — Litteraturgeschichte von Luther bis Klopstock; ausführlich behandelt wurden Luther, Hans Sachs, das Volks- und das Kirchenlied. — Freie Vorträge und Referate im Anschluß an Haus- und Schullektüre. — Alle 4 Wochen ein Aufsatz. — Dr. *Saupe*.

Latein. 5 St. wöch. — Lektüre: Livius XXI, XXII, 1—12; Cicero, de senectute; Vergil, Aeneis I und II. — Grammatische Wiederholungen verbunden mit mündlichen Übersetzungen ins Lateinische. — Spezimina und Extemporalia abwechselnd alle 14 Tage. — Prof. *Brasser*.

B.

Ordinarius: Professor *Walsh*.

Religion. 2 St. wöch. — Wie in A. — *Richter*.

Deutsch. 3 St. wöch. — Gelesen: Herders „Cid", Goethes „Iphigenie" und „Götz von Berlichingen" und Lessings „Nathan der Weise". — Litteraturgeschichte von Luther bis Klopstock. — Freie Vorträge. — Alle sechs Wochen ein Aufsatz; im Anschluß an die Aufsätze Stillehre. — Prof. Dr. *Mayd*.

Latein. 5 St. wöch. — Wie in A. — Dr. *Schröter*.

Französisch. 4 St. wöch. — Ploetz, „Nouvelle grammaire", Abt. I, II, III. — Übersetzungen nach Ploetz, Übungsbuch zur Erlernung der franz. Syntax. — Gelesen: Fragmente von Montesquieu, Voltaire, Rousseau, Buffon, St. Pierre, Barthélemy, Beaumarchais, De Maistre, Mirabeau (S.). Hist. de la révolution d'Angleterre, par Guizot, 1. Bd., II. Abt., Buch V. VI. (W.). — Sprechübungen und Vorträge. Alle 14 Tage abwechselnd Übersetzungen, Extemporalien oder freie Aufsätze. — Prof. *Dinerwand*.

Englisch. 3 St. wöch. — Schmidt, Grammatik der englischen Sprache II. T. Syntax §§ 145 bis 315. — Außerdem Wiederholung des Pensums der Obersekunda. — Lektüre: Stücke aus Herrigs „Classical Authors" (S.), dann Macaulays Essay „Lord Clive". — Alle 14 Tage eine schriftliche Arbeit (Exercitium), Extemporale oder freie Arbeit. — Prof. *Walsh*.

Geschichte. 2 St. wöch. — Das sechzehnte und siebzehnte Jahrhundert. — Prof. *Brasser*.

Physik. 3 St. wöch. — Mathematische Behandlung der Mechanik. — Dr. *Graham*.

Chemie. 2 St. wöch. — Behandlung der Nichtmetalle und Metalle, der Alkalien und Erden mit Rücksicht auf Mineralogie und Industrie. Stöchiometrie. — Prof. *Langwitz*.

Mathematik. 5 St. wöch. — Wiederholung und Ergänzung der Stereometrie. — Synthetische Behandlung der Kegelschnitte. — Analytische Geometrie der Geraden und des Kreises. — Fortges. Übungen im Auflösen von Gleichungen 2ten Grades mit zwei Unbekannten. Progressionen. — Zinseszins- und Rentenrechnung. — Kombinatorik. — Binomischer Satz. — Diophantische Gleichungen. — Dr. *Horn*.

Projektionslehre. 2 St. wöch. — Ebene Körperschnitte und Durchdringungen. — Dr. *Horn*.

Französisch. 4 St. wöch. — Wie in A. — Prof. *Walsh*.

Englisch. 3 St. wöch. — Wie in A. — Prof. *Walsh*.

Geschichte. 2 St. wöch. — Wie in A. — Prof. Dr. *Schuster*.

Physik. 3 St. wöch. — Wie in A. — Dr. *Graham*.

Chemie. 2 St. wöch. — Wie in A. — Dr. *Graham*.

Mathematik. 5 St. wöch. — Wie in A. — Dr. *Wolf*.

Projektionslehre. 2 St. wöch. — Wie in A. — Dr. *Horn*.

Oberprima.

A.

Ordinarius: Kons. Prof. Dr. *Schuster*.

Religion. 2 St. wöch. — Allgemeine Wiederholung der in den vorhergehenden Klassen behandelten kirchengeschichtlichen Lehrstoffe. — Lesen und Erklären des Briefes Pauli an die Römer und der Confessio Augustana, im Anschluß daran die Hauptpunkte der christlichen Glaubenslehre. — Dr. *Saupe*.

B.

Ordinarius: Kons. Prof. Dr. *Schuster*.

Religion. 2 St. wöch. — Wie in A. — *Richter*.

Deutsch. 3 St. wöch. — Gelesen: einiges aus Lessings Laokoon, aus der Poetik des Aristoteles in deutscher Übersetzung, aus Lessings Hamburger Dramaturgie; Schillers Wallenstein; zu Hause: Goethes Dichtung und Wahrheit. — Litteraturgeschichtliches aus dem 16., 17. u. 18. Jahrh. — Freie Vorträge. — Aller sechs Wochen freier Aufsatz. — Grammatikalisches bei Besprechung der Korrekturen. — Prof. Dr. *Schuster*.

Latein. 5 St. wöch. — Lektüre: Livius XXIII. Tacitus, Germania. Verg. Aen. III. Ausgewählte Oden und Epoden des Horaz. Specimina und Extemporalia aller 14 Tage. — Dr. *Schröter*.

Französisch. 4 St. wöch. — Ploetz, „Nouvelle grammaire", Abt. IV bis zum Schluß. — Übersetzungen aus Ploetz, Übungsbuch; Extemporalien oder freie Aufsätze abwechselnd. — Gelesen: Ploetz, „Manuel etc.", Fragmente von Staël, Chateaubriand, Courier, Barante, Ségur, Guizot, Villemain, Scribe, Delavigne, Toepffer (S.). Mignet, Hist. de la révol. française, Kap. XII, XIII, XIV (W.). — Freie Vorträge und Konversation. — Prof. *Dinnwand*.

Englisch. 3 St. wöch. — Schmidt, Grammatik der englischen Sprache, II. Teil, Syntax (§§ 170—224) beendigt. Mündliche und schriftliche Übungen nach Schmidt. Aller vierzehn Tage eine schriftliche Arbeit (abwechselnd Übersetzungen, Extemporalien oder freie Arbeiten. — Lektüre: Auswahl aus Herrigs „Classical Authors"; Auszüge aus Miltons „Paradise Lost" (S.). „Julius Caesar" von Shakespeare (W.). Kursorisches Lesen der englischen Litteraturgeschichte. — Prof. Welsch.

Geschichte. 3 St. wöch. — Neuere und neueste Geschichte. — Prof. Dr. *Schuster*.

Physik. 3 St. wöch. — Einführung in die Wellenlehre. — Akustik. — Optik. — Einführung in die sphärische Astronomie. — Wiederholung früheren Lehrstoffs. — Dr. *Graben*.

Chemie. 2 St. wöch. — Zusammengesetztere Reaktionen unter besonderer Bezugnahme auf die schweren Metalle mit Rücksicht auf Mineralogie und technische Anwendungen. — Dr. *Graben*.

Mathematik. a) Geometrie. 3 St. wöch. — Analytische Geometrie der Kegelschnitte. — Diskussion der allgemeinen Gleichung 2ten Grades. — Lösung mannigfacher Aufgaben. — b) Algebra. 2 St. wöch. — Gleichungen 3ten und 4ten Grades. — Allgemeine Eigenschaften der Gleichungen höheren Grades und Benutzung derselben zur näherungsweisen Auflösung. — Einfachste unendliche

Deutsch. 3 St. wöch. — Wie in A. — Prof. Dr. *Schuster*.

Latein. 5 St. wöch. — Wie in A. — Prof. *Reuther*.

Französisch. 4 St. wöch. — Wie in A. — Prof. *Welsch*.

Englisch. 3 St. wöch. — Wie in A. — Prof. Welsch.

Geschichte. 3 St. wöch. — Wie in A. — Prof. Dr. *Schuster*.

Physik. 3 St. wöch. — Wie in A. — Dr. *Graben*.

Chemie. 2 St. wöch. — Wie in A. — Prof. *Lamprecht*.

Mathematik. a) Geometrie. 3 St. wöch. — Wie in A. — Rektor. — b) Algebra. 2 St. wöch. — Wie in A. — Dr. *Horn*.

Reihen. — Ausführliche Wiederholungen. — Dr. *Wolf*.

Projektionslehre. 2 St. wöch. — Schräge und Normal-Axonometrie. Stereometrische, krystallographische, geographische Anwendungen. Durchdringungen und einfachste Schattenkonstruktionen. — Elemente der Perspektive. — Rektor.

Projektionslehre. 2 St. wöch. — Durchdringungen, einfachste Schattenkonstruktionen. — Normale Axonometrie, Centralprojektion. — Dr. *Horn*.

Gesang.

Sexta A u. B kombiniert, 2 St. wöch. — Von dem Werte der Noten und Pausen. Übungen im Singen nach Noten, sowie im Notenlesen. Durtonleiter von C, eingeteilt in zwei Viertonreihen, ausgehend von c und g. Solfeggien und Vokalisen im Umfange der Fünfton- und Sechstonreihe von c und g aus. Starke und schwache Töne. Crescendo und Decrescendo auf Tonreihen (auch Lingua Elementargesangschule). — Erlernung der vom Königlichen Ministerium für die Volksschulen vorgeschriebenen Choräle. — Ein- und zweistimmige Lieder.

Quinta A und B kombiniert, 2 St. wöch. — Rhythmische Übungen. Tonleitern von G, F, D und B-dur. Der Punkt hinter der Note. Sprungweise Fortschreitungen: Intervall der Terz, Quarte und Quinte. Zweistimmige Treffübungen (nach Lingua). Choräle und zweistimmige Lieder.

Quarta A und B, 2 St. wöch. — Untertertia A und B, 1 St. wöch. — Obertertia A und B, 1 St. wöch. — Dynamische Übungen. Zweistimmige Treffübungen (nach Lingua). Zweistimmige und dreistimmige Lieder, Choräle und Repetition früher gelernter Lieder und Choräle.

Untersekunda A und B, 1 St. wöch. — Oberklassen (Obersekunda A und B zusammen, Unterprima A und B, Oberprima A und B) 1 St. wöch. — Lieder für Männerstimmen (ein- und zweistimmig), Repetition von Chorälen.

Singechor: 4-stimmige Choräle, Lieder (meist patriotische), Motetten, Chöre aus Oratorien etc. für gemischten Chor in zwei Abteilungen: S. und A. 1 St. wöch., T. und B. 1 St. wöch., und vierstimmiger Chor (S., A., T. und B.) 1 St. wöch. — Prof. *Rich. Müller*.

Turnen.

Der Turnunterricht wird auf Grund eines vom Unterzeichneten nach den Dr. Lionschen „Bemerkungen über den Turnunterricht an Knabenschulen" ausgearbeiteten Lehrplanes erteilt. Jede Klasse erhält 2 Stunden Unterricht. Oberprima A und B waren kombiniert. Der Unterricht wird, wenn es die Witterung irgend erlaubt, im Freien abgehalten und dann fast jede Turnstunde mit einem „Lauf- oder Ballspiel" beschlossen, während in der Halle nicht gespielt wird. Vom Turnunterricht gänzlich befreit sind solche Schüler, die laut ärztlichen Zeugnisses ganz und gar unfähig sind, am Turnen teilzunehmen. Die Zahl dieser Schüler betrug im laufenden Schuljahre 8.

Wegen der veranstalteten „Klassenausflüge" wurden in diesem Jahre keine „Turnfahrten" unternommen. — *Wortmann*.

Freihandzeichnen (wahlfrei)

für Schüler der Obersekunda und der Primen komb. 2 St. wöch. — Verwertung der in den vorhergehenden Klassen erlangten Kenntnis der Gesetze über Konturzeichnung und Beleuchtung der Körper. — Zeichnen nach Gipsabgüssen der Antike und Naturkörpern. — Elementare Versuche im Aquarellieren nach der Natur. — Die Ausführung der Zeichnungen geschieht in den verschiedensten Arten der Technik, besonders Kreide-, Tusch- und Aquarellmalerei. — *[illegible]*.

Stenographie (wahlfrei).

Untertertia A. 1 St. wöch. — Wortbildung.
Untertertia B. desgl.
Obertertia A. 1 St. wöch. — Fortsetzung der Wortbildung. — Wortkürzung.
Obertertia B. desgl.
Untersekunda, A und B komb. 1 St. wöch. — Übungen im Lesen und Schreiben. — Satzkürzung. — Dr. *Herrmann*.

Themata der deutschen Aufsätze.

Quarta A. 1. Der Johannapark. — 2. Ein Pfingstausflug. — 3. Die Flüsse Leipzigs. — 4. Schulspaziergang. — 5. Der Sänger ein Schützling der Götter (nach Schillers Gedicht: „die Kraniche des Ibykus"). — 6. Die Gallier in Rom. — 7. Freundestreue (nach Schillers „Bürgschaft"). — 8. Unsere Weihnachtsfeier (ein Brief). — 9. Ein Wintertag. — 10. Hannibal (Prüfungsarbeit). — Dr. *Gerbl* und Dr. *Zöllner*.

Quarta B. 1. Mein Lebenslauf. — 2. Seid Ihr der König oder der Bauer? — 3. Die Linde. — 4. Die olympischen Spiele. — 5. Ein Ausflug nach dem Monarchenhügel. — 6. Der Wald im Herbste. — 7. Demosthenes. — 8. Eine [illegible]geschichte. — 9. Der Christbaum. — 10. Das Gewitter (nach Schwab). — 11. Schiller (ein Lebensbild). — 12. Hannibal (Prüfungsarbeit). — *Geyer*.

Untertertia A. 1. Mein Lieblingsbaum. — Meine Pfingstferien. — 3. Mein Sachsenland. — 4. Leipzig (ein deutsches Städtebild). — 5. Septemberfreuden. — 6. Der Kampf mit dem Drachen, von einem Augenzeugen erzählt. — 7. Rückkehr eines französischen Emigranten in seine Heimat (nach Chamissos „Schloß Boncourt"). — 8. Heinrichs IV. Jugend. — 9. Ostern, Ostern erblühend (ein Gemälde). — 10. Hannibals Ausgang (Nepos Hann. cap. 7—12). — 11. Leipzig zur Winterszeit. — 12. Die Belagerung v. [illegible] (nach Uhlands „Eberhard der Rauschebart") (Prüfungsarbeit). — Dr. *Gerbl* und Dr. *Berger*.

Untertertia B. 1. Der Krieg der Römer mit den Cimbern und Teutonen. — 2. Ein Pfingstausflug (Brief). — 3. Die Personen in Schillers „Taucher". — 4. Unser Klassenzimmer. — 5. Miltiades und Histiäus (nach Corn. Nep. Milt. c. 3). — 6. Das Thermometer (Prüfungsarbeit). — 7. Der Herbst. — 8. Warum wird der Rhein vor allen andern Flüssen Deutschlands gepriesen? — 9. Lukas Kranach. — 10. Aus meinem Leben (Brief). — 11. Das Sängertum im deutschen Mittelalter. — 12. Die Kapelle auf Rhodus (nach Schillers Ballade „Der Kampf mit dem Drachen"). — 13. Der Tod des Kaisers Friedrich I. (Prüfungsarbeit). — *Gellert*.

Obertertia A. 1. Jochem Schütts Abenteuer (nach Geibel). — 2. Unser Frühlingsbild. — 3. Frühling und Jugend. — 4. Theodor Körners Verwundung und sein Tod (Prüfungsarbeit). — 5. Ausflug nach dem Colmberge (Brief). — 6. [illegible] der Promenade. — 7. Kleists Tod (Klassenarbeit). — 8. Ein Besuch bei Old Jolliffe (mit Benutzung der englischen Lektüre). — 9. Eisenbahnen und Dampfschiffe. — 10. Preußens Unglücksjahre 1806 und 1807 (Prüfungsarbeit). — Dr. *Wilke*.

Obertertia B. 1. Aus meinem Leben. — 2. Das Schiff der Wüste. — 3. Ernst Moritz Arndts Jugend. — 4. Ein Ferienerlebnis. — 5. Körners Verwundung und Tod (Prüfungsarbeit). — 6. Folgen des westfälischen Friedens. — 7. [illegible] Achilles. — 8. Gedanken beim Jahreswechsel. — 9. Telemach in der Volksversammlung. — 10. Odysseus' Heimkehr und die Bestrafung der Freier (Prüfungsarbeit). — *Geyer*.

Untersekunda A. 1. Die Vorbereitungen zum Bunde auf dem Rütli. — 2. Auf welcher Seite ist unsere Teilnahme im Kampfe zwischen Athen und Sparta? — 3. Nur Beharrung führt zum Ziel (Chrie). — 4. Der brave Mann denkt an sich selbst zuletzt. Im Anschluß an Schillers „Wilhelm Tell" (Prüfungsarbeit). — 5. Inwiefern gehört Deutschland zu den gesegnetsten Ländern der Erde? — 6. Der Pfarrer in Goethes „Hermann und Dorothea". — 7. Gustav Adolfs Heldenleben. — 8. Ein

Blick vom Turme der Alhambra (im Anschluß an die englische Lektüre). — 9. Die französische Revolution als Hintergrund in Goethes „Hermann und Dorothea" (Prüfungsarbeit). — Dr. *Leicher*.

Untersekunda B. 1. Die Personen im 1. Aufzuge von Lessings „Minna von Barnhelm". — 2. Minna von Barnhelm. — 3. Der erste Tag in Schillers „Tell". — 4. Entwicklung der Rütliszene (Prüfungsarbeit). — 5. Früh übt sich, was ein Meister werden will (Chrie). — 6. Veranlassung des 2. punischen Krieges. — 7. Die letzten Überreste der Femgerichte (nach Immermanns „Oberhof"). — 8. Das Vorspiel der „Jungfrau von Orleans". — 9. Die letzten Tage der linksrheinischen Deutschen in ihrer Heimat. Nach Goethes „Hermann und Dorothea" (Prüfungsarbeit). — Prof. Dr. *Mogk*.

Obersekunda A. 1. Die Deukalionische Flut. Nach Ovid. — 2. Bilder aus dem Leben einer großen Stadt. — 3. Der Hof zu Worms. Nach dem Nibelungenliede (Prüfungsarbeit). — 4. Erinnerungen aus meinem Leben. — 5. Rüdiger von Bechelaren als Vertreter der Mannestreue im Nibelungenliede. — 6. Deutschlands Zerrüttung nach dem Tode Heinrichs VI. Mit Berücksichtigung des Gedichtes „Der Wahlstreit" von Walther von der Vogelweide. — 7. Worin hat die Anhänglichkeit der Menschen an die Heimat ihren Grund? (Prüfungsarbeit). — Prof. *Reuther*.

Obersekunda B. 1. Die alten Germanen (nach Cäsar und Tacitus). — 2. Siegfrieds Jugend. — 3. Gunthers Brautfahrt nach dem Isenstein (Prüfungsarbeit). — 4. Kriemhild und Gudrun. — 5. Walther von der Vogelweide als deutscher Mann. — 6. Was berechtigte Maximilian I. zu dem Ausspruche über Karl IV.: „Er war Böhmens Vater, aber des Reiches Erzstiefvater"? — 7. Worin hat die Anhänglichkeit der Menschen an die Heimat ihren Grund? (Prüfungsarbeit). — Prof. Dr. *Mogk*.

Unterprima A. 1. Die patriotische Dichtung Walthers von der Vogelweide. — 2. Die Bedeutung der Lutherischen Bibelübersetzung für die deutsche Sprache und Litteratur. — 3. Arbeit und Fleiß, das sind die Flügel, so tragen über Strom und Hügel (Fischart „das glückhafte Schiff"). — 4. Würdigung von Goethes „Götz von Berlichingen". — 5. Erinnerung und Hoffnung, zwei Hauptquellen der Freudigkeit des Menschen. — 6. Welchen Gedankengang nimmt Schiller in seiner Abhandlung „Was heißt und zu welchem Ende studiert man Universalgeschichte?" — 7. Der dritte Akt von Goethes „Iphigenie in Tauris". Gedankengang und Bedeutung desselben im Aufbau des Dramas. — Dr. *Seeger*.

Unterprima B. 1. Welche Umwälzung im Kriegswesen ist durch die Erfindung des Schießpulvers eingetreten? — 2. Die Meistersinger. — 3. Steter Tropfen höhlt den Stein. — 4. Gestalten aus dem Bauernkriege (nach Goethes „Götz"). — 5. Worin unterscheidet sich die Iphigenie des Euripides von der Goethes? — 6. In welcher Stimmung schrieb Lessing seinen Nathan? — 7. Der Derwisch in Lessings Nathan (Prüfungsarbeit). — Prof. Dr. *Mogk*.

Oberprima A und B. 1. Was zeigt in Goethes Götz von Berlichingen den Anbruch der neuen Zeit? — 2. Zusammenhängende Darstellung der wichtigsten Gedanken aus Lessings Laokoon. — 3. Ein wissenschaftlicher Klassenausflug. — 4. Wahre Bildung (für OI^a Prüfungsarbeit, für OI^b Klassenarbeit). — 5. Erinnerung und Hoffnung. — 6. Über die Vaterlandsliebe. — 7. Über das Verhältnis der dramatischen Dichtkunst zur Geschichte (Reifeprüfungsarbeit). — Luther als Begründer des Neuhochdeutschen. — Konrektor.

Themata der französischen Aufsätze.

Unterprima A. 1. Frédéric Barberousse. — 2. Ruine de la maison de Souabe. — 3. En quoi peut-on dire que l'aspect d'une contrée dénote la manière de vivre, la situation matérielle, l'intelligence et le caractère de ses habitants? (Prüfungsarbeit). — 4. Montrer par des exemples tirés de l'histoire que les peuples expient souvent les fautes de leurs ancêtres. — 5. Aperçu des inventions les plus importantes du moyen-âge. — 6. L'homme considéré comme roi de la création (Prüfungsarbeit). — Prof. *Driesmann*.

Unterprima B. 1. Mes voyages. — 2. Quelques épisodes de ma vie. — 3. Caractère géographique du royaume de Saxe. — 4. Le réveil du printemps. — 5. L'homme considéré comme roi de la création (Prüfungsarbeit). — Prof. *Walsh*.

Oberprima A. 1. Guerre du Schleswig-Holstein en 1864. — 2. Destinée de l'homme sur la terre. — 3. Par suite de quelles circonstances la guerre de 1870 devint-elle inévitable? (Prüfungsarbeit). — 4. Coup d'œil sur la situation politique de l'Europe au temps de Charles XII. — 5. Le Génie du Christianisme, par Chateaubriand. — Prof. *Désorrand.*

Oberprima B. 1. Aperçu des causes qui ont amené la chute de l'empire romain. — 2. L'Allemagne après la Guerre de trente ans. — 3. Sur le prix du temps. — 4. Caractère général de la littérature française du 18ème siècle. — 5. Frédéric le Grand et Voltaire. — Prof. *Walsh.*

Themata der englischen Aufsätze.

Unterprima A. 1. Luther. Traits of his life and character. — 2. A comparison of the characters of Gustavus Adolphus and Wallenstein. — 3. The conquest of India by the English. — 4. On the use of travel. — Prof. *Walsh.*

Unterprima B. Wie in A. — Prof. *Walsh.*

Oberprima A. 1. Why is Europe superior to the other continents? — 2. The evils of procrastination. — 3. On the character of English literature in the 17th and 18th centuries. — 4. Commercial and industrial importance of the Kingdom of Saxony (Reifeprüfungsarbeit). — Prof. *Walsh.*

Oberprima B. 1 und 2 wie in A. — 3. On the origin of dramatical literature in England. — 4. Wie in A. — Prof. *Walsh.*

Spielplatz.

Der Spielplatz wurde in diesem Jahre am 5. April eröffnet und am 18. Oktober geschlossen. Die starke Abnützung in den Vorjahren zwang uns, die lange in Aussicht genommene, sehr notwendige Planierung des Bodens dieses Jahr vorzunehmen. Die Arbeiten nahmen die Zeit vom 10. Mai bis 16. Juni in Anspruch; während dieser Zeit mußte der größte Teil des Platzes für unsere Schüler leider gesperrt werden. Desto eifriger wurde dann später das Spiel wieder aufgenommen. Damit der teilweise angesäete Rasen [illegible] sich ruhig entwickeln konnte, wurde uns zu unserer Freude vom Rate der Stadt Leipzig gestattet, die hinter dem Spielplatze, hart am Walde gelegene Wiese in Gebrauch zu nehmen, wofür wir dem Rate unserer Stadt auch an dieser Stelle herzlichen Dank sagen. Die Kosten der Planierungsarbeiten trugen gemeinsam das Nikolai- und das Realgymnasium.

Möge der nunmehr wirklich schöne Platz auch in seiner veränderten und verbesserten Gestalt unseren Schülern das bleiben, was er bisher gewesen: eine gern und reichbesuchte Stätte froher Bewegungs- und Jugendlust! Der Segen für Schule und Haus wird sicherlich nicht ausbleiben.

Wartmann.

V.

Sammlungen.

Schulbibliothek.

Bibliothekar: Professor *Reuther.*

Die Schulbibliothek erhielt an Geschenken:

Von dem Königlichen Ministerium des Kultus und öffentlichen Unterrichts eine Anzahl von Dissertationen.

Von dem Rate der Stadt Leipzig: Verwaltungsbericht des Rates der Stadt Leipzig im Jahre 1892.

Von der Kaiserlichen Oberpostdirektion zu Leipzig: Post- und Telegraphen-Statistik aufs Jahr 1893.

Von der Königlichen Technischen Hochschule zu *Dresden:* Bericht über die Königl. Techn. Hochschule für die Jahre 1893/94 und Bericht über die Bibliothek.

Vom Königlichen Meteorologischen Institute zu Chemnitz: *Jahresbericht.*

Von der Leipziger Handelskammer: Rückblick auf die 25jährige Thätigkeit der Handelskammer zu Leipzig. — Jahresbericht für 1893.

Von den Herren Verfassern: *Wölle:* Einführung in die englische Sprache. — Derselbe: Anschauungsunterricht im Englischen. — Festschrift zur 30. Allgemeinen Lehrerversammlung. — *Hüttenfelder:* König Albert von Sachsen und die sächsische Armee.

Von den Herren Verlegern: *Bormann:* Das Shakespeare-Geheimnis. Selbstverlag des Verfassers. — *Kurz:* Hilfsbuch für den evangelischen Religionsunterricht und *Noack:* Hilfsbuch für den evangelischen Religionsunterricht. Ausgabe B. *Nicolaische* Verlagsbuchhandlung. Berlin. — *Lehrbuch:* Leitfaden für den evangelischen Religionsunterricht. I. II. *Carl Meyer (Gustav Prior).* Hannover. — *Knuth:* Grundriß der Blüten-Biologie. *Lipsius und Fischer.* Kiel und Leipzig. — Annual Report of the Trustees of the public library of the City of Boston 1893. *Rockwell and Churchill.* Boston.

Aus Anlaß des 50jährigen Jubiläums der Schule wurden von der Verlagshandlung von *B. G. Teubner* in Leipzig folgende Werke geschenkt: *Kurz:* Litteraturgesch. — *Plutarch von Uhle.* — *Roscher:* Mythologie I. Bd. — *Riese:* Rhein. Germanien. — *Teuffel:* Studien zur Litt.-Gesch. — Abhandlungen zur Gesch. der Mathematik. — *Brenner:* Die Neugestaltungsfrage bei Orthographie. — *Boissier:* Cicero und seine Freunde. — *Döhler:* Das Zeitalter des Perikles (nach *Plutarch*). — *Pfaff:* Horatius-Studien. — *Weißenfels:* Cicero als Schulschriftsteller. — *Weise:* Charakteristik der lateinischen Sprache. — *Müller:* Biographie des Horatius. — *Th. Vogel:* Lebensweisheit des Horatius. — *Risse:* Forschungen zur Gesch. der Rheinlande in der Römerzeit. — *Fritz:* Schulreden. — *Grundl:* Sursum corda. — *Gellert:* Reden. — *Apelt:* Der deutsche Aufsatz. — *Göpfert:* Wörterbuch zum Katechismus. — *Hildebrand:* Gesammelte Aufsätze. — *Bauer:* Vorlesungen. — *Bötticher:* Gesch.-geographischer Wegweiser. — *Fehler:* Italienisches Handwörterbuch. — Dr. *E. Bardey:* Anleitung zur Auflösung eingekleideter algebraischer Aufgaben. — Dr. *H. Börner:* Lehrbuch zur Einführung in die Geometrie für höhere Schulen. — Prof. Dr. *Jos. Diekmann:* Anwendung der Determinanten und Elemente der neueren Algebra. — Dr. *E. Doll:* Lehrbuch der prakt. Geometrie. — Dr. *A. Drude:* Die Kegelschnitte in synth. Behandlungsweise. — Dr. *F. Erler:* Die Kegelschnitte in synth. Behandlung. — *W. Fuhrmann:* Einleitung in die neuere Geometrie. — Derselbe: Wegweiser in die Arithmetik etc. — *Geiser:* Einleitung in die synth. Geometrie. — Dr. *H. Hövermann:* Eine elementare Methode zur Bestimmung von größten und kleinsten Werten. — Dr. *G. Holm:* Die Elemente der Mechanik u. math. Physik. — Dr. *G. Holzmüller:* Methodisches Lehrbuch der Elementarmathematik. — Dr. *J. Keller:* Leitfaden der elementaren Geometrie. — *F. Lucke:* Leitfaden der Stereometrie. — *Rud. Menge:* Antike Rechenaufgaben. — *A. Milinowski:* Geometrie für Gymnasien und Realschulen. — *Hubert Müller:* Leitfaden

Oberprima A. 1. Guerre du Schleswig-Holstein en 1864. — 2. Destinée de l'homme sur la terre. — 3. Par suite de quelles circonstances la guerre de 1870 devint-elle inévitable? (Prüfungsarbeit). — 4. Coup d'œil sur la situation politique de l'Europe au temps de Charles XII. — 5. Le Génie du Christianisme, par Chateaubriand. — Prof. *Driemund*.

Oberprima B. 1. Aperçu des causes qui ont amené la chute de l'empire romain. — 2. L'Allemagne après la Guerre de trente ans. — 3. Sur le prix du temps. — 4. Caractère général de la littérature française du 18ème siècle. — 5. Frédéric le Grand et Voltaire. — Prof. *Walsh*.

Themata der englischen Aufsätze.

Unterprima A. 1. Luther, Traits of his life and character. — 2. A comparison of the characters of Gustavus Adolphus and Wallenstein. — 3. The conquest of India by the English. — 4. On the use of travel. — Prof. *Walsh*.

Unterprima B. Wie in A. — Prof. Walsh.

Oberprima A. 1. Why is Europe superior to the other continents? — 2. The evils of procrastination. — 3. On the character of English literature in the 17th and 18th centuries. — 4. Commercial and industrial importance of the Kingdom of Saxony (Reifeprüfungsarbeit). — Prof. Walsh.

Oberprima B. 1 und 2 wie in A. — 3. On the origin of dramatical literature in England. — 4. Wie in A. — Prof. Walsh.

Spielplatz.

Der Spielplatz wurde in diesem Jahre am 5. April eröffnet und am 16. Oktober geschlossen. Die starke Abnützung in den Vorjahren zwang uns, die lange in Aussicht genommene, sehr notwendige Planierung des Rasens dieses Jahr vorzunehmen. Die Arbeiten nahmen die Zeit vom 10. Mai bis 15. Juni in Anspruch; während dieser Zeit musste der größte Teil des Platzes für unsere Schüler leider gesperrt werden. Desto eifriger wurde dann später das Spiel wieder aufgenommen. Damit der teilweise neubesäte Rasenboden sich ruhig entwickeln konnte, wurde uns zu unserer Freude vom Rate der Stadt Leipzig gestattet, die hinter dem Spielplatze, hart am Walde gelegene Wiese in Gebrauch zu nehmen, wofür wir dem Rate unserer Stadt auch an dieser Stelle herzlichsten Dank sagen. Die Kosten der Planierungsarbeiten tragen gemeinsam das Nikolai- und das Realgymnasium.

Möge der nunmehr wirklich schöne Platz auch in seiner veränderten und verbesserten Gestalt unseren Schülern das bleiben, was er bisher gewesen: eine gern und reichbesuchte Stätte froher Bewegungs- und Jugendlust! Der Segen für Schule und Haus wird sicherlich nicht ausbleiben.

Wartmann.

V.

Sammlungen.

Schulbibliothek.

Bibliothekar: Professor *Brecher*.

Die Schulbibliothek erhielt an Geschenken:

Von dem Königlichen Ministerium des Kultus und öffentlichen Unterrichts eine Anzahl von Dissertationen.

Von dem Rate der Stadt Leipzig: Verwaltungsbericht des Rates der Stadt Leipzig im Jahre 1892.

Von der Kaiserlichen Oberpostdirektion zu Leipzig: Post- und Telegraphen-Statistik aufs Jahr 1893.

Von der Königlichen Technischen Hochschule zu Dresden: Bericht über die Königl. Techn. Hochschule für die Jahre 1892/94 und Bericht über die Bibliothek.

Vom Königlichen Meteorologischen Institute zu Chemnitz: Jahresbericht.

Von der Leipziger Handelskammer: Rückblick auf die 25jährige Thätigkeit der Handelskammer zu Leipzig. — Jahresbericht für 1893.

Von den Herren Verfassern: *Wilke*: Einführung in die englische Sprache. — Derselbe: Anschauungsunterricht im Englischen. — Festschrift zur 30. Allgemeinen Lehrerversammlung. — *Hötzschler*: König Albert von Sachsen und die sächsische Armee.

Von den Herren Verlegern: *Bormann*: Das Shakespeare-Geheimnis. Selbstverlag des Verfassers. — *Kurz*: Hilfsbuch für den evangelischen Religionsunterricht und *Noack*: Hilfsbuch für den evangelischen Religionsunterricht. Ausgabe B. Nicolaische Verlagsbuchhandlung. Berlin. — *Leimbach*: Leitfaden für den evangelischen Religionsunterricht. I. II. *Carl Meyer (Gustav Prior)*. Hannover. — *Knuth*: Grundriß der Blüten-Biologie. *Lipsius und Fischer*. Kiel und Leipzig. — Annual Report of the Trustees of the public library of the City of Boston 1893. *Rockwell and Churchill*. Boston.

Am Anlaß des 400jährigen Jubiläums der Schule wurden von der Verlagshandlung von *B. G. Teubner* in Leipzig folgende Werke geschenkt: *Kurz*: Litteraturgesch. — *Plutarch* von *Uhle*. — *Roscher*: Mythologie I. Bd. — *Riese*: Rhein. Germanien. — *Treffel*: Studien zur Litt.-Gesch. — Abhandlungen zur Gesch. der Mathematik. — *Brambach*: Die Neugestaltung der lat. Orthographie. — *Boissier*: Cicero und seine Freunde. — *Döhler*: Das Zeitalter des Perikles (nach *Pittrof*). — *Plüss*: Horazstudien. — *Weissenfels*: Cicero als Schulschriftsteller. — *Weise*: Charakteristik der lateinischen Sprache. — *Müller*: Biographie des Horatius. — *Th. Vogel*: Lebensweisheit des Horatius. — *Riese*: Forschungen zur Gesch. der Rheinlande in der Römerzeit. — *Fuss*: Schulreden. — *Grosse*: Sermones [illegible]. — *Gilbert*: Reden. — *Apelt*: Der deutsche Aufsatz. — *Göpfert*: Wörterbuch zum Katechismus. — *Hildebrand*: Gesammelte Aufsätze. — *Pauger*: Verdeutschungen. — *Bölscher*: Gesch.-geographischer Wegweiser. — *Feller*: Italienisches Handwörterbuch. — Dr. *K. Bardey*: Anleitung zur Auflösung eingekleideter algebraischer Aufgaben. — Dr. *H. Börner*: Lehrbuch zur Einführung in die Geometrie für höhere Schulen. — Prof. Dr. *Jos. Diekmann*: Anwendung der Determinanten und Elemente der neueren Algebra. — Dr. *M. Doll*: Lehrbuch der prakt. Geometrie. — Dr. *A. Dronke*: Die Kegelschnitte in synth. Behandlungsweise. — Dr. *F. Erler*: Die Kegelschnitte in synth. Behandlung. — *W. Fuhrmann*: Einleitung in die neuere Geometrie. — Derselbe: Wegweiser in die Arithmetik etc. — *Geiser*: Einleitung in die synth. Geometrie. — Dr. *H. Hellermann*: Eine elementare Methode zur Bestimmung von größten und kleinsten Werten. — Dr. *G. Holm*: Die Elemente der Mechanik u. math. Physik. — Dr. *G. Holzmüller*: Methodisches Lehrbuch der Elementarmathematik. — Dr. *J. Kober*: Leitfaden der elementaren Geometrie. — *F. Laske*: Leitfaden der Stereometrie. — *Rud. Menge*: Antike Rechenaufgaben. — *A. Milinowski*: Geometrie für Gymnasien und Realschulen. — *Hubert Müller*: Leitfaden der elementaren Geometrie. — Derselbe: Leitfaden der Stereometrie. — *G. Fraas:* Grundzüge des geom. Kalküls. — *W. A. Quitzow:* Das Kopfrechnen in systemat. Stufenfolge. — Dr. *Th. Reishaus:* Vorschule zur Geometrie. — Dr. *H. Scheffler:* Die magischen Figuren. — Dr. *E. Schütte:* Sammlung planimetrischer Aufgaben. — Dr. *H. Schubert:* Kalkül der abzählenden Geometrie. — *Zeuthen:* Elem. geom. Kegelschnittslehre.

Ferner von der *Smithsonian* Institution eine Reihe von Büchern; 9 Bände verschiedenen Inhalts von Herrn Lehrer Lampadius; von Herrn Oberlehrer Fischer und anderen: Neuphilologisches Centralblatt. VIII. Jahrgang. — Deutsche Bürgerkunde. — Wenzel Lincks Werke von Dr. *Briedell.* 1. Hälfte. — *Weiß:* Kaiserdenkmäler.

Angekauft wurden:

Meyer: Kommentar über das Neue Testament. Bd. X: Die Thessalonicherbriefe. — *Benzinger:* Hebräische Archäologie. — *Cornill:* Einleitung ins Alte Testament. — *Jülicher:* Einleitung ins Neue Testament. — *Riehm:* Handwörterbuch des biblischen Altertums. — Verhandlungen der Direktorenversammlungen in Preußen. Bd. 43. — *Frick:* Lehrproben und Lehrgänge. Hefte 37—42. — *Rethwisch:* Jahresberichte über das höhere Schulwesen. VIII. Jahrgang. — *Klußmann:* Verzeichnis der Programmabhandlungen. II. — Bekanntmachung, die Lehr- und Prüfungsordnung für die sächsischen Gymnasien betreffend, vom 28. Januar 1893. — *Spieß:* Lehre von der Turnkunst. — *Lion:* Werkzeichnungen von Turngeräten. — *Kohlrausch:* Physik des Turnens. — *Wundt:* System der Philosophie. — *Gebrüder Grimm:* Deutsches Wörterbuch. IX. Lfg. 1—3. — *Kürschner:* Deutsche Nationallitteratur. Lfg. 831—840. — *Leimbach:* Ausgewählte deutsche Dichtungen. X. Bd., Lfg. 1. — *Wunderlich:* Deutsche Satzlehre. — *Borchardt-Wustmann:* Die sprichwörtlichen Redensarten im deutschen Volksmunde. — *Frick:* Wegweiser durch die klassischen Schuldramen. — *Grillparzer:* Sämtliche Werke. — *Kleists* Werke Bd. VII. — *Preller:* Mythologie. I. Bd. 2. Hälfte. — *Ribbeck:* Geschichte der römischen Dichtung. — *Schmalz-Wagener:* Lateinische Grammatik nebst Erläuterungen dazu. — *Gröber:* Grundriß der romanischen Philologie. 2. Bd. I. Abt., 3. Lfg. — *Sachs-Villatte:* Wörterbuch. Supplement. — *Tennyson:* Sämtliche Werke. — Petermanns Mitteilungen. 40. Bd. — *Langhans:* Deutscher Kolonialatlas. Lfg. 5—8. — Dreißig Generalstabskärtchen vom Königreich Sachsen. — *Geistbeck:* Geographische Landschafts- u. Städtebilder von Deutschland und Europa. — *Regel:* Thüringen. 2. Teil, 1. Buch. — *Sievers:* Europa. — *Debes:* Neuer Handatlas. — *Wagner:* Geographisches Jahrbuch. Bd. XVIII. — Statistisches Jahrbuch der höheren Schulen Deutschlands. 15. Bd. — Handbuch der Schulstatistik für das Königr. Sachsen. 16. Aufl. — Handbuch der Kirchenstatistik für das Königr. Sachsen. 16. Aufl. — Geschichtschreiber der deutschen Vorzeit. Bd. 54—62. — Neues Archiv für sächsische Geschichte. Bd. XV. — *Lamprecht:* Deutsche Geschichte. Bd. 5, 1. Abt. — *v. Sybel:* Begründung des deutschen Reiches. Bd. VI u. VII. — *v. Treitschke:* Deutsche Geschichte. Bd. 5. — Codex diplomaticus Saxoniae regiae. 1. Hauptteil, II. Bd. und 2. Hauptteil, X. Bd. — *Rauber:* System der Armenpflege. — *Semper:* Der Stil in den technischen und tektonischen Künsten. — *Ranke:* Der Mensch. — *Baenitz:* Lehrbücher der Botanik und Zoologie. — *Pokorny-Fischer:* Naturgeschichte des Pflanzen- u. Tierreichs. — *Berthelt u. Bauer:* Pflanzenkunde. — *Eberle:* Anleitung zum Bestimmen der Pflanzen. — *Wünsche:* Die verbreitetsten Pflanzen Deutschlands. — *Wünsche:* Exkursionsflora. — *Kretelle:* Leuchtende Tiere. — *Marshall:* Plaudereien und Vorträge. — *Kayser:* Lehrbuch der allgemeinen Geologie. — *Baenitz:* Lehrbuch der Chemie und Mineralogie. — *Wossidlo:* Leitfaden der Mineralogie und Geologie für höhere Lehranstalten. — *Rüdorff:* Grundriß der Mineralogie. — *Zirkel:* Lehrbuch der Mineralogie, Geognosie und Geologie. — *Ostwalds* Klassiker der exakten Wissenschaften. Nr. 43—50. — *Cantor:* Vorlesungen über Geschichte der Mathematik. 2. Bd., 1. Abt. — *Föppl:* Die Maxwellsche Theorie der Elektricität. — *Henke:* Die Methode der kleinsten Quadrate. — *Rohn-Papperitz:* Darstellende Geometrie. I. — *Schotten:* Methoden des planimetrischen Unterrichts. II. Bd. — *Hagen:* Synopsis der höheren Mathematik. 2. Bd. — Gesundheitsbüchlein. Gemeinfaßliche Anleitung zur Gesundheitspflege. — Centralorgan für die Interessen des Realschulwesens, herausgegeben von *Freytag* und *Böttcher.* 22. Jahrg. — Pädagogisches Archiv. 36. Jahrg. — Pädagogisches Wochenblatt. 3. Jahrg. — Archiv für das Studium der neueren Sprachen, herausgegeben von *Waetzoldt* und *Zupitza.* 91. u. 92. Bd. — Zeitschrift für Mathematik und Physik. 39. Jahrg. — Jahrbuch über die Fortschritte in der Mathematik. XXIII. Jahrg. — Himmel und Erde. Illustrierte

naturwissenschaftliche Zeitschrift. VII. Jahrg. — *Wiedemann:* Annalen der Physik und Chemie. Bd. 51—53. — Beiblätter zu den Annalen der Physik und Chemie. Bd. 18 und Register zu den Jahrgängen 1874—1893. — *Dinglers* polytechnisches Journal, herausgeg. von *Hollenberg* u. *Kast.* Bd. 289—291. — *Quidde:* Deutsche Zeitschrift für Geschichtswissenschaft. XI. Bd., Jahrg. 1894. — Zeitschrift für evangelischen Religionsunterricht. VI. Jahrg. — Leipziger Kirchenblatt. 4. Jahrg. — Litterarisches Centralblatt. Jahrg. 1894. — Deutsche Schulgesetzsammlung. 23. Jahrg.

Schülerbibliothek.

Obere Abteilung (verwaltet von Herrn Prof. *Kreußler*).

Kugler: Friedrich der Große. — *v. Siemens:* Lebenserinnerungen. — *Schliemann:* Selbstbiographie. — *Castillo:* Entdeckung und Eroberung von Mexiko. — *Palleske:* Schillers Leben und Werke. — *Viehoff:* Schillers Leben, Geistesentwickelung und Werke. — *Pederzani-Weber:* Die Marienburg. — *v. Köppen:* Deutsche Kaiserbilder. — *Uhle:* Plutarchs Lebensbeschreibungen. 2 Bände. — *Richter:* Bilder aus der deutschen Kulturgeschichte. 2 Bände. — *v. Schimpff:* König Albert 50 Jahre Soldat. — 300 Bildnisse berühmter deutscher Männer. — *Gindely:* Geschichte des 30jährigen Krieges. — *Müller:* Deutschlands Einigungskriege. — *Erler:* Deutsche Geschichte. 3 Bände. — *Hiltl:* Der Krieg von 1870/71. — *Giesebrecht:* Deutsche Kaiserzeit. Bd. IV. — *Noë:* Elsaß-Lothringen. — *Lipsius:* Helgoland. — *Volz:* Unsere Kolonien. — *Stieler:* Natur- und Lebensbilder aus den Alpen. — *Meyer:* Eine Weltreise. — *Dünne:* Das heilige Land. — 30 Generalstabskärtchen von Sachsen. — *Uhland:* Gedichte und Dramen. — *Uhland:* Gesammelte Werke. 2 Bände. — *Geibel:* Heroldsrufe. — *Lipperheide:* Lieder zu Schutz und Trutz. — *Schrill:* Steppenbilder. — *Straumer:* Allerlei aus dem Erzgebirge. 2 Bände. — *Weitbrecht:* Simplicius Simplicissimus. — *Freytag:* Soll und Haben. — *Freytag:* Die verlorene Handschrift. — *Freytag:* Doktor Luther. — *Heidenstjerna:* Allerlei Leute. 2 Bände. — *Meyer:* Jürg Jenatsch. — *von der Goltz:* Das Volk in Waffen. — Gesundheitsbüchlein. Gemeinfaßliche Anleitung zur Gesundheitspflege.

Mittlere Abteilung (verwaltet von Herrn Dr. *Schröter*).

Ott: Bei höheren Stäben. — *Moltke:* Im großen Hauptquartier. — *Kaltenberg:* Auf dem Kriegspfad gegen die Massai. — *Schneller:* Kennst du das Land? — *Marshall:* Die Tiefsee und ihr Leben. — Neues Universum, 15. Jahrgang. — *H. Wagner:* Wanderung durch die Werkstätten der Neuzeit. — *Guhl* und *Koner:* Leben der Griechen und Römer. — Körners Werke. — *Gerok:* Deutsche Ostern. — *v. Zobeltitz:* Christian v. Stackow. 2 Exemplare. — *Niemann:* Pieter Maritz. — *Pajeken:* Bob der Millionär. 2 Exemplare.

Untere Abteilung (verwaltet von Herrn Oberlehrer *Geyer*).

Lohmeyer: Deutscher Jugendschatz. 20 Bände. — *Höcker:* Unterm Halbmond. — *Brunn:* Reich und Arm. — Aus Dorf und Stadt. — *Oppel:* Das alte Wunderland der Pyramiden. — *Schmidt:* Wilhelm Tell. — Schiller. — Der Köhler und die Prinzen. — Königgrätz. — Gudrun. — Oberon. — *Bauer:* York von Wartenburg. — Albrecht Dürer. — Erzherzog Karl. — Scharnhorst. — Gutenberg. — Beethoven. — *Fromme:* Das Buch vom alten Fritz. — *Gräbner:* Robinson Crusoe. — *Bärnck:* Wilhelm Tell. — *Oppel:* Tambour und General. — *Gerlel:* Karl Theodor Körner. — *Roth:* Das Buch vom braven Mann. — Pilger und Kreuzfahrer. — Heinrich Pestalozzi. — *Schmidt:* Dorothea Sibylla. — *S. Heller:* Bibliothek für die Jugend, 7 Bändchen. — *Tischendorf:* Konradin, der letzte der Hohenstaufen. — *Höcker:* Bilder aus dem Städteleben Augsburgs und Nürnbergs. — *Stein:* Kaiser und Kurfürst. — Das Buch von Dr. Luther. — *Würdig:* Königskrone und Bettelstab. — *Ohorn:* Marschall Vorwärts. — *Falkenhorst:* In Kamerun. — *K. Müller:* Die jungen Elefantenjäger. — *Hoffmann:* Der Käfersammler. — *Pichler:* Der Retter in der Not.

Die physikalische Sammlung

(unter Obhut des Oberlehrers Dr. Graben)

wurde vermehrt durch Ankauf einer Wheatstoneschen Brücke, einer Accumulatorenbatterie von vier Elementen, eines Kalorimeters nach [illegible], einer Ahornplatte, einer schwarzen Glasplatte, eines Teslatransformators, sowie einiger kleinerer Geräte und Werkzeuge, wie Zeichenfedern, Thermometer, Lötkolben u. s. w. Außerdem wurde sie bereichert durch Geschenke der Schüler *Glöckler* und *Schaller* (Obersekunda B) und *Löwe* (Quarta B). Die Schüler *Bahr* und *Bruner* (Oberprima A), und zwar vornehmlich der letztere, machten sich wiederholt verdient durch geschickte Wiederherstellung schadhaft gewordener Apparate.

Chemisch-mineralogische Sammlung

(verwaltet vom Oberlehrer Professor *Lamprecht*).

Angeschafft wurden ein Kippscher Apparat, ein Flaschenapparat zur Einwirkung von Schwefelwasserstoff auf Metallsalzlösungen, ein Apparat zur Absorption von Salzsäuregas, ein Spiralrohr mit Mantel, sowie verschiedene kleinere Apparate und Chemikalien zur Ergänzung; die Sektionen 24, 54, 55, 63, 71, 73 der geologischen Spezialkarte des Königreichs Sachsen nebst Erläuterungen (bearbeitet unter der Leitung von *H. Credner*), *Lepsius*, Geologische Karte des deutschen Reiches, Lieferung 1/2, *Kiepert*, Wandtafeln für den Unterricht in der Geologie und physischen Geographie. Ferner wurde ein Chemikalienkasten beschafft und die Krystallmodelle wurden frisch überzogen. Geschenkt wurde ein Porträt von *Bunsen*, *Kleßings* Tafel der chemischen Elemente, endlich von den Schülern *Kühne* (Quinta A), *Credner* (Obertertia B), *Hoppach* (Untersekunda A), *Bully*, *Janowitz*, *Simon* (Untersekunda B), *Kettie* und *Dressen* (Oberprima A) einige Mineralien.

Zur Sammlung für Botanik und Zoologie

(unter Aufsicht von Oberlehrer Dr. *Fischer*)

wurden angeschafft: *Pilling* und *Müller*, Pflanzenbilder; [illegible] „neue Wandtafeln für Zoologie und Botanik" von *Jung*, von *Koch* und *Quentell* bei *Fromme* u. *Morian*, Darmstadt; eine anthropologische Wandtafel (germanisch-slawischer Kurzkopf) bei *Andersen Barth*, Leipzig. — Vom naturhistorischen Institute Linnaea in Berlin wurden bezogen: Skelett von Rana esculenta und Spirituspräparate von Asteracanthion, Lacerta rubens und Ascidien; aus Dr. Krausers Lehrmittelsammlung in Leipzig ein menschliches Skelett mit Schrank. — Die Blütenmodelle der Sammlung wurden durch Vermittelung von Dr. *Schneiders* Lehrmittelanstalt bei *R. Brendel*, Berlin W., einer gründlichen Reparatur unterworfen, veraltete durch neue ersetzt, Entwickelung von Equisetum arvense, dazu neu angeschafft: Modelle von Brassica Napus, Centaurea cyanus, Primula officinalis, Salvia officinalis, Rosa canina, Pisum sativum und Hordeum distichum. — Der Mühe, die vorhandenen anatomischen Modelle auszubessern und aufzufrischen, unterzog sich bereitwilligst ein früherer Schüler, Herr Maler *Glöckner*. Neu angeschafft wurde ein Modell des Ohres.

Schließlich erfuhr die Sammlung eine Bereicherung durch Geschenke des Maschineningenieurs Herrn [illegible] *Lippmann* ([illegible]) und der Schüler *Hofmann* (Unterprima A), *Döbrig* (Untersekunda A), *Rosenfeld* (Quinta B) und *Brier* (Sexta A).

Für den stereometrischen Unterricht

fertigten *Striegel* (Oberprima A) und *Schöpf* (Unterprima B) Draht- und durchbrochene Papp-Modelle (insbesondere von Platonischen Körpern mit gleichgroßen Kantenkugeln).

Nunmehr aber ist zweier wertvoller, überaus lehrreicher Geschenke zu gedenken, von astronomischen Original-Photogrammen.

Der Güte des Direktors hiesiger Sternwarte, Herrn Prof. Dr. *Bruns*, verdanken wir, durch Vermittelung von Oberlehrer Prof. *Lamprecht*, drei Diapositive von Mondaufnahmen (rechte und linke Hälfte, Vollmond), die auf der Lick-Sternwarte gemacht worden sind.

Und Herr Prof. *Max Wolf* in Heidelberg, der Begründer der photographischen Methode Planetoiden zu entdecken, schenkte überaus liebenswürdigerweise dem Rektor für die Schule 3 von seinen Glasphotographieen, die folgendes zeigen: 1) das Heidelberger Photofernrohr selbst, 2) den sogenannten Amerika-Nebel im Cygnus, photographisch entdeckt 12. Dez. 1890, und endlich 3) Fixsterne (punktförmig) mit dem (strichförmigen) neuen Planetoiden (379) oder [illegible], entdeckt 21. März 1892.

Allen gütigen Gebern der mancherlei willkommenen Gaben, nicht zuletzt den beiden Letztgenannten, herzlichen Dank!

VI.

Reifeprüfung 1895.

Bei der schriftlichen Prüfung sind folgende Aufgaben gestellt gewesen:

Deutscher Aufsatz. Über das Verhältnis der dramatischen Dichtung zur Geschichte.

Latein. (Übersetzung ins Deutsche.) Beginn der Schlacht bei Sentinum aus Livius X, cap. 27.

Französisch. (Übersetzung.) Johann, Herzog von Braganza.

Englisch. (Übersetzung ins Deutsche.) On the commercial and industrial importance of the Kingdom of Saxony.

Physik. Zur Bestimmung des Feuchtigkeitsgehalts der Luft mit Hilfe des Augustschen Psychrometers bedarf man einer gewissen konstanten Zahl, deren theoretische Bestimmung mit Unsicherheit verbunden ist. Wenn man aber die mit Hilfe des Psychrometers angestellten Beobachtungen nach den Resultaten beurteilt, die man zu denselben Beobachtungszeiten nach einer anderen hygrometrischen Methode gewonnen hat, so ist es möglich jene theoretisch berechnete Konstante auf praktischem Wege zu berichtigen. Es ist gefordert, diese Berichtigung an dem folgenden Beispiele zu zeigen und hierfür zugleich die absolute und die relative Feuchtigkeit anzugeben.

Die beiden von den Thermometern des Psychrometers angezeigten Temperaturen seien 21,7° C und 14,0° C, und an dem Daniellschen Hygrometer sei der Taupunkt mit 7,0° C beobachtet worden. Die Spannungen des gesättigten Wasserdampfs, welche den Temperaturen 21,7°, 14,0° und 7,0° entsprechen, betragen 19,20 mm, 11,91 mm und 7,49 mm. Der Barometerstand sei gleich 750,00 mm.

Algebra. OP. 1) Jemand will eine Rechnung von 71 M. bezahlen, hat aber nur Kronen und Thaler. Wieviel Stücke muß er von jeder Art nehmen?

2) Die Herstellung eines Arbeiterhauses kostet 4500 M. Dasselbe soll durch 20 Jahreszahlungen erworben werden, von denen die erste sofort fällig ist. Wieviel ist jährlich zu bezahlen, wenn der Zinsfuß 4% beträgt?

3) Von einem geraden Cylinder kennt man das Volumen $v = 12\pi$ Liter und die Oberfläche $f = 66\pi$ qdm. Wie groß ist der Radius x der Grundfläche und die Höhe y?

UP. 1) Nach dem binomischen Satz zu entwickeln

$$\sqrt[3]{6+\sqrt{-3}} + \sqrt[3]{6-\sqrt{-3}}.$$

2) $\left[\left(1+\frac{x}{n}\right)^n\right]_{n=\infty}$ nach dem binomischen Satze zu entwickeln; und mit Hilfe der gewonnenen Reihe die Zahl zu berechnen, deren natürlicher Logarithmus = 2 ist.

3) Eine Halbkugel soll durch eine Ebene, die parallel zum Grundkreis liegt, halbiert werden. Welchen Abstand hat diese Ebene vom Grundkreis?

4) (Reserve-Aufgabe.) Aus den folgenden zwei Gleichungen x zu eliminieren:

$$x^3 + 2x^2y - xy^2 - y^3 + 1 = 0$$
$$3x^2 - 2xy - 7y^2 + 1 = 0.$$

Analytische Geometrie. OP. 1) In einer Parabel fällt man vom Brennpunkt F das Lot FT auf eine Tangente und verbindet ihren Berührungspunkt Q mit dem Scheitel O. Welches ist der Ort des Schnittpunktes P von FT und OQ?

2) Was stellt die Gleichung:

$$11x^2 + 4y^2 + 24xy = 20a^2,$$

die auf ein rechtwinkliges Koordinatensystem bezogen ist, für eine Kurve dar, und welche Lage hat sie?

3. (Reserve.) Wie lautet die Gleichung der Tangente im Punkte x_1y_1 der Kurve:

$$Ax^2 + By^2 + 2Cxy = F?$$

UP. 1) Eine Parabel liegt fest, F sei ihr Brennpunkt, G der Schnittpunkt der Hauptaxe mit der Richtlinie. Zwischen der Parabel und ihrer Hauptscheiteltangente gleite parallel zur Hauptaxe eine Strecke PQ von veränderlicher Länge; ihre Mitte heiße R. Die drehbaren Strahlen GQ und FR schneiden sich in S; welche Bahn durchläuft dieser Punkt S?

2) Die folgenden Kurvengleichungen in rechtwinkeligen Koordinaten sollen geometrisch gedeutet werden:

$$\text{II A)}\quad x^2 + y^2 - 14x + 22y - 119 = 0$$
$$\text{II B)}\quad 9x^2 - 30xy + 25y^2 + 60x - 100y + 100 = 0$$
$$\text{II C)}\quad 3x^2 + 8xy - 3y^2 + 12x - 34y - 72 = 0.$$

Alle 27 Oberprimaner haben die Reifeprüfung bestanden und in der Schlußberatung am Sonnabend, den 9. März, folgende Censuren erhalten:

	Censuren Verhalten	Censuren Leistungen	Erwählter Beruf
1. [illegible], Johannes Heinrich Theodor, geb. in [illegible] am 20. Juni 1874, aufgenommen [illegible] nach Quarta	IIa	IIIa	Maschinenbaufach.
2. [illegible], Paul [illegible], geb. in [illegible] am 10. August 1874, aufgenommen zu Ostern 1887 nach Quinta	I	IIa	Maschinenbaufach.
3. [illegible], Wilhelm, geb. in Leipzig am 28. September 1875, aufgenommen zu Ostern [illegible] nach Sexta	I	IIa	Baufach.
4. [illegible], Otto [illegible], geb. in Leipzig am 6. Februar 1875, aufgenommen zu Ostern [illegible] nach Quarta	I	I	Studium der Physik.
5. [illegible], Friedrich Wilhelm, geb. in [illegible] b. Leipzig am 7. Januar 1874, aufgenommen zu Ostern [illegible] nach Sexta	I	II	Postfach.
6. [illegible], Paul Richard, geb. in Leipzig am 2. März 1876, aufgenommen zu Ostern [illegible] nach Sexta	Ib	III	Postfach.
7. [illegible], Ludwig Karl, geb. in Leipzig-Gohlis am 26. Februar 1877, aufgenommen zu Ostern [illegible] nach Sexta	IIa	IIa	Dienst bei der Marine.
8. [illegible], Karl Arthur, geb. in [illegible] b. Leipzig am 16. September [illegible], aufgenommen zu Ostern [illegible] nach Sexta	I	IIb	Offizierdienst.
9. [illegible], Karl Fritz, geb. in Leipzig am 16. Oktober 1875, aufgenommen zu Ostern [illegible] nach Sexta	Ib	IIa	Offizierdienst.
10. [illegible], Ernst Otto Ludwig Gerhard, geb. in Leipzig am 6. Mai 1875, aufgenommen zu Ostern [illegible] nach Untertertia	Ib	III	Studium der Medizin.*)
11. [illegible], Bernhard Arno, geb. in Leipzig am 13. Juni 1875, aufgenommen zu [illegible] nach Sexta	I	II	Studium d. Volkswirtschaft.
12. [illegible], Leon, geb. in [illegible] i. Ostpreußen am 22. Februar 1876, aufgenommen zu [illegible] nach Quarta	I	IIa	Bau-Ingenieurwesen.
13. [illegible], Walther, geb. in Leipzig am 5. November 1874, aufgenommen zu Ostern [illegible] nach Untertertia	I	IIb	Forstfach.
14. [illegible], Paul Anton, geb. in Leipzig am 4. Dezember 1874, aufgenommen zu Ostern [illegible] nach Sexta	I	IIa	Studium der Chemie.
15. [illegible], Emil Otto, geb. in [illegible] am 15. Oktober 1874, aufgenommen zu Ostern [illegible] nach Untertertia	I	IIIa	Studium der Chemie.
16. [illegible], Arthur William, geb. in Dresden am 24. Mai 1875, aufgenommen zu Ostern [illegible] nach Untertertia	I	Ia	Ingenieurbaufach.
17. [illegible], Otto Robert Alfred, geb. in Leipzig am 10. Oktober 1874, aufgenommen zu Ostern [illegible] nach Sexta	Ia	III	Studium der Medizin.*)
18. [illegible], Karl Günther, geb. in [illegible] i. Westf. am 22. Februar 1875, aufgenommen zu Ostern [illegible] nach Obersekunda	I	IIa	Maschinenbaufach.
19. [illegible], Georg Bernhard, geb. in [illegible] i. Sachs. am 13. April 1874, aufgenommen zu Ostern [illegible] nach Untertertia	I	II	Technische Chemie.
20. [illegible], Karl Friedrich Ernst, geb. in Gera i. Reuß j. L. am 4. November 1874, aufgenommen zu Ostern [illegible] nach Untertertia	I	II	Ingenieurbaufach.
21. [illegible], Friedrich Ludwig Paul, geb. in Leipzig am 21. Dezember 1874, aufgenommen zu Ostern [illegible] nach Sexta	I	Ib	Postfach.
22. [illegible], Arthur, geb. in Leipzig am 7. November 1876, aufgenommen zu Ostern [illegible] nach Sexta	I	II	Studium der Medizin.*)
23. [illegible], Karl [illegible], geb. in Leipzig am 16. März 1876, aufgenommen zu [illegible] nach Obersekunda	I	IIa	Postfach.
24. [illegible], Georg Walther, geb. in Leipzig am 22. Mai 1876, aufgenommen zu Ostern [illegible] nach Sexta	I	IIb	Ingenieurfach.
25. [illegible], [illegible] Robert, geb. in Leipzig am 15. November 1874, aufgenommen zu [illegible] nach Quarta	Ib	II	Postfach.
26. [illegible], Paul Johannes Oskar, geb. in [illegible] i. Erzgeb. am 14. Januar 1876, aufgenommen zu [illegible] nach [illegible]	II	IIb	[illegible]
27. [illegible], Adolf, geb. in [illegible] am 17. Juli 1877, aufgenommen zu [illegible] nach Obersekunda	Ib	IIb	Studium der Chemie.

*) Nach abgelegter Ergänzungsprüfung.

Feierliche Entlassung der Abiturienten

Sonnabend den 23. März früh 10 Uhr in der Aula.

VII.

Ordnung der öffentlichen Prüfungen.

Mittwoch, den [illegible] April [illegible]	[illegible]	Sexta A	Religion:	Herr Oberlehrer [illegible].
	[illegible]	Sexta B	Rechnen:	Herr Oberlehrer Dr. [illegible].
	[illegible]	Quinta A	Geschichte:	Herr Dr. phil. [illegible].
	[illegible]	Quinta B	Rechnen:	Herr Oberlehrer Dr. [illegible].
	[illegible]	Quarta A	Latein:	Herr Dr. phil. [illegible].
	[illegible]	Quarta B	Geometrie:	Herr Dr. phil. [illegible].
	[illegible]	Untertertia A	Englisch:	Herr Oberlehrer Dr. [illegible].
	[illegible]	Untertertia B	Englisch:	Herr Oberlehrer [illegible].
Donnerstag, den 4. April	[illegible]	Obertertia A	Religion:	Herr Oberlehrer [illegible].
	[illegible]	Obertertia B	Französisch:	Herr Dr. phil. [illegible].
	[illegible]	Untersekunda A	Geographie:	Herr Dr. phil. [illegible].
	[illegible]	Untersekunda B	Geographie:	Herr Oberlehrer [illegible].
	[illegible]	Obersekunda A	Deutsch:	Herr Professor [illegible].
	[illegible]	Obersekunda B	Deutsch:	Herr Prof. Dr. [illegible].
	[illegible]	Unterprima A	Mathematik:	Herr Oberlehrer Dr. [illegible].
	[illegible]	Unterprima B	Latein:	Herr Oberlehrer Dr. [illegible].

Zu diesen Prüfungen beehre ich mich die Mitglieder beider Städtischen Kollegien, der Kaiserlichen und Königlichen Behörden, alle Gönner und Freunde der Schule, insbesondere die Eltern unserer Schüler ganz ergebenst einzuladen.

Dr. J. B. Böttcher, Rektor.

Im Schuljahre [illegible] werden folgende Lehr- und Übungsbücher in folgenden Klassen gebraucht:

		VI	V	IV	UIII	OIII	UII	OII	UI	OI
Religion.	Kurtz, Biblische Geschichte	VI	V	IV	—	—	—	—	—	—
	Katechismus mit [illegible], vom Kgl. Minist.	VI	V	IV	UIII	OIII	—	—	—	—
	Landesgesangbuch	VI	V	IV	UIII	OIII	UII	OII	UI	OI
	Die Heilige Schrift	—	—	—	UIII	OIII	UII	OII	UI	OI
	Confessio Augustana ([illegible])	—	—	—	—	—	—	—	—	OI
Deutsch.	Das [illegible] Lesebuch, I. Teil	VI	—	—	—	—	—	—	—	—
	[illegible], Deutsche Schulgrammatik	VI	V	IV	UIII	OIII	—	—	—	—
	[illegible], Übungsbuch dazu	VI	V	IV	(UIII)	(OIII)	—	—	—	—
	Regeln zur Rechtschreibung, vom Kgl. Minist.	VI	V	IV	—	—	—	—	—	—
	Döbelnsches Lesebuch, II. Teil	—	V	—	—	—	—	—	—	—
	Döbelnsches Lesebuch, III. Teil	—	—	IV	—	—	—	—	—	—
	Döbelnsches Lesebuch für Untertertia	—	—	—	UIII	—	—	—	—	—
	Döbelnsches Lesebuch für Obertertia	—	—	—	—	OIII	—	—	—	—
	Kluge, Litteraturgeschichte	—	—	—	—	—	—	OII	UI	OI
Latein.	Ostermann-Müller, I. Abt., neue Ausg. [illegible]	VI	—	—	—	—	—	—	—	—
	[illegible], Schulgrammatik	VI	V	IV	UIII	OIII	UII	OII	UI	OI
	Ostermann-Müller, II. Abt.	—	V	IV	—	—	—	—	—	—
	" " III. "	—	—	—	UIII	OIII	—	—	—	—
	" " IV. "	—	—	—	—	OIII	UII	(OII)	(UI)	(OI)
Französisch.	G. Plötz-Kares, Elementarbuch, Ausgabe A.	—	V	IV	—	—	—	—	—	—
	K. Plötz, Schulgrammatik	—	—	—	UIII	OIII	UII	OII	—	—
	" Lectures choisies	—	—	—	UIII	OIII	UII	—	—	—
	" Manuel de la Littérature française	—	—	—	—	—	—	OII	UI	OI
	" Übungsbuch zur Syntax	—	—	—	—	—	—	—	UI	OI
	" Nouvelle Grammaire	—	—	—	—	—	—	—	UI	OI
Englisch.	[illegible], Einführung in die engl. Sprache	—	—	—	UIII	OIII	—	—	—	—
	[illegible], Lehrbuch der engl. Sprache	—	—	—	—	OIII	UII	—	—	—
	Herrig, Reading Book	—	—	—	—	OIII	UII	—	—	—
	J. Schmidt, Schulgrammatik	—	—	—	—	—	—	OII	UI	OI
	Herrig, Classical Authors	—	—	—	—	—	—	OII	UI	OI
Geographie.	[illegible], Plan von Leipzig und Umgegend	VI	—	—	—	—	—	—	—	—
	v. Seydlitz, A, Grundzüge d. Geogr., nebst d. Landeskde. von Sachsen, von Langwitz und Schröder	VI	V	IV	—	—	—	—	—	—
	Debes, Schulatlas für die mittlere Stufe	VI	V	IV	—	—	—	—	—	—
	v. Seydlitz, B, kleine Schulgeographie	—	—	—	UIII	OIII	UII	—	—	—
	Andree-Putzger, Gymnasialatlas	—	—	—	UIII	OIII	UII	OII	—	—
	v. Seydlitz, C, größere Schulgeographie	—	—	—	—	—	—	OII	—	—
Geschichte.	Andrä, Erzählungen aus d. Weltgesch. Ausg. A, f. ev. Sch.	VI	V	—	—	—	—	—	—	—
	Welter, Weltgeschichte, I. Teil	—	—	IV	—	—	—	—	—	—
	Putzger, Historischer Schulatlas	—	—	IV	UIII	OIII	UII	OII	UI	OI
	David Müller, Gesch. des deutschen Volkes	—	—	—	UIII	OIII	—	OII	—	—
	[illegible], Weltgesch. in übersichtlicher Darstellung	—	—	—	—	—	UII	OII	UI	OI
Naturkunde, Physik, Chemie.	Leunis, Schulnaturgeschichte, II. Teil, Botanik	—	V	IV	UIII	OIII	—	—	—	—
	" analytischer Leitfaden, I. Heft, Zoologie	—	V	IV	(UIII)	—	—	—	—	—
	Bock, [illegible], Leben und Pflege des menschl. Körpers	—	—	—	UIII	—	—	—	—	—
	[illegible], Leitf. f. Mineralogie u. Geolog.	—	—	—	—	OIII	UII	—	—	—
	Jochmann, Grundriß der Experimentalphysik	—	—	—	—	—	UII	OII	UI	OI
	Arendt, Grundzüge der Chemie	—	—	—	—	—	—	OII	UI	OI
Rechnen, Geometrie, Algebra.	Löbe, Aufg. aus der Arithmetik, I. Heft	VI	—	—	—	—	—	—	—	—
	" " II. Heft	—	V	IV	—	—	—	—	—	—
	" " III. Heft	—	—	IV	UIII	—	—	—	—	—
	[illegible], Hauptsätze der Elementar-Mathematik	—	—	—	UIII	OIII	UII	OII	UI	OI
	Heis, Aufgabensammlung	—	—	—	UIII	OIII	UII	OII	UI	OI
	[illegible], 5stell. Logarithmen (od. e. and. 5stell. Tafel)	—	—	—	—	—	—	OII	UI	OI
Singen.	[illegible]	VI	V	IV	—	—	—	—	—	—
	Rich. Müller, Liederbuch f. höh. Schulen	VI	V	IV	UIII	OIII	—	—	—	—
	" 3- und 4-stimmige Chorlieder	—	V	IV	UIII	OIII	—	—	—	—
	" Liederstrauß (f. Männerstimmen)	—	—	—	—	—	UII	OII	UI	OI
Stenographie (wahlfr.).	[illegible], Lehrgang	—	—	—	UIII	OIII	UII	—	—	—
	Krieg, Lesebuch	—	—	—	—	OIII	UII	—	—	—

Die Textausgaben der zu lesenden Schriftsteller werden noch besonders genannt.
Von Wörterbüchern werden empfohlen: für Latein [illegible], Schulwörterbuch; für Französisch [illegible];
für Englisch [illegible], Handwörterbuch.
Alle Bücher sind in [illegible] Exemplaren zu kaufen.

[illegible]

über das Städtische Realgymnasium zu Leipzig.

Aufgabe der Schule.

1.

[illegible]

2.

[illegible]

3.

[illegible]

4.

„[illegible]“

Aufnahme-Bedingungen.

5.

[illegible]

1. [illegible]
2. [illegible]
3. [illegible]
4. [illegible]

[illegible]

6.

[illegible]

[illegible]

7.

[illegible]

[illegible]

8.

„[illegible]“

[illegible]

[illegible]

Prof. Dr. [illegible], Rektor.